Susanne Rohr • Über die Schönheit des Findens

D1674887

Susanne Rohr

Über die Schönheit des Findens

Die Binnenstruktur menschlichen Verstehens
nach Charles S. Peirce:
Abduktionslogik und Kreativität

M&P
VERLAG FÜR WISSENSCHAFT
UND FORSCHUNG

Die Deutsche Bibliothek – CIP-Einheitsaufnahme

Rohr, Susanne:
Über die Schönheit des Findens : die Binnenstruktur
menschlichen Verstehens nach Charles S., Peirce: Abduktionslogik
und Kreativität / Susanne Rohr.–
Stuttgart : M und P, Verl. für Wiss. und Forschung, 1993
Zugl.: Berlin, Freie Univ., Diss., 1991
ISBN 3-476-45025-2

ISBN 3-476-45025-2

M & P Verlag für Wissenschaft und Forschung
ein Verlag der J.B. Metzlerschen Verlagsbuchhandlung
und Carl Ernst Poeschel Verlag GmbH in Stuttgart

© 1993 J.B. Metzlersche Verlagsbuchhandlung
und Carl Ernst Poeschel Verlag GmbH in Stuttgart

Druck und Bindung: Franz Spiegel Buch GmbH, Ulm
Printed in Germany

Inhalt

Einleitung

Können wir verstehen, warum wir verstehen können? Und: Läßt sich der Augenblick, in dem wir plötzlich verstehen, in dem uns etwas einfällt und wir das finden, wonach wir lange gesucht haben, in seiner Infrastruktur beschreiben, oder ist Kreativität gegen die Enthüllung ihrer Konstituenten immun?

Diesen Ausgangsfragen wird sich die vorliegende Arbeit mit dem Rüstzeug einer semiotischen Erkenntnistheorie nähern, die in der zweiten Hälfte des 19. Jahrhunderts von dem amerikanischen Mathematiker, Logiker und Philosophen Charles S. Peirce entwickelt wurde. Das Interesse an Peirce, dem zu Lebzeiten keine nennenswerte Beachtung im wissenschaftlichen Diskurs seiner Zeit zuteil wurde und der auch bis weit in dieses Jahrhundert hinein als nachgerade unbekannt zu bezeichnen war, ist erst in der Gegenwart erwacht. Besonders in der Philosophie und seit neuestem in der Literaturtheorie wird – nicht selten mit Erstaunen – zur Kenntnis genommen, daß hier ein philosophisches Lebenswerk existiert, das in seiner Originalität und Aktualität für den zeitgenössischen Diskurs noch keineswegs ausgeschöpft ist.

Auch in bezug auf die traditionsreiche Frage nach dem menschlichen Verstehen und der menschlichen Kreativität hält diese hundertjährige und doch hochaktuelle Theorie fruchtbare Antworten bereit. Allerdings liegt hier keine ausgearbeitete Theorie vor, das heißt, es gibt kein in sich geschlossenes philosophisches Korpus, an dessen Argumentationsabläufen entlang eine Untersuchung zur Fragestellung möglich wäre. Peirce hat sich ein Leben lang sowohl mit naturwissenschaftlichen als auch mit philosophischen Fragestellungen beschäftigt, und dies spiegelt sich in der überwältigenden Vielfalt und dem Umfang seines Werkes. Erschwerend wirkt sich hier überdies die schwierige Quellenlage aus; nach wie vor ist nur ein kleiner Teil der Peirceschen Schriften veröffentlicht.

Eine der Aufgaben einer systematisch interpretierenden Arbeit muß es daher sein, im Verlauf der Untersuchung immer wieder die Verbindungen und Abhängigkeiten der Einzelelemente des theoretischen Konstrukts aufzuzeigen, da diese sich in der argumentativen Fülle Peirces meist nicht ohne weiteres von selbst herstellen.

Das methodische Verfahren ist aufgrund dieser Ausgangssituation vorgegeben. Die disparaten Aussagen zur Semiotik, Ästhetik und Metaphysik müssen durch die Peirceschen Schriften hindurch verfolgt und konzentriert werden, um eine Untersuchung der oben genannten Ausgangsfragen zu ermöglichen.

Die erkenntnisleitenden Fragestellungen lauten wie folgt:

- Wie gestaltet sich im Peirceschen Verständnis die Binnenstruktur menschlicher Verstehensprozesse?
- Ist hier das Moment der Kreativität integriert, und wenn ja, ist sie im theoretischen Rahmen zu erfassen? Welchen Status nimmt sie ein?

Der Gedankengang wird von der Analyse der kleinsten Bestandteile des Verstehensprozesses zu den komplexeren fortschreiten und ab dem V. Kapitel um eine ästhetische Fragestellung erweitert.

In einem ersten Schritt werden die basalen Komponenten der Peirceschen semiotischen Erkenntnistheorie eingeführt. Das ist der Begriff des Zeichens, das als triadische Relation definiert wird und aus den Korrelaten Zeichenträger, Objekt und Interpretant besteht. Diese werden detailliert in ihren wesentlichen Bezügen zueinander, den resultierenden Zeichenarten sowie ihrem Zusammenwirken im Prozeß der infiniten Semiose dargestellt.

Daran anschließend soll die Logik der Abduktion diskutiert werden, eine Art der Schlußfolgerung, der von Peirce zentrale Bedeutung zugemessen wird. Peirce versteht sie als den Vorgang des Entwurfs erklärender Hypothesen. Er untersucht die Abduktion in zwei Zusammenhängen. Einerseits stellt er sie in ihrem logischen Kontext dar und fragt nach ihrer Struktur als Schlußfigur. Andererseits analysiert er ihre Funktion als eine der Forschungsmethoden des methodologischen Dreischritts, der aus Abduktion, Deduktion und Induktion besteht. Peirce versteht allein die Abduktion als innovative Schlußfolgerung, die jedoch, da sie im reinen Raten besteht, nur mehr oder minder wahrscheinlich ist. Da Peirce nun die Struktur aller menschlichen Erkenntnisprozesse als logisches Schlußfolgern versteht, das seinen Ausgangspunkt in einem unsicheren abduktiven Schluß nimmt, liegt die Vermutung nahe, daß durch die systematische Untersuchung der Abduktionslogik in ihren erkenntnistheoretischen Zusammenhängen ein wesentlicher Schritt in der Klärung der Infrastruktur von Erkenntnis, Verstehen und Kreativität erreicht werden kann.

Da die Klärung dieser Infrastruktur auch im Zentrum hermeneutischer Untersuchungen steht, erscheint es sinnvoll, deren Ergebnisse einzubeziehen und gegebenenfalls an den problematischen Punkten auf Peirceschen Grundlagen weiterführende Aspekte zu erarbeiten. Meine Hypothese ist, daß dies besonders im Hinblick auf den Begriff der Bedeutung sowie mancher damit verbundener Kontroversen möglich sein wird. Des weiteren soll gezeigt werden, daß das heftig umstrittene Konzept des Hermeneutischen Zirkels und der daraus abgeleitete Methodendualismus von Natur- und Geisteswissenschaften, das schwer versöhnliche Verhältnis von Erklären und Verstehen, auf der Grundlage der Abduktionslogik in einem neuen Zusammenhang gedacht werden kann und der Methodendualismus bezüglich seiner basalen Aspekte als nur scheinbarer Antagonismus zu bewerten ist.

Im nächsten Schritt wird eine Texttheorie skizziert, mit dem Ziel, eine Verstehenstheorie auf Peirceschen Grundlagen in interpretatorischen Zusammenhängen zu entfalten; nur so wird eine direkte Vergleichbarkeit mit hermeneutischen Untersuchungen ermöglicht. In diesem Abschnitt wird besonderer Wert darauf gelegt, eine ästhetische Komponente zu integrieren, d. h. einen um die Perspektive ästhetischen Erlebens erweiterten Verstehensprozeß im Rahmen einer semiotischen Erkenntnistheorie darzustellen.

Abschließend wird gezeigt, daß aufgrund der zentralen Funktion, die der Abduktion in allen mentalen Abläufen zukommt, das universale Element aller menschlichen Erkenntnisprozesse die Kreativität ist. Da sie als konstitutiver Bestandteil systematisch in Peirces Theorie integriert ist, ja deren zentrales Element zu sein scheint, sollte die Kreativität damit einer theoretischen Erfassung und Beschreibung zugänglich sein. Doch erfaßt das erkennende Subjekt, und das ist die letzte These dieser Arbeit, kraft seiner Kreativität in interpretierenden Akten nicht nur die Strukturen der eigenen Schöpfungskräfte. Es erkennt gleichzeitig, daß es dabei nur die universalen Schöpfungskräfte repräsentiert – denn die Welt, so sieht Peirce dies, ist ein großartiges Kunstwerk, das in jeder menschlichen Realitätserkenntnis endlos interpretiert wird.

Anmerkung zur Zitierweise

Die *Collected Papers of Charles Sanders Peirce* werden in der gebräuchlichen Dezimalnotierung zitiert. Eine Angabe wie z. B. *5.164* nennt mit der ersten Zahl den Band und mit den folgenden Zahlen den Paragraphen.

Alle anderen Peirce-Ausgaben sind in der Literaturliste in einem ersten, gesonderten Teil aufgeführt und werden wie alle anderen Literaturangaben mit dem Erscheinungsjahr zitiert.

Werden Manuskripte (Ms) erwähnt, so bezieht sich deren Numerierung auf den Katalog von Richard S. Robin (1967).

Englische Terminologie wurde, wenn möglich und nötig, dem Original entsprechend verwendet. Begriffe wie "chance" oder "habit", die nur hin und wieder genannt werden und z.T. auch in der deutschen Übersetzung diskutiert werden, wurden der deutschen Orthographie nicht angepaßt. Termini wie "Firstness", die sich in der deutschen Sekundärliteratur durchgesetzt haben, werden wie deutsche Nomen behandelt. Bei allgemein bekannten Begriffen wie "Ikon" wurde die deutsche Schreibweise verwendet.

Peirces spezifische Begriffe sind im Regelfall nach ihrer Einführung nicht mehr durch Anführungszeichen gekennzeichnet.

KAPITEL I

Einführung

Peirces Philosophie des Pragmatizismus und die Grundlegung seiner Semiotik
Einige Bemerkungen zur aktuellen Quellenlage
Peirce-Rezeption in Deutschland – die Transzendentalhermeneutik und ihre Widersacher

Charles Sanders Peirce (1839-1914) hat im Jahr 1897 in dem für ihn typischen selbstironischen Duktus eine deprimierende Einschätzung der Wirkungen seiner Schriften auf die zeitgenössische Philosophie gegeben:

> "I am a man of whom critics have never found anything good to say. [...] Only once, as far as I remember, in all my lifetime have I experienced the pleasure of praise [...]. That pleasure was beatific; and the praise that conferred it was meant for blame. It was that a critic said of me that I did not seem to be *absolutely sure of my own conclusions*. Never, if I can help it, shall that critic's eye ever rest on what I am now writing; for I owe a great pleasure to him [...]."[1]

Peirces paradoxe Genugtuung über diesen Vorwurf ist verständlich: ist doch seine Philosophie des Pragmatizismus grundlegend durch den Fallibilismus gekennzeichnet, der definiert ist als Zweifel an der absoluten Gültigkeit wissenschaftlicher Aussagen bzw. als Glauben an deren nur je vorläufige Gültigkeit.[2] Er geht sogar so weit, die Forderung nach absoluter Gewißheit "irresistibly comical"[3] zu finden.

Die obige Selbsteinschätzung ist nur wenig übertrieben: Die Ignoranz

---

[1] 1.10.
[2] Z. B. "[...] fallibilism is the doctrine that our knowledge is never absolute but always swims, as it were, in a continuum of uncertainty and of indeterminacy. Now the doctrine of continuity is that *all things* so swim in continua." 1.171.
– Zu dem damit verbundenen Peirceschen Wissenschaftsbild – offen, unendlich revidierbar – vgl. z. B. Zeman (1977b): 22.
[3] 1.9.

seiner Zeitgenossen war fast vollkommen; zu Lebzeiten war Peirce nur einem sehr gut informierten kleinen Zirkel über seine Artikel in wissenschaftlichen Zeitschriften bekannt.[4] Eine gewisse Beachtung fanden seine mathematischen und logischen Abhandlungen zu den Deduktionstechniken, zur Relationenlogik und zur Wahrscheinlichkeitstheorie.[5] Doch erst nach seinem Tode wurde Peirce als einer der größten Mathematiker und Logiker des 19. Jahrhunderts neben Boole, de Morgan und Frege gewürdigt.

Zentral für die Schwierigkeit Peirces, sich im wissenschaftlichen Diskurs seiner Zeit Gehör und Einfluß zu verschaffen, war sicherlich die Tatsache, daß er niemals in seinem Leben einen Lehrstuhl innehatte. Zu seinen Lebzeiten hatte er daher nur in sehr begrenztem Umfang die Möglichkeit, sein wahrhaft enzyklopädisches Wissen weiterzugeben. Er, der Harvard-Absolvent und Sohn des berühmten Mathematikers und Harvard-Professors Benjamin Peirce, konnte nur wenige Vorlesungsreihen an der Harvard Universität halten und erhielt nur in den Jahren 1879 bis 1884 Lehraufträge für Logik an der neu gegründeten (1875) Johns Hopkins Universität in Baltimore. Erst im Kanon der heutigen Forschung wird er wegen seiner umfassenden und fundierten Bildung in den verschiedensten wissenschaftlichen Bereichen[6] als 'Universalgenie'[7] und bedeutender Denker anerkannt.

Peirce hat die Gründe für die Nichtverlängerung seines Lehrvertrages an der Johns Hopkins Universität im Januar 1884 niemals erfahren – sie liegen bis heute im dunkeln.[8] Es scheinen jedoch – wie bei so vielen seiner berufli-

[4]Eine komprimierte Beschreibung von Peirces akademischer Karriere geben Fisch (1977), Walther in Peirce (1973):XXXIIIff sowie Peirce selbst in seiner "Brief Intellectual Autobiography": Peirce (1983a), deutsch auch in Peirce (1986):64ff.
[5]So bei Ernst Schröder und Edmund Husserl, vgl. Walther (1989a):200f.
[6]Wie neben der Mathematik und Logik auch in der Chemie, Geodäsie, Astrophysik, Gravimetrie, Spektroskopie, Meteorologie, Kartographie, Philosophie, Linguistik, Philologie etc.
– Vgl. auch Fisch in Sebeok/Umiker-Sebeok (1982):15ff.
[7]Peirce war übrigens ambidexter, d. h. mit beiden Händen gleich geschickt. So konnte er zur Verblüffung seiner Studenten ein logisches Problem mit der einen Hand und dessen Lösung simultan mit der anderen an die Tafel schreiben. Beverley Kent spekuliert über dieses Phänomen sowie über Peirces Fähigkeit des diagrammatischen Denkens in bezug auf Genialität in Kent (1987), Appendix 2 "Brain Hemisphere Dominance in Peirce and Einstein".
[8]Auf den tragikomischen Verlauf der Einführungsrede Huxleys vor der neugegründeten Johns Hopkins Universität und die hochschulpolitischen Eskalationen im Anschluß daran, die möglicherweise zu der folgenschweren Nichtanstellung Peirces geführt haben, weist hin

chen und persönlichen Mißgeschicke – gesellschaftliche Gründe wie seine Scheidung und Wiederverheiratung eine Rolle gespielt zu haben. Auch wird er immer wieder als zwar genial, aber doch unausstehlich charakterisiert: ungesellig, arrogant und ungeduldig.[9] Auf die Beliebtheit bei seinen Studenten hatte dies aber keinen Einfluß. Er wurde von ihnen als ausgezeichneter Lehrer sehr geschätzt und wegen der Brillanz seiner Vorträge bewundert, wie aus den Schriften einiger seiner Studenten (z. B. Christine Ladd-Franklin, Josiah Royce, John Dewey, Joseph Jastrow) klar hervorgeht.

Peirce war gezwungen, seinen Lebensunterhalt bis 1891 durch seine geodätischen Arbeiten für die US Coast Survey sowie danach mit einer Vielzahl von Artikeln für *The Century Dictionary and Cyclopedia*, Artikelserien für *The Monist* und später für das *Dictionary of Philosophy and Psychology* zu verdienen, dennoch war seine finanzielle Lage zeitlebens äußerst angespannt. Nur ein einziges Werk konnte er veröffentlichen: 1878 erschien sein astrophysikalisches Werk *Photometric Researches*. Für kein anderes seiner umfangreichen Manuskripte fand er einen Verleger, insbesondere konnte er keine philosophische Monographie publizieren.

Auch als Begründer der Philosophie des Pragmatismus[10] wurde er nicht anerkannt, obwohl William James,[11] mit dessen Name diese Philosophie assoziiert wurde, mehrfach auf die geistige Urheberschaft Peirces hingewiesen hat. Der Pragmatismus blieb mit den Namen William James und John Dewey verbunden und wurde vor allem in Zusammenhang mit deren Werken diskutiert und weiterentwickelt. Die Gestalt, die dem Pragmatis-

z. B. Sebeok (1976): 1427ff.

[9]Vgl. Peirce-Biographie: Walther (1989a): 116f.

[10]Diese Urheberschaft ist allerdings schon an sich problematisch, da Peirce seine Schriften zum Pragmatismus schon um 1878 verfaßt hatte und seine Ausführungen nicht weiter verfolgte. Das öffentliche Interesse am Pragmatismus erwachte indes erst um die Jahrhundertwende, hervorgerufen durch die Schriften William James'. Peirce war nun gezwungen, die Beschäftigung mit der Philosophie des Pragmatismus wieder aufzunehmen, doch bestand dies primär im angestrengten Versuch, sich vom Pragmatismus Jamesscher Provenienz zu distanzieren. Vgl. hierzu Pape (1989): 28, "Warum der Gründer des Pragmatismus kein Pragmatist war".

[11]Mit William James verband ihn trotz der grundsätzlichen Differenzen in wissenschaftlichen Fragen eine lebenslange enge Freundschaft. Als James ihm sein 1897 erschienenes Werk *The Will to Believe* gewidmet hatte, fügte Peirce aus Dankbarkeit seinem Namen "Santiago = Saint James" hinzu, d. h., er nannte sich nun um die Jahrhundertwende Charles Santiago Sanders Peirce.

mus hier gegeben wurde, hatte nun allerdings mit den ursprünglichen Peirceschen Grundlagen, in denen der Pragmatismus von Anfang an als eine "Methode zur Bedeutungsklärung schwieriger Begriffe"[12] angelegt war, nur noch wenig zu tun. Nach heftigen Debatten sah Peirce sich daher 1905 gezwungen, sich von dieser Version des Pragmatismus klar zu distanzieren und "seinem Kind den Abschiedskuß zu geben".[13] Seiner Philosophie gab er den Namen "Pragmatizismus" und war sich sicher, dies sei nun ein Terminus "ugly enough to be safe from kidnappers".[14] Diese Taktik der Kreation extravaganter Terminologie war allerdings ohnehin sehr beliebt bei Peirce, der sich davon versprach, wenig sorgfältige Denker abzuschrecken und die philosophische Terminologie für diese möglichst unattraktiv zu halten.[15]

In Peirces Pragmatizismus, der in intensiver Auseinandersetzung mit der Transzendentalphilosophie Kants entstand, finden sich – hier einmal schlagwortartig aufgezählt – Einflüsse des schottischen Common-Sensismus (bei entschiedener Ablehnung des Nominalismus). Diese zeigen sich z. B. im pragmatizistischen Realitätsbegriff. Der Hegelschen Philosophie ist das Prinzip der Kontinuität[16] entlehnt. Ferner war Darwins Evolutionstheorie von großer Bedeutung; "chance" und "habit" (Zufall und Gewohnheit) gehören zu den Schlüsselbegriffen dieser Philosophie.

In Peirces pragmatizistischer Evolutionstheorie, der "Spekulativen Metaphysik", die in ausdrücklicher Nähe zu Schellings Naturphilosophie entstand, werden die oben erwähnten Schlüsselbegriffe entwickelt. Es soll deshalb kurz auf die Spekulative Metaphysik eingegangen werden, bevor der Pragmatizismus in seinen Grundzügen charakterisiert wird.

Es gibt, so die fundamentale metaphysische Hypothese, das sogenannte "law of mind", das als die universale Bewegung vom Chaos zur Ordnung zu

---

[12]Z. B. 5.6: "What is wanted, therefore, is a method for ascertaining the real meaning of any concept, doctrine, proposition, word, or other sign." sowie 5.8: "But pragmatism does not undertake to say in what the meanings of all signs consist, but merely to lay down a method of determining the meanings of intellectual concepts [...]."
[13]5.414.
[14]Ebenda.
[15]2.223 "It is good economy for philosophy to provide itself with a vocabulary so outlandish that loose thinkers shall not be tempted to borrow its words."
[16]Eine ausführliche Darstellung von Peirces kompliziertem Modell des Kontinuums gibt Pape in Peirce (1986):27ff: "Der mathematische Begriff des Kontinuums als Modell einer Metaphysik der Semiotik".

verstehen ist, die sich in der Tendenz aller Dinge, Gewohnheiten anzunehmen, spiegelt. Drei wesentliche Momente steuern diesen Entwicklungsprozeß, den Peirce unter der Bezeichnung "developmental teleology" detailliert untersuchte: die Momente des Zufalls ("tychism"), der Kontinuität
("synechism") und der evolutionären, universalen Liebe ("agapasticism").
Diese drei Momente repräsentieren zugleich drei verschiedene Stadien eines idealen Wachstumsprozesses. Das erste Stadium ist gekennzeichnet
durch vage Potentialität, die sich im zweiten Stadium partiell in die Polarität von wachsender Gesetzmäßigkeit versus Mannigfaltigkeit ausbildet,
ohne daß dabei die Momente des Zufalls und der Spontaneität des ersten
Stadiums verlorengehen. Das dritte Stadium zeichnet sich durch Vollständigkeit und Stabilität aus.

Das Ungewisse des ersten Stadiums nun besteht nur relativ zu einem
Schöpfer, d. h., dessen potentielle Handlungen lassen aus der reinen Möglichkeit eine Potentialität werden. Nur die Kraft seiner "agape", seiner
schöpferischen Liebe, die verbunden ist mit kreativem Handeln, bringt ein
sich entwickelndes Universum aus dem ersten Stadium ins zweite, um sich
im dritten vollkommen zu offenbaren. Interessant ist, daß Peirce diesen
liebe-vollen Prozeß als künstlerischen und kreativen begreift und die
entstandene Schöpfung als Kunstwerk, so daß – dies eine der wesentlichen
Thesen dieser Arbeit – menschliche Realitätserkenntnis immer auch als
Interpretation *eines Kunstwerkes* zu verstehen ist, dessen Erschaffung noch
keineswegs abgeschlossen ist. Peirce stellt sich selbst die Frage: "Do you
believe this Supreme Being to have been the creator of the universe?" Er
beantwortet sie folgendermaßen: "Not so much *to have been* as to be now
creating the universe [...] *all reality* is due to the creative power of God."[17]

Die wachsende Gesetzmäßigkeit und die Kontinuität des zweiten
Stadiums wiederum spiegeln sich in der wachsenden Fähigkeit des Menschen zu generalisierendem begrifflichen Denken, das ihn diesen evolutionären Prozeß als Rationalisierungsprozeß verstehen läßt.

Nach diesem Exkurs in die Spekulative Metaphysik zurück zum Pragmatizismus.

Dieser stellt sich in grundsätzlicher Charakterisierung als eine spezifische Synthese realistischer und idealistischer Standpunkte dar, die zusam-

[17] 6.505.

mengefügt werden über den Begriff der *Realität*.[18] Von den Grundlagen
des Realismus wurde die Maxime entnommen, daß die Dinge grundsätzlich der Erkenntnis zugänglich sind und die Vorstellungen über sie wahr
– d. h. ihnen konform – sein können. Der Idealismus erweitert diese Maxime um die Festlegung, daß die Realität nur in der Seinsform der Gedanken wißbar ist: "[...] what we think of cannot possibly be of a different
nature from thought itself. For the thought thinking and the immediate
thought-object are the very same thing regarded from different points of
view."[19]

Peirces Begriff der Realität systematisiert, wie oben schon angedeutet,
diese beiden Standpunkte. Realität ist einerseits grundsätzlich erkennbar
und existiert unabhängig "of the vagaries of me and you",[20] ist aber andererseits nicht der *Ausgangspunkt* des Erkenntnisprozesses, sondern dessen
idealer *Endpunkt*. Realität ist damit keine objektive Vorfindlichkeit, sondern "that which, sooner or later, information and reasoning would finally
result in",[21] ist also ein Resultat,[22] das sich im Konsens der "final opinion"
einer *idealen* kommunizierenden, interpretierenden Forschergemeinschaft
manifestiert[23] und in der *realen* Kommunikationsgemeinschaft als regulatives Prinzip fungiert. Der Konsens der final opinion wird nach Peirce
ausschließlich durch die idealiter endlose Anwendung der wissenschaftlichen Methode erreicht, die die grenzenlose Vielfalt des "common-sense"

---

[18]In 8.208 bezeichnet Peirce seine Philosophie als "extreme scholastic realism", in 8.284
als "the true idealism, the pragmatistic idealism". Vgl. hierzu Oehler in Peirce (1968):12f.
[19]6.339.
[20]5.311.
[21]Ebenda.
[22]"In short, it was to regard the reality as the normal product of mental action, and not as
the incognizable cause of it." 8.15.
– Zum Verständnis der Realität als Resultat s. a. Eco (1987):51.
[23]Hierzu Oehler in Peirce (1968):15 "In dieser Bestimmung von Realität ist der epistemologische Realismus und Idealismus zumal aufgehoben, der Realismus durch die Forderung, daß das Denken des Individuums sich etwas anderem als sich selbst fügen muß, der
Idealismus aber durch die Enthüllung dieses anderen als des letzten Gedankens der Ge-
meinschaft."
– Die spezifische Peircesche Zusammenfügung von Elementen des Idealismus und Realismus wird auch diskutiert in Bayer (1988). Bayer unternimmt hier den Versuch einer semiotischen Ergänzung von Parks onto-semantischer Matrix, in der Realität und Wissen als
"zwei verschiedene Perspektiven für dasselbe Phänomen" versöhnt werden sollen. Park
(1988):17.   .

16

limitiert. Da die Erkenntnis der Realität, wie jede Geistesleistung,[24] laut Peirce immer zeichenvermittelt und schlußfolgernd ist, steht das Objekt der Erkenntnis mit dem Erkenntnisprozeß selbst in einem systematischen Zusammenhang, und nur die Analyse dieses Zusammenhangs enthüllt die notwendigen Beziehungen menschlicher Realitätskonstitution.

Dieser Realitätsbegriff hat auch für die zeichentheoretischen Überlegungen Peirces (vor allem die Objektkonstitution) und für seinen Objektivitätsbegriff zentrale Auswirkungen; darauf wird später noch eingegangen werden.

Die grundsätzliche Annahme, daß die Realität erkennbar ist, impliziert eine Ablehnung der Lehre von einem nicht erkennbaren Ding-an-sich. Peirce, der sich selbst als in seiner Jugend glühender Anhänger Kants bezeichnet und, wie er gern betont, dessen *Kritik der reinen Vernunft* nach 5jährigem intensiven Studium "fast auswendig zitieren"[25] konnte, hatte seine eigene Position also über die Auseinandersetzung mit Kant gefunden und macht das Postulat eines unerkennbaren Ding-an-sich 1905 zum Prüfstein seiner Philosophie:[26]

> "The Kantist has only to abjure from the bottom of his heart the proposition that a thing-in-itself can, however indirectly, be conceived; and then correct the details of Kant's doctrine accordingly, and he will find himself to have become a Critical Common-sensist."[27]

Aus diesem Zitat geht hervor, daß der schottische Common-Sensism Peirce nachhaltig beeinflußte, trotzdem nennt er seine eigene Auslegung einen Critical Common-Sensism.[28] "Kritisch" meint, daß der common

---

[24]Vgl. z. B. 5.265; 5.266.

[25]1.4.

[26]Dennoch charakterisiert er sich 1897 grundsätzlich so: "[...] I became so deeply imbued with many of their [i. e. the classical German schools'] ways of thinking that I have never been able to disabuse myself of them." 1.4.

[27]5.452.
– Vgl. auch 5.525, wo Peirce schreibt: "Kant (whom I *more* than admire) is nothing but a somewhat confused pragmatist."

[28]Mit seinem Critical Common-Sensism versuchte Peirce, die Kantische Methode der Kritik und die Philosophie des schottischen Common-Sense zu verknüpfen. In 5.502-5.537 erläutert er sechs Eigenschaften, die seinen Critical Common-Sensism charakterisieren. Eine konzentrierte Darstellung und Erläuterung dieser Eigenschaften findet sich in Walther (1981).

sense nur als je existierendes, je valides (und damit fallibles) Entscheidungskriterium fungieren kann, also nicht absolut, sondern je relativ zur immer schon vermittelten Erkenntnissituation. Als je vermittelt wird die Erkenntnissituation anerkannt durch die zentrale Rolle, die Peirce dem Vorverständnis im Erkenntnisprozeß zubilligt. Es gibt keine Erkenntnis, die nicht durch eine vorherige bestimmt wird und diese interpretiert, d. h., es gibt keine *intuitive* Erkenntnis.

Unter dieser Perspektive ist auch Peirces "Theory of Meaning" zu verstehen: Die Interpretationsgemeinschaft der Erkennenden verhandelt qua Konsensbildung über die jeweilige – und damit grundsätzlich fallible – Gültigkeit dieser Erkenntnisresultate. Wahrheit, Realität, Wissen und Bedeutung werden als soziale Produkte intersubjektiver Sinnverständigung aufgefaßt – somit als sprachliche Produkte – und durch den Vorbehalt der Fallibilität als unendlich interpretabel.[29]

Wahrheit ist aus dieser Perspektive realiter *regulatives* Element öffentlicher Kommunikation, die sich in fallibler, doch wahrheitsapproximativer Konsensbildung[30] auf die idealiter einmal zu erreichende wahre Interpreta-

---

[29]Der Fallibilismus wird in scharfer Abgrenzung zum Descartesschen Skeptizismus entwickelt, den Peirce als "künstliches" Moment und "Selbsttäuschung" entlarvt. Im Gegensatz zum Fallibilitätsvorbehalt, der die Bedeutung der Vorurteile, i. e. des Vorwissens in der Sinntradition der Interpretationsgemeinschaft, respektiert und im Forschungszusammenhang "positive Gründe" für die Aufgabe als falsch erkannter Meinungen liefern kann, könne diese Aufgabe von Meinungen niemals im a priori methodischen Zweifel geleistet werden: "Let us not pretend to doubt in philosophy what we do not doubt in our hearts." 5.265. Nur *echter* Zweifel setzt laut Peirce neues Denken in Gang. In seiner "doubt-belief-theory" beschreibt Peirce, daß dieser echte Zweifel mit sehr unangenehmen Gefühlen verbunden sei, so daß das Denken versuche, diesen Zustand zu beenden, indem es in den sehr viel befriedigenderen der "Überzeugung" gelange. "Doubt is an uneasy and dissatisfied state from which we struggle to free ourselves and pass into the state of belief [...]." 5.372. – Vgl. auch 2.192.
[30]Das bedeutet den Abschied von einem ontologischen Wahrheitsbegriff, dabei aber gleichzeitig die Einführung einer "potentiell universellen Bundesgenossenschaft gegen den Verrat". Habermas (1989):378, der hier Klaus Heinrich, 1964, *Versuch über die Schwierigkeit nein zu sagen*, Frankfurt/M., zitiert.
– Zum Wahrheitsbegriff auch Ransdell: "[...] there is no implied guarantee that the resulting agreement will be the truth; so the truth about the matter is never constituted by any such actual agreement. On the other hand, what is agreed to be the truth about the matter may well be the truth. So the truth claims are not in vain. They serve the function of achieving further agreement (sometimes) on what is true, among those willing to work from the same starting points, and such agreements may well capture the truth."

tion[31] zubewegt. Diese Wahrheitsapproximation der Interpretationsgemeinschaft ist grundsätzlich öffentlich zugänglich und unter keinen Umständen individuell oder qua institutioneller Autorität reklamierbar.

Der Pragmatizismus kann als eine Erweiterung empirischer Methodologie um die Perspektive der *Bedeutung* und die logischen Techniken zur "Klarheit der Gedanken" verstanden werden. Peirces berühmte "Pragmatische Maxime"[32] gibt hier einen entscheidenden Hinweis:

> "Consider what effects, that might conceivably have practical bearings, we conceive the object of our conception to have. Then, our conception of these effects is the whole of our conception of the object."[33]

Der Gegenstand der Erkenntnis ist also bestimmt durch seine *Wirkungen,* die realiter oder idealiter von ihm ausgehen können. Peirce setzt diese Maxime gleich mit der Aussage der biblischen Metapher "Ye may know them by their fruits".[34] Die Früchte von Erkenntnissen, die realen Wirkungen, können und müssen überprüft werden.

Wenn dieser Prozeß als Sinnklärungsprozeß aufgefaßt wird, werden hier Begriffe und Sätze in Hypothesen verwandelt und damit überprüfbar. Die *Bedeutung* eines Begriffs besteht in der Summe der möglichen Konsequenzen bzw. im *Gebrauch,* der von ihm gemacht wird, die Bedeutung einer Hypothese – darauf wird unten ausführlicher eingegangen werden – in der (Er-)klärung ihrer praktischen Konsequenzen und damit in der Prognose zukünftiger Handlungen und Vorgänge. Eine Hypothese kann deshalb im

Objektivität sei dann in Peircescher Perspektive zu verstehen als "the form of the communal hunt for the truth". (1979): 264f.
– Peirce selbst zu seinem Wahrheitsbegriff z. B. in 5.495 oder 8.12.
[31]"Wahre Interpretation" verstanden als der qua Anwendung der wissenschaftlichen Methode erzeugte allgemeine, endgültige Konsensus in Form eines Systems wahrer Sätze, die die Realität zu ihrem Objekt haben.
[32]In 5.453 bezeichnet er die pragmatische Maxime als "scholastic doctrine of realism".
– Vgl. auch die Version der Pragmatischen Maxime in 5.438: "The entire intellectual purport of any symbol consists in the total of all general modes of rational conduct which, conditionally upon all the possible different circumstances and desires, would ensue upon the acceptance of the symbol."
[33]5.402; sehr plastisch auch in 5.212: "The elements of every concept enter into logical thought at the gate of perception and make their exit at the gate of purposive action; and whatever cannot show its passports at both those two gates is to be arrested as unauthorized by reason."
[34]5.402, Fn. 2.

Test der Prognose auf tatsächliches Verhalten experimentell überprüft werden. Eine wichtige These von Peirce besagt, daß dieses Verfahren der Bedeutungsklärung *universell*, d. h. grundsätzlich auf jeden Untersuchungsgegenstand anwendbar, ist und nur im Genauigkeitsgrad variieren wird. Auf diese These, die auch als ein Argument für die Künstlichkeit der Trennung von Natur- und Geisteswissenschaften gelesen werden kann, wird später noch eingegangen werden. Oehler deutet die Anweisung der Pragmatischen Maxime, die Bedeutung eines Begriffs durch Vergegenwärtigung aller möglichen wahrnehmbaren Wirkungen, die vom in Frage stehenden Objekt ausgehen könnten, nicht als Anweisung, "wie man richtig denkt, sondern zu zeigen, wie man weiß, was man denkt, damit wir Herren unserer eigenen Meinung werden [...]."[35]

Die universelle empirische Methode beginnt mit dem Fragenstellen. Peirce definiert Wissenschaft grundsätzlich nicht mit Wissen, sondern mit dem "desire to find things out".[36] Der Stufe des Fragens folgt – logischen Prinzipien gehorchend – der kreative Akt *abduktiven Erklärens,* i. e. des Hypothesenaufstellens. Dem schließt sich das *deduktive Ableiten* von Konsequenzen aus diesen Hypothesen an, diese wiederum werden dann im letzten Schritt *induktiv überprüft.*

Durch den Fallibilitätsvorbehalt der universellen Methode tritt an die Stelle der Gewißheit die Überzeugung ("belief") von der jeweiligen Gültigkeit wissenschaftlicher Aussagen, die im öffentlichen Diskurs verhandelt werden und nach ihrer Bewährung zur Ausbildung von habits, also von Denk- und Verhaltensgewohnheiten,[37] führen. Die Überzeugung wird von Peirce

---

[35]In Peirce (1968):102.

[36]1.14.

[37]Die Gewohnheit, bzw. die generell wirksame Tendenz zu gewohnheitsmäßigem Verhalten, wird bei Peirce auch zur Bestimmung des Verhältnisses von *Geist* und *Materie* benutzt: Materie, setzt er fest, ist nicht vollkommen tot, sondern vielmehr ein in Gewohnheiten erstarrter Geist. "[...] what we call matter is not completely dead, but is merely mind hidebound with habits." 6.158. Karger bezeichnet dies als Peircesche "Identitätsthese zwischen Materie und Bewußtsein", als eine Art "Neo-Materialismus" des Bewußtseins. (1982):42. Dabei wird allerdings übersehen, daß Peirce die Gleichsetzung von *Geist* mit *Bewußtsein* ablehnt, vgl. Pape in Peirce (1986):33. Pape weist ebenda, S. 29f, auf eine weitere Bestimmung Peirces zum Verhältnis von Materie und Geist hin: Unter der Voraussetzung, daß die Realität in infiniten Ereignisfolgen strukturiert ist, besteht eine *kontinuierliche mittelbare* Beziehung zwischen Geist und Materie, d. h. ein Einwirken des Geistes auf Materie in *unendlicher* Folge.

folgendermaßen gekennzeichnet: "First, it is something that we are aware of; second, it appeases the irritation of doubt; and, third, it involves the establishment in our nature of a rule of action, or, say for short, a *habit*."[38]

Wichtig ist an dieser Stelle eine Klärung des pragmatizistischen Begriffs "habit". Er meint eine Regel, der ein Verhalten adäquat ist. Peirce mußte sich immer wieder gegen das Mißverständnis wehren, daß hiermit das bloße Beobachten eines vorfindlichen Verhaltens als Ansatzpunkt rückschließender Deutung gemeint ist[39] – die Handlung wird vielmehr verstanden als möglich, als Handlungs*disposition;* sie ist das (mögliche) "Finale der Gedankensymphonie".[40]

In der schon angesprochenen Pragmatischen Maxime wird deutlich, wie das Auffinden der Regel mit der Klärung ihrer Bedeutung verbunden ist: Aus dem jeweiligen Überzeugtsein von der Wahrheit eines Sachverhalts heraus (was noch keineswegs bedeutet, daß er tatsächlich wahr ist) wird die Regel des (auch sprachlichen) Handelns bzw. Verhaltens extrahiert, die diesem Sachverhalt angemessen ist. Diese Regel wird als Hypothese gedanklich in zukünftiges (auch sprachliches) Verhalten übersetzt, d. h., es werden in Gedankenexperimenten theoretisch[41] alle möglichen praktischen Konsequenzen, die sich aus der Regel ergeben würden, bestimmt und dann an dem tatsächlich vorfindlichen Verhalten geprüft. Die Ganzheit der prognostizierten praktischen Konsequenzen ist dann identisch mit der *Bedeutung* der Hypothese. An diesem Verständnis der Bedeutung einer Hypothe-

---

– Damit verbunden ist Peirces Sichtweise vom Enthaltensein von *Bedeutung* in Materie. "What is the meaning of this thing? Now the *meaning of a thing is what it conveys*. [...] It must be that this thought was put into nature at the beginning of the world. It must have been *meant* because it was *conveyed*." Peirce (1982-86/I):50. Daube-Schackat gibt als Hinweis auf die mögliche Genese dieser Sichtweise Peirces die Beeinflussung durch dessen Vater an. (1987):36.

[38]5.397.

[39]Z. B. in 5.402, Anm. 3.

[40]5.402, Fn3: "I did not [...] mean to say that acts, which are more strictly singular than anything, could constitute the purport, or adequate proper interpretation, of any symbol. I compared action to the finale of the symphony of thought, belief being a demi-cadence. [...] Pragmaticism makes thinking to consist in the living inferential metaboly of symbols whose purport lies in conditional general resolutions to act."

[41]Vgl. 5.403, wo Peirce von theoretischen "arrangements of facts" spricht.
– In Kapitel IV wird dargelegt, daß diese Gedankenexperimente im Aufstellen *mentaler Diagramme* bestehen, d. h. im "diagrammatic thinking".

se, d. h. ihrer Klärung in experimenteller Vergegenwärtigung,[42] machte sich Peirces Bruch mit den Auffassungen zeitgenössischer Pragmatisten fest, die in ihrem Verständnis der Bedeutung immer der *Handlung* Priorität einräumten, d. h. im Vollzug einer Handlung die Konstituierung ihrer Bedeutung sahen.

Ihre Aussagekraft bezieht diese Methode nicht aus der Formulierung garantierter Wahrheiten, sondern aus der Garantie der unendlichen Wahrheitsapproximation durch die kontinuierliche Modifikation der eigenen Konklusionen. Kein Wunder also, daß für Peirce zu den schlimmsten wissenschaftlichen Vergehen die Behinderung dieser Kontinuität gehört, die der Methode ihren kooperativen und öffentlichen Charakter nehmen könnten, wie er in seinem berühmten Artikel "The Fixation of Belief"[43] von 1877 ausführlich darlegt.

Die ersten philosophischen Überlegungen zu diesem Thema lassen sich bereits auf die Jahre 1864/65 datieren,[44] als der 25jährige Peirce seine ersten Vorlesungen an der Harvard Universität mit dem Titel "The Logic of Science"[45] hielt. In den Manuskripten zu diesen Vorlesungen, in denen er die Logik einerseits als Wissenschaftslogik entwickeln will, eben als eine Methode der Forschung (und nicht nur als eine Analytik nach Aristotelischem Vorbild), wurden damit andererseits bereits auch die wesentlichen theoretischen Grundpfeiler seiner Semiotik gelegt, da er die Logik als Theorie der Zeichen konzipiert. Die Semiotik ist hier angelegt als Grundlagenwissenschaft. Peirce bezeichnet sie bekanntermaßen auch als "Method of Methods".

Sind nun, wie oben kurz umrissen, in der Peirceschen Philosophie realistische und idealistische Elemente über den Realitätsbegriff verknüpft, so verbindet sich an dieser Stelle der Pragmatizismus mit der Logik und Semiotik über den Begriff der *Methode*.

Diese universelle Methode der spezifischen Zusammenführung von Theorie und Praxis gilt für alle denkbaren Untersuchungsgegenstände, demnach auch für die Philosophie, die Peirce auf dieser Grundlage denn

[42]Vgl. das Schema auf S. 69, das darstellt, wie über die Pragmatische Maxime Zeichen und Verhalten verknüpft sind.
[43]S.358-87, deutsch auch in Peirce (1966).
[44]Vgl. z. B. Walther (1976b) sowie (1989a):54ff.
[45]Peirce (1982-86/I):161-302 (Lectures I, II, III, IV, VI, VII, VIII, X, XI).

auch "exakte Philosophie" nennt. Die inhaltliche und methodologische Ausformulierung der exakten Philosophie und der damit zusammenhängenden Bereiche der Phänomenologie, Logik und Semiotik war eines der großen Themen, das ihn jahrzehntelang beschäftigt hat und von ihm in allen möglichen Kontexten wieder aufgenommen und neu beleuchtet wurde.

Oben wurde schon darauf hingewiesen, daß Peirce in den Vorlesungsmanuskripten von 1864/65 zu "The Logic of Science" sein Hauptanliegen, die Logik als Theorie der Zeichen zu konzipieren,[46] vorstellte und damit gleichzeitig die Semiotik als Grundlagenwissenschaft inaugurierte. In diesen Manuskripten werden auch die Struktur der Semiotik selbst und des ihr zugrundeliegenden Zeichenbegriffs sowie alle zentralen semiotischen Begriffe entwickelt und eingeführt.[47]

Über den Begriff des Interpretanten wird der des Zeichens (das er hier noch "Symbol" nennt) eingeleitet. Ein Zeichen ist eine Repräsentation und steht damit *für* etwas anderes *zu* etwas anderem. Dasjenige, zu dem es steht, ist der Interpretant. Anschließend werden die je unterschiedlichen Arten der Objektrepräsentation skizziert, die später seiner Unterscheidung in Ikon, Index und Symbol entsprechen. In der VIII. Vorlesung wird der für Peirces gesamte Philosophie grundlegende Begriff der *Triade* eingeführt, die hier "Ding-Repräsentation-Form" heißt, und der zentrale Stellenwert der Repräsentation eingeräumt. Dinge und Formen sind nur über ihre Repräsentation erkennbar, und daher gilt: "our whole world – that which we can comprehend – is a world of representations".[48]

Die Grundlagen der Semiotik bzw. der triadischen Zeichenrelationen standen also von allem Anfang an in direktem Zusammenhang zu Peirces Untersuchungen zur Logik, aber auch zu seiner Phänomenologie, genauer gesagt, zu seinen universalen Kategorien, die in der expliziten Auseinandersetzung mit den Kategorientafeln Kants und Aristoteles' entwickelt wurden.[49] In seiner 1867 erschienenen Abhandlung "On a new list of categories" stellt er seine drei universalen Kategorien vor, durch die alles, was ist, charakterisiert wird: Qualität, Relation und Repräsentation.[50]

---

[46]Vgl. auch 1.191.

[47]Diese theoretischen Grundpfeiler wurden übrigens, was für Peirce als eher unüblich zu bezeichnen ist, über die Jahrzehnte nicht wesentlich – allenfalls begrifflich – modifiziert.

[48]Peirce (1982-86/I):257.

[49]Vgl. Walther (1989b) sowie Oehler in Aristoteles (1984):52ff.

[50]1.545ff; die drei Kategorien werden so wörtlich in 1.555 eingeführt.

In den beiden erwähnten wie auch den drei folgenden, 1868/69 im *Journal of Speculative Philosophy* veröffentlichten Aufsätzen[51] wird vor allem die Position, die Semiotik als Grundlagenwissenschaft aller Wissenschaften zu etablieren, weiter ausgebaut und präzisiert. Die hier formulierte semiotische Erkenntnistheorie spiegelt dabei die zentrale Stellung des Zeichens in allen Erkenntnisprozessen wider. Auf diese exponierte Stellung des Zeichens wird noch ausführlich eingegangen werden, vorgreifend soll eine späte Zeichendefinition aus dem Jahre 1903 illustrieren, in welcher Weise schließlich die hier kurz skizzierten theoretischen Grundlagen im Konzept des Zeichens aufgehen:

> "A REPRESENTAMEN is a subject of a triadic relation TO a second, called its OBJECT, FOR a third, called its INTERPRETANT, this triadic relation being such that the REPRESENTAMEN determines its interpretant to stand in the same triadic relation to the same object for some interpretant."[52]

All diese bislang vorgestellten zentralen Konzepte 'Kategorie', 'Zeichen', 'Triade' etc. werden im folgenden Kapitel ausführlicher behandelt.

Zuvor soll aber kurz auf die aktuelle Quellensituation sowie einen wichtigen, wenn auch umstrittenen Zweig der Peirce-Rezeption in Deutschland, die Apelsche Transzendentalhermeneutik, eingegangen werden.

Die Forschung zu Peirce war in der ersten Hälfte dieses Jahrhunderts geprägt – und das meint fast unmöglich gemacht – durch die äußerst schwierige Quellenlage. Nach dem Tode Peirces im Jahre 1914 verkaufte seine Witwe, Juliette Peirce, die umfangreiche Bibliothek sowie die unveröffentlichten Manuskripte ihres Mannes an die Widener Library der Harvard Universität. Die unübersichtliche Vielzahl der Manuskripte, an die 100 Kisten umfassend, wurde zunächst von Fergus Kernan, dem Assistenten von Josiah Royce, bis 1916 gesichtet und in eine erste grobe Ordnung[53] ge-

---

– Vgl. auch 1.300 sowie 2.84.

[51]"Questions Concerning Certain Faculties Claimed for Man" 5.213ff, auch Peirce (1982-86/II):193ff; "Some Consequences of Four Incapacities", 5.264ff, auch Peirce (1982-86/II):211ff; "Grounds of Validity of the Laws of Logic: Further Consequences of Four Incapacities", 5.318ff, auch Peirce (1982-86/II):242ff. Alle drei deutsch in Peirce (²1976):13ff.

[52]1.541; im Original kursiv.

[53]Royce und Kernan veröffentlichen auch einen ersten, äußerst unvollständigen Katalog der Manuskripte im *Journal of Philosophy*. Einen guten Eindruck dieser Anfangsphase der

bracht. Durch den plötzlichen Tod Royces und Kernans Eintritt in den Kriegsdienst im Jahr 1916 ruhte die Arbeit an den Manuskripten wieder für geraume Zeit. Erst sieben Jahre später, 1923, erschien eine erste kleine Anthologie Peircescher Aufsätze unter dem Titel *Chance, Love, and Logic*, herausgegeben von Morris R. Cohen.

Eine fundierte Forschung zu Peirce konnte aber erst von 1931 an mit dem Erscheinen der *Collected Papers of Charles Sanders Peirce* beginnen. Charles Hartshorne und Paul Weiss edierten bis 1935 sechs Bände, aus finanziellen Gründen wurde das Projekt dann aber unterbrochen und erst 1954 wieder aufgenommen. 1958 schließlich erschien die erste Bibliographie der von Peirce veröffentlichten Schriften im achten und letzten Band der *Collected Papers*, herausgegeben von Arthur W. Burks. Die *Collected Papers* sind mittlerweile – ihre bahnbrechende Bedeutung für die Forschung zu Peirce unbenommen – starker Kritik unterworfen worden, da in ihnen das Peircesche Material nach zweifelhaften systematischen und nicht nach chronologischen Gesichtspunkten geordnet wurde sowie Aufsätze zerstückelt und z. T. von den Herausgebern mit neuen Überschriften versehen wurden. Auch wurde publiziertes und unpubliziertes Material vermengt. Eine gewisse Erleichterung der Forschungssituation schaffte hier erst die o. g. Veröffentlichung der Bibliographie – immerhin 28 Jahre nach dem Erscheinen des ersten Bandes.

Seit 1967 schließlich existiert der von Richard S. Robin herausgegebene *Annotated Catalogue of the Papers of Charles S. Peirce*, eine (unvollständige) Bibliographie der unveröffentlichten Manuskripte sowie eine Mikrofilm Edition dieses Materials.

In einer Mikrofiche-Edition liegt seit 1977 *A Comprehensive Bibliography and Index of the Published Works of Charles Sanders Peirce with a Bibliography of Secondary Studies* vor, eine vollständige Bibliographie der von Peirce selbst veröffentlichten Arbeiten, herausgegeben von Ketner et. al.

Es gibt inzwischen eine Vielzahl kleinerer Anthologien. An dieser Stelle soll aber nur auf einige größere Ausgaben Peircescher Schriften zu ausgewählten Themenkomplexen hingewiesen werden. Kenneth L. Ketner und James E. Cook publizierten 1975-87 die *Contributions to the Nation*, d. i. eine vierbändige Sammlung der Artikel, die Peirce in der Zeitschrift *The Nation* veröffentlicht hatte.

Beschäftigung mit den Manuskripten geben die Erinnerungen Kernans (1965).

1976 gab Carolyn Eisele eine Sammlung mathematischer Schriften Peirces heraus: *The New Elements of Mathematics,* die vier Bände umfassen, sowie 1985 die zweibändigen *Historical Perspectives on Peirce's Logic of Science. A History of Science.*

Die Quellenlage hat sich in den letzten Jahren zwar verbessert, ist aber noch keineswegs als unproblematisch zu bewerten, da das umfangreiche Material aus Peirces Nachlaß immer noch nicht vollständig zugänglich ist bzw. in einer Vielzahl von einzelnen Veröffentlichungen zusammengesucht werden muß, was die systematische Untersuchung ausgewählter Problemkomplexe nach wie vor sehr erschwert. Abhilfe verspricht hier erst das Peirce-Edition-Project der Indiana University in Indianapolis, das seit 1982 unter der Leitung von Max H. Fisch bzw., seit Band III, Christian J. W. Kloesel eine nunmehr chronologisch geordnete und ungekürzte Herausgabe der Peirceschen veröffentlichten und unveröffentlichten Schriften vornimmt. Dieses Projekt ist auf 30 Bände angelegt; bislang liegen die ersten vier Bände vor, die das Material bis 1884 umfassen. Die vorliegende Arbeit konnte deshalb nur in sehr eingeschränktem Maße von dieser Edition profitieren.

Zum gegenwärtigen Zeitpunkt läßt sich ein fast explosionsartiger Anstieg der internationalen Forschung und Publikationen zu Peirce feststellen; das 1989 von der Harvard Universität organisierte Symposium zum 150. Geburtstag Peirces gab davon ein beeindruckendes Bild.

In Deutschland widmen sich vor allem zwei philosophische Fakultäten der Peirce-Forschung: in Stuttgart die Schule um Max Bense (gestorben 1990) und Elisabeth Walther,[54] in Hamburg der Kreis um Klaus Oehler.[55] Es kann aber auch für die Situation in Deutschland grundsätzlich von einer deutlichen Steigerung der Forschungsarbeit zu Peirce gesprochen werden.

Ein wichtiger, wenn auch umstrittener Zweig der Peirce-Rezeption in Deutschland ist die transzendentalhermeneutische Auslegung der Peirceschen Semiotik, die vor allem von Karl-Otto Apel verfolgt wird.[56] Apels These ist, daß Peirce zwei fundamentale Fehlschlüsse der Transzendental-

---

[54]Eine Darstellung der Arbeit, des Ansatzes und der Ausrichtung des Forschungsinteresses des Stuttgarter Instituts gibt in Selbsteinschätzung Walther (1980).

[55]Einen Überblick über die historische Entwicklung der Forschung zur Semiotik überhaupt in Deutschland bis 1981 geben Posner/Krampen (1981).

[56]Vor allem in: Apel (1973), (1974), (1976).

philosophie, nämlich Kants Konzept des Ding-an-sich und die transzendentale Begründung von Erkenntnis im Sinne einer Abstraktion vom Sprach-Apriori, durch die Entwicklung der dreistelligen Zeichenrelation überwindet und damit gleichzeitig einen Brückenschlag zur modernen analytischen Philosophie schafft.[57]

Dieser Brückenschlag erfolgt über die fundamentalen Fehlschlüsse in den Grundansätzen sowohl der klassischen Transzendentalphilosophie als auch der sprachanalytischen Wissenschaftslogik hinweg zu einer Synthese im Lichte der von Apel sogenannten "transzendentalen Sprach-Pragmatik".[58]

Die folgenden Bemerkungen geben Apels Hauptargumentationsgang wieder.

Der fundamentale Fehlschluß (abstractive fallacy) im Ansatz der Transzendentalphilosophie wird in Kants Abstraktion vom "Sprach-Apriori" identifiziert.[59] Hieraus erwächst eine Reduzierung der laut Peirce nicht reduzierbaren Dreistelligkeit der Zeichenrelation:

(1) Ein Zeichen bezeichnet

(2) etwas (das Reale) für

(3) das die Interpretation vollziehende Erkenntnis-Subjekt, und zwar in einer bestimmten Hinsicht, die durch den Interpretanten bestimmt wird.

Die Nicht-Reduzierbarkeit ergibt sich aus dem Umstand, daß jedes einzelne Element 1-2-3 die beiden anderen voraussetzt, um sein Funktionieren im menschlichen Erkenntnisprozeß (der nach Peirce grundsätzlich zeichenvermittelt ist) zu gewährleisten.

Die Folge des Nichteinbeziehens des Sprach-Aprioris wird manifest im Bereich des Realen, in transzendentaler Reflexion notwendig bestimmt als das Unerkennbare bzw. die unerkennbare Welt der Dinge-an-sich. Der "transzendental-semiotische Ansatz" verschiebt nun die Differenz zwischen dem Erkennbaren (= erkennbare Erscheinungswelt) und dem Unerkennbaren (= Welt der Dinge-an-sich) auf die Differenz zwischen dem auf lange Sicht Erkennbaren und dem faktisch Erkannten. Anders ausgedrückt: Das Ding-an-sich wird "zwar nicht als *unerkennbar*, wohl aber als *unendlich erkenn-*

---

[57]Vgl. Apel (1974):284.
[58]Ebenda.
[59]Das Sprach-Apriori verstanden als die kontinuierliche sprachliche Verständigung über die intersubjektive Geltung von Hypothesen.

bar bestimmt [...]."[60]

Dies ist möglich, so Apel, durch Peirces Einführung einer unendlichen Interpretationsgemeinschaft der Erkennenden, die in intersubjektiver Sinnverständigung qua Konsensbildung unter dem Postulat der rationalen Argumentation die Geltung wissenschaftlicher Erkenntnis festlegt. Da jede Erkenntnis über die Realität Produkt von Interpretationsprozessen ist, unterliegt sie prinzipiell dem Vorbehalt der Fallibilität. Der Fallibilitätsvorbehalt gewährleistet den Status einer Erkenntnis als je vorläufige, und das Sprach-Apriori bestimmt den Erkenntnisprozeß als sozialen Prozeß.

Kants "höchster Punkt", die Einheit des (einen) Bewußtseins in der "transzendentalen Synthesis der Apperzeption", konvergiert in eine semiotische Synthesis der Zeichen-Sinn-Interpretation und Wahrheits-Konsens-Bildung in einer realen unbegrenzten Kommunikationsgemeinschaft, die sich approximativ einem idealen Grenzwert, dem allgemeinen Konsensus der final opinion, nähert. Dieser allgemeine Konsensus fungiert als regulatives Prinzip bei der Realisierung dieser final opinion als Handlung der Kommunikationsgemeinschaft.

Der Fehlschluß der sprachanalytischen Philosophie hingegen besteht laut Apel darin, daß der logische Empirismus zwar das Sprach-Apriori postuliert, aber nicht im Sinne eines "Verständigungs-Aprioris". Das transzendentale Subjekt der Wissenschaft – oder: die transzendentale Subjekt-Funktion – sollte allein durch die logische Konsistenz der Syntax und Semantik der Wissenschaftssprache ersetzt (oder: in sie integriert) werden, was die Intersubjektivität der möglichen Geltung aller empirischen Wissenschaft sicherstellen sollte.[61]

Es zeigte sich jedoch, daß das transzendentale Subjekt der Wissenschaft so leicht nicht auszuschließen war und über das Verifikationsproblem doch wieder im Raum stand. Es werden nämlich – vereinfachend dargestellt – in der logischen Tatsachen-Sprache nicht mehr Theorien mit Tatsachen, sondern Theorien mit Basissätzen konfrontiert. Über diese Basissätze nun bedarf es einer Verständigung der Forschenden, und zwar selbstverständlich über das Medium einer Meta-Sprache, d. h. einer Sprache, die nicht mit der wissenschaftslogischen identisch ist. (Inwieweit diese Meta-Sprache nun mit der Alltagssprache zusammenfällt, sei dahingestellt.)

---

[60]Apel (1974):296 und S. 302.
[61]Vgl. Apel (1973):158.

Daraus ergibt sich, daß die Benutzer der formalisierten Wissenschaftssprache diese notwendig meta-sprachlich interpretieren müssen, um den
intersubjektiven Anspruch einzuklagen. Damit verlagert sich die "kantsche
Frage nach den Bedingungen der Möglichkeit und Gültigkeit wissenschaftlicher Erkenntnis [auf die] Frage nach der Möglichkeit einer intersubjektiven Verständigung über Sinn und Wahrheit von Sätzen bzw. Satzsystemen
[...]."[62]

Der Peircesche Brückenschlag über die beiden Fehlschlüsse hinweg zur
Synthese der klassischen Transzendentalphilosophie und der sprachanalytischen Wissenschaftslogik besteht also in der transzendentalpragmatischen
Ergänzung der Wissenschaftslogik, d. i. die Wiedereinführung des erkennenden Subjekts in ausdrücklich pragmatischer Dimension. Dies ist möglich über Peirces Entwurf der triadischen Logik der Zeicheninterpretation,
die eine pragmatische Dimension im Prozeß der Interpretation von Zeichen eröffnet und Kants transzendentale Einheit des (eines) Bewußtseins
transformiert in eine "durch konsistente Zeicheninterpretation dermaleinst
zu erreichende Einheit der Verständigung in einem unbegrenzten intersubjektiven Konsens".[63]

Das "quasi-transzendentale" Subjekt ist somit nicht länger ausgesperrt,
dafür aber als erkennendes Subjekt eingebunden in eine unbegrenzte Interpretationsgemeinschaft der Erkennenden.

Klaus Oehler wiederum stellt das Vorhaben einer transzendentalen Begründung der Semiotik grundsätzlich in Abrede[64] und schätzt es als "philosophische Illusion"[65] ein. Seiner Ansicht nach versucht es, Probleme zu lösen, die entweder als unlösbar aufzugeben sind, wie die Formulierung von
Bedingungen a priori einer möglichen Erfahrung, oder aber schon gelöst
sind, wie die Kantische Beschränkung auf die Berücksichtigung des Sub-
jekt-Objekt-Verhältnisses im Erkenntnisakt.

Die sinnkritische Frage nach der Möglichkeit von Erkenntnis überhaupt,
die Peirces Semiotik zugrundeliegt, zeige wohl seine Nähe zu Kant, doch
werde sie von Peirce durch das triadische Zeichenmodell und eine damit
verbundene Bewußtseinstheorie beantwortet, die die Zurückweisung eines

[62]Ebenda:163.
[63]Ebenda:164.
[64]Oehler (1984); vgl. auch Oehler (1976), bes. S. 17ff.
[65]Oehler (1984):47.

transzendentalphilosophischen Ansatzes impliziert.[66]

Die oben erwähnte Konzentration der Transzendentalphilosophie auf das Objektverhältnis werde von Peirce aufgelöst durch die Einführung des *Interpretantenbezugs* in der *triadischen* Zeichenrelation. Diese Erweiterung allein erkläre aber noch nicht die Möglichkeit interpretatorischer Leistungen bzw. bedeute noch keine Berücksichtigung der Fragen nach dem angemessenen Zeichenverstehen oder zeichengemäßen Verhalten, die bei Kant durch die Urteilskraft beantwortet werden.

Apel ersetze an dieser zentralen Stelle – so Oehlers stärkster Kritikpunkt – die transzendentalen Prämissen durch das Sprach-Apriori einer unbegrenzten Interpretationsgemeinschaft[67] und verwandele die *regulative* Funktion dieses Konzepts in eine *konstitutive*. Dieser Schritt in ein anderes Apriori aber, hält Oehler dagegen, sei gar nicht nötig, denn die Philosophie des Pragmatizismus verbinde ja die Funktion eines Zeichens immer auch mit der *Verwendung* des Zeichens bzw. der Handlung, die durch das Zeichen ausgelöst wird, womit die Beziehung zwischen Zeichen*verstehen* und zeichenadäquatem *Handeln* expliziert wird. Oehler kommt an dieser Stelle zu dem Schluß: "Dieser Rückgang auf die Funktionen des immer zugleich sich wahrnehmbar manifestierenden vollständigen Zeichens als der alleinige Zugang zum derart vermittelten Seienden bedeutet eine Zäsur in der Geschichte des Denkens, die auch den transzendentalphilosophischen Ansatz antiquiert."[68] Ich stimme dem Fazit, das Oehler an diesem Punkt aus seiner Kritik am transzendentalhermeneutischen Ansatz zieht, zu, daß nämlich die Apelsche Darstellung der Leistung Peirces bei der Lösung der Kantischen Subjekt-Objekt-Problematik hinter der von Peirce *tatsächlich* vollführten zurückbleibt.

Den Vorwurf Apels an die sprachanalytische Wissenschaftslogik wiederum, eine Reduktion auf eine zweistellige Logik zu unternehmen, richtet Oehler – m. E. berechtigterweise – mit der gleichen Bewegung zurück an Apel: Dessen Berufung auf angeborene "Universalien der Sprachfähigkeit" bei der Suche nach anthropologischen Konstanten, die das Verständigungs-Apriori im Sinne eines Sprach-Instinkts des Menschen begründen sollen, nennt Oehler einen "Reduktionismus mit transzendentalphilosophischem

---

[66]Vgl. ebenda:50.
[67]Vgl. zu dieser Verschiebung auch die Kritik Göttners an Apel: Göttner (1973):97.
[68]Oehler (1984):54.

Schein" und damit gleichzeitig einen "Rückfall in die Versuchung, Dritt-heit auf Zweitheit zu reduzieren."[69]

Am Ende dieses einführenden Kapitels, das einer kurzen allgemeinen Kontextbestimmung der Peirceschen Zeichentheorie dienen möchte, sollen nun noch einmal ganz große Zusammenhänge entfaltet werden, um ein Ge-fühl für die Dimensionen zu entwickeln, in die der Peirce-Kanon und der Meister selbst ihre Ausführungen ganz selbstverständlich stellen. Drei Zita-te sollen dies verdeutlichen:

> 1. "[...] we need a theory of signs that can relate phenomenology and ontology, modes of consciousness and modes of being. Such a theory of signs was developed by Saussure's American contemporary Charles Sanders Peirce."[70]

> 2. "Damit ist die Semiotik zugleich die von vielen gesuchte, aber erst von Peirce gefundene 'unpsychologische Erkenntnistheorie'".[71]

...und in aller Bescheidenheit der Meister selbst:

> 3. "The undertaking which this volume inaugurates is to make a philosophy like that of Aristotle, that is to say, to outline a theory so comprehensive that, for a long time to come, the entire work of human reason, in philosophy of every school and kind, in mathematics, in psychology, in physical science, in history, in sociology, and in whatever other department there may be, shall appear as the filling up of its details."[72]

---

[69]Oehler (1976):18.
[70]Sheriff (1989):54.
[71]Walther (1989a):18.
[72]1.1.

KAPITEL II

Sich in Regenbögen erscheinen

Die Grundlagen der Zeichentheorie C. S. Peirces

"But it follows from our own existence (which is proved by the occurence of ignorance and error) that everything which is present to us is a phenomenal manifestation of ourselves. This does not prevent its being a phenomenon of something without us, just as a rainbow is at once a manifestation both of the sun and of the rain. When we think, then, we ourselves, as we are at that moment, appear as a sign."[1]

A   Zur Architektonik der Wissenschaften

Peirces Semiotik erschließt sich schwer ohne Berücksichtigung ihres Kontextes in seiner systematischen Philosophie. Isoliert betrachtet, wird der Status, den die Semiotik hier systematisch innehat, nicht mehr wahrgenommen: nämlich wesentliches Element zu sein in Peirces Projekt der Umgrenzung einer universalen *Methode*, die jegliche Erkenntnistätigkeit einem allgemeinen Maßstabe verpflichtet. In Peirces Sichtweise sind die einzelnen Wissenschaften in einem spezifischen Zusammenwirken in diesem Projekt vereinigt. Bevor dieser Gedanke in seinen Implikationen speziell für die Semiotik weiterverfolgt wird, soll in einem Ausschnitt Peirces 1903 entwickelte Klassifikation der Wissenschaften vorgestellt werden.[2]

Das Grundschema besteht aus der Unterteilung der Wissenschaften in:

A.   Entdeckende Wissenschaft
B.   Überprüfende Wissenschaft
C.   Praktische Wissenschaft

---

[1] 5.283.
[2] "An Outline Classification of the Sciences" 1.180ff, deutsch in Peirce (1983b):39ff.
– vgl. auch Hervey (1982):20ff.

Von Interesse ist hier die Untergliederung der Klasse A in:

I. die Mathematik
II. die Philosophie
III. die Idioskopie

Den Bereich II, die Philosophie (verstanden als Wissenschaft, die entdeckt, was wirklich wahr ist, sich jedoch auf Wahrheiten beschränkt, die aus alltäglicher Erfahrung geschlossen werden können),[3] findet man unterteilt in:

1. die Phänomenologie
2. die Normative Wissenschaft
3. die Metaphysik,

die Normativen Wissenschaften wiederum in:

a. die Ästhetik
b. die Ethik
c. die Logik

und die Logik in:

i. die Spekulative Grammatik[4]
    (allgemeine Theorie des Wesens, der Funktion und der Bedeutungen der Zeichen, seien sie Ikons, Indizes oder Symbole),
ii. Kritik[5]
    (Klassifikation der Argumente und Feststellung von deren Gültigkeit und dem Grad ihrer Wirkung für jede Art, untersucht die formalen Bedingungen der Wahrheit von Symbolen),
iii. Methodeutik
    (Entdeckung[6] und Untersuchung der Methoden, derer man sich bei der Erforschung, Darstellung und Anwendung der Wahrheit bedienen sollte, untersucht die Bedingungen der Beziehungen von Symbolen auf Gegenstände).

---

[3]Vgl. 1.184.

[4]Zu einer ausführlichen Analyse des Zusammenhangs zwischen Peirces Spekulativer Grammatik und der mittelalterlichen *De modis significandi, sive grammatica speculativa* Thomas von Erfurts, auf die Peirce – das Werk allerdings noch Duns Scotus zuordnend – als "unpsychological *Erkenntnislehre*" (2.83, auch 2.229) explizit Bezug nimmt, sowie wiederum zur Verbindung zwischen der Grammatica speculativa und dem "Parallelismusschema von Sein, Denken und Sprache" des Aristoteles vgl. Oehler (1987).

[5]Auch "logic proper" genannt, z. B. 2.229.

[6]Die Methodeutik wird von Peirce auch unter "pure rhetoric" (2.229) oder "speculative rhetoric" (2.333; 2.105) behandelt. Der Entdeckungsaspekt findet sich in 2.108, wo die Methodeutik als "method of discovering methods" bezeichnet wird.

In seiner "Brief intellectual Autobiography" faßt er diese Klassifikation in folgendem Schema zusammen:[7]

"MATHEMATICS
PHILOSOPHY
    Phenomenology, or Ideoscopy
    Normative Science
        Esthetics
        Ethics
        Logic
            Speculative Grammar
            Critic
            Methodeutic
    Metaphysics
IDIOSCOPY [...]"

Zu dieser Klassifikation der Wissenschaften nennt er als das zentrale strukturierende Prinzip die Dependenzregel,[8] d. h., daß grundsätzlich jeder Wissenschaftszweig auf dem vorhergehenden aufbaut bzw. jede Wissenschaft in ihren allgemeinen Prinzipien ausschließlich auf ihr vorgeordnete rekurriert, in ihren Beispielen aber auf ihr nachgeordnete verweist.

Die beiden einzigen theoretischen Wissenschaften, die Peirce der Logik bzw. Semiotik (zu dieser Gleichsetzung s. u.) voranstellt, sind also die Mathematik und die Phänomenologie, denen die Semiotik einen Teil ihrer Begriffe und Prinzipien entlehnt. Die Semiotik ist damit durch ihre Position im System mit den sie unmittelbar umgebenden Wissenschaften ganz spezifisch verwoben: Ihre grundlegendsten Elemente, vor allem die Prinzipien des diagrammatischen Denkens bzw. die hypothetischen Modelle, bezieht sie aus der Mathematik. Als Disziplin der Philosophie setzt sie die Ästhetik und Ethik unmittelbar voraus und ist ferner der phänomenologischen Analyse der universalen Elemente der Erfahrung – also den Kategorien – verpflichtet. Schließlich ist sie ihrerseits die Voraussetzung für jede Metaphysik.

In der Logik des hier relevanten Argumentationsstranges bedeutet das,

---

[7]Peirce (1983a): 70; deutsch in Peirce (1986): 64ff.
[8]"Each division depends on that which precedes it." 1.191.

noch einmal hierarchisch dargestellt: Die Phänomenologie hält Grundlagen für die normativen Wissenschaften bereit, das sind die Ästhetik, Ethik und Logik. Letztere wiederum ist die Basis für die Spekulative Grammatik, die Wesen und Bedeutung der Zeichen festlegt. Aus genau diesem zentralen Punkt des Schemas geht die Verquickung von Phänomenologie, Logik und Semiotik hervor, denn die Logik wird definiert als

> "[...] the theory of self-controlled, or deliberate, thought [...]. It [...] depends upon phenomenology and upon mathematics. All thought being performed by means of signs, logic may be regarded as the science of the general laws of signs." (1.191). Die Logik hinwiederum ist "made synonymous with semeiotic, the pure theory of signs, in general." Peirce (1983a): 73.[9]

Rein modellimmanent ist klar abgeleitet, warum die Erkenntnisse der Phänomenologie (i. e. die drei Fundamentalkategorien) und die (Relationen-) Logik die zeichentheoretischen Grundlegungen bestimmen.

Zur Phänomenologie – die Universalkategorien

Aufgabe der Phänomenologie ist in Peircescher Definition die Deskription der Phänomene sowie die Bestimmung der fundamentalen Modi. Es sollen die universell gegenwärtigen, logisch nicht weiter auflösbaren formalen oder strukturellen Elemente, die in jedwedem Phänomen vorfindlich sind, identifiziert, abstrahiert und in der größtmöglichen Allgemeinheit klassifiziert werden.

Ein Phänomen ist dabei "whatever is present at any time to the mind in any way."[10] Krausser faßt diese von Peirce "abstractive observation" genannte Vorgehensweise, mit der die Synthesis jeder denkbaren Form analysiert wird, folgendermaßen zusammen:[11]

---

[9]Vgl. 2.227.
[10]1.186; auch 1.284 "[...] by the *phaneron* I mean the collective total of all that is in any way or in any sense present to the mind, quite regardless of whether it corresponds to any real thing or not."
[11]Krausser (1960): 9.
– Vgl. 1.288; 5.37ff; 5.41ff.

"Sie geht von einer beliebigen gegebenen Vorstellung aus und entwirft von derselben in der Einbildung eine Art schematisches Diagramm. Dann wird in Gedankenexperimenten dieses Diagramm modifiziert und beobachtet, welche inneren Zusammenhänge des Diagramms sich in allen seinen ausdenkbaren Modifikationen als konstant und nichteliminierbar erweisen, d. h. sich als solche erweisen, die für alle möglichen Modifikationen dieses Diagramms wahr sein müssen."

In der schon erwähnten "New List of Categories" von 1867[12] erstellt Peirce in Auseinandersetzung mit dem mittelalterlichen Trivium (grammatica, dialectica, rhetorica) sowie den Kategorientafeln Kants[13] und Aristoteles' seine eigene Liste der Universalkategorien.

Die zugrundeliegende Annahme, die die Basis der Peirceschen Kategorien bildet, wird folgendermaßen formuliert: "[T]he function of conceptions is to reduce the manifold of sensuous impressions to unity and [...] the validity of a conception consists in the impossibility of reducing the content of consciousness to unity without the introduction of it."[14] Daß die Funktion von Begriffen darin bestehe, das Mannigfaltige der Sinneseindrücke zur Einheit zu bringen, ist eine Aussage der Kantischen Erkenntnistheorie, die Peirce als gültig akzeptiert hat. An dieser Stelle ist der Hinweis angebracht, daß Peirce wohl die Ansicht Kants teilt, die synthetisierende Kraft des Verstandes bestimme Erscheinung und Wirklichkeit der Dinge. Die Synthesis zur "Reduzierung der Mannigfaltigkeit der sinnlichen Eindrücke zur Einheit" erfolgt bei Peirce aber erst *nach* einer analytischen Leistung des Verstandes, die er einen Akt der "destructive distillation"[15] nennt. Dies steht im Gegensatz zu Kants Annahme der prädominanten Synthesis im Erkenntnisakt. Die destructive distillation, die man vielleicht als das Erfassen von Teilen (oder: Teilhaftigkeit) in einem Objekt, seiner (scheinbaren) Einheit zum Trotz, beschreiben könnte, wird noch bei der Betrachtung der drei Schlußfolgerungsarten, besonders der Abduktion, wichtig werden.

Peirce entwickelte eine in den logischen Grundlagen neue Kategorienlehre, die sich von der Aristotelischen – und von Kant trotz gewichtiger Ab-

---

[12]1.545ff.
[13]Zur Darstellung der Analyse, in der Peirce nachweist, aufgrund welcher Operationen sich die Kantischen Kategorien aus einander erzeugen lassen, siehe Pape in Peirce (1986):18ff.
[14]1.545
[15]Vgl. 1.384.

weichungen beibehaltenen – Subjekt-Prädikat-Form trennte. Dies wurde möglich durch die Entwicklung der Relationenlogik im 19. Jahrhundert, an der Peirce wesentlichen Anteil hatte. In der Relationenlogik wird die These vertreten, daß es lediglich drei Typen von Prädikaten gibt und daß die logischen Eigenschaften von Prädikaten mit mehr als drei Argumenten sich immer auf die dreistelliger Prädikate zurückführen lassen.[16] Auf diesen Grundlagen entwickelte Peirce drei fundamentale Kategorien, die zugleich Klassen von Relationen sind: "Firstness", "Secondness" und "Thirdness". In 1.555 beschreibt Peirce sie[17] als zwischen Sein und Substanz vermittelnd:

"Being

    Quality (reference to a ground)

    Relation (reference to a correlate)

    Representation (reference to an interpretant)

Substance"

Die drei Kategorien werden dreifach fundamental charakterisiert:

    (1) Sie werden mit den *Modalitäten* Möglichkeit, Wirklichkeit und Notwendigkeit verknüpft sowie

    (2) mit einer *Wohlordnung* (Firstness, Secondness, Thirdness). Das bedeutet, daß die Kategorien in ordinaler Folge zueinander stehen, und dieses Charakteristikum ist so zentral für den gesamten Aufbau der Peirceschen Philosophie, daß es als *das* strukturbildende Element überhaupt gewertet werden kann.

Durch das Prinzip der Wohlordnung begründet sich auch die Existenz degenerierter (z. B. Erstheit der Zweitheit) und genuiner Formen (z. B. Drittheit der Drittheit).[18] Pape gibt folgende Deutung: Die jeweils höhere Kategorie wird als ein Begriff eingeführt, der zur Beschreibung der Funktion des jeweils vorausgehenden notwendig ist. "Den Begriff der Relation

---

[16]Vgl. Oehler in Aristoteles (1984): 53.

[17]Die Kategorien werden außer als "Firstness", "Secondness" und "Thirdness" (in ausdrücklich relationenlogischer Begründung ab ca. 1900) noch in einer Vielzahl von Entsprechungen aufgenommen, so wie hier als "Qualität", "Relation" und "Darstellung" oder z. B. als "Qualität", "Faktum" und "Gesetz" in: "The Logic of Mathematics; An Attempt to Develop my Categories from Within" 1.417ff.

[18]Z. B. 1.473;

– vgl. auch Peirce in Hardwick (1977):26 "Secondness is either *genuine* or *degenerate*. There are many degrees of genuineness. Generally speaking genuine secondness consists in one thing acting upon another, – brute action."

muß ich einführen, um zu beschreiben, was es heißt, daß einem Objekt eine Qualität zukommt; den Begriff der Darstellung benötige ich, um sagen zu können, in welchem Verhältnis Relation und Qualität zueinander stehen."[19]

(3) Schließlich sind die drei Kategorien, wie schon erläutert, auch Klassen von Relationen, d. h., sie werden *relational* charakterisiert, und zwar als monadische/einstellige (Firstness), dyadische/zweistellige (Secondness) und triadische/dreistellige (Thirdness) Relation.

Zusammenfassend ergibt sich folgendes Modell:

Kategorie/ Seinsweise	Modalität	Relationalität
Erstheit Zweitheit Drittheit	Möglichkeit Wirklichkeit Notwendigkeit	monadisch dyadisch triadisch

Die Kategorien sollen in ihren Charakteristika nun noch etwas detaillierter betrachtet werden.

Firstness

Firstness[20] ist die Kategorie der Möglichkeit der Abstraktion, der unteilbaren Ganzheit, der Losgelöstheit von zeitlichen, räumlichen und kausalen Zusammenhängen. Sie ist die Kategorie des präreflexiven *Unmittelbaren*. Peirce schreibt auch, diese Kategorie sei das charakteristische Element von Qualität, Qualitativität, Absolutheit, Originalität, Vielfalt, Zufall, Möglichkeit, Form, Wesen, Gefühl, Frische, Leben, Freiheit, Unmittelbarkeit, Lebendigkeit, Unabhängigkeit, In-sich-selbst-sein etc.[21]

---

[19]In Peirce (1986):25.
[20]Vgl. 1.25; 1.300ff; 1.422; 8.328; Peirce (1976a/IV):332.
[21]Peirce (1983a):72, sowie 1.337; 1.357; 6.32.

Peirces am häufigsten benutztes Beispiel für ein First ist die Idee der Qualität. Eine Qualität nun ist zunächst die Definition einer (unter welchen Gesichtspunkten auch immer gesehenen) Eigenschaft, die einer bestimmten oder unbestimmten Menge A von Entitäten gemein ist und eine Ebene der Vergleichbarkeit kreiert, d. h., es ermöglicht, diese Menge A zu kontrastieren mit einer bestimmten oder unbestimmten Menge B von Entitäten, denen diese Eigenschaft fehlt.

Diese Qualität – und das ist wesentlich – kann isoliert als solche betrachtet werden, denn grundlegend für die Bestimmung, was unter Qualität zu verstehen ist, ist ihre Koppelung an die kategoriale Modalität der Möglichkeit: Es geht nicht um eine konkrete Qualität hier und jetzt (denn das wäre der Übertritt in die nächste Seinsstufe, die Secondness), sondern um eine abstrahierbare Qualität als solche. Eine Qualität kann demnach als teile-lose Einheit isoliert von ihrem realen Auftreten untersucht werden und vor allem abstrahiert von den jeweiligen möglichen Entitäten, in denen sie sich konkret manifestieren könnte.

Diese teile-lose Einheit an jedem Etwas nennt Peirce das monadische Moment der Suchness eines Phänomens. Etwas ist, wie es ist, unabhängig von Beziehungen zu einem Zweiten.[22] Die beiden folgenden Zitate sind in diesem Zusammenhang von besonderem Interesse. Sie befreien einerseits das First ein wenig aus seiner Vagheit und ermöglichen andererseits, den Peirceschen Argumentationsstrang gegen die Beibehaltung des Kantischen Ding-an-sich-Konzepts noch einmal, hier über die kategoriale Grundlegung, aufzunehmen.

> "[...] the *matter* [...] has no being at all except the being a subject of qualities. This relation of really having qualities constitutes its *existence*. But if all its qualities were to be taken away, and it were to be left quality-less matter, it not only would not exist, but it would not have any positive definite possibility – such as an unembodied quality has. It would be nothing at all."[23]

In dieser Bestimmung der Existenz von etwas über die Relation des "wirklichen Habens von Qualitäten", deren Seinsmodus die Firstness ist, besteht Peirces sinnkritische Argumentation gegen das Konzept des Ding-an-sich.

---

[22]Vgl. 6.224 Anm.
[23]1.527.

"It has been shown [...] that in the formal analysis of a proposition, after all
that words can convey has been thrown into the predicate, there remains a
subject that is indescribable and that can only be pointed at or otherwise
indicated, unless a way, of finding what is referred to, be prescribed. The
Ding an sich, however, can neither be indicated nor found. Consequently, no
proposition can refer to it, and nothing true or false can be predicated of
it."[24]

Auf seiner Suche nach den formalen Strukturkategorien stellt Peirce die
berechtigte Frage: "How is it possible for an indecomposable element to
have any differences of structure?"[25] Er bleibt die Antwort nicht schuldig.
In bezug auf eine interne logische Struktur wäre das natürlich unmöglich, in
bezug auf die externe Struktur allerdings, d. i. die Struktur möglicher Zusammensetzungen, sind begrenzte Differenzen möglich.[26]

Diese Differenzen bestehen in der je unterschiedlichen *Valenz* der Elemente eines Phänomens, d. h. der Anzahl seiner Bindungsmöglichkeiten,
die durch Subjekte – oder Substrate – besetzt werden können.

Im Hinblick auf die hier verhandelte Firstness wäre sie als einwertig
bzw. einstellig zu klassifizieren.[27] Firsts hinwiederum sind die Elemente
eines Phänomens, die eine – und nur eine – freie Bindungsmöglichkeit haben.

Secondness

Secondness[28] ist das Sein in bezug auf ein Zweites, das dyadische Moment
der "otherness" eines Phänomens bzw. die dyadische Relation der *Anders-
heit*, d. h., etwas ist nur relativ zu einem anderen, was es ist, denn "in-
dividual existence is a markedly dualistic conception", schreibt Peirce in
2.84.[29] Secondness ist also die Kategorie der Realität, der Faktizität, des
in Raum und Zeit Existierenden. Als charakteristisches Element herrscht
sie vor in der Idee der dyadischen Relativität oder Relation, der Hand-

[24] 5.525; deutsch in Peirce (1976b):492.
[25] 1.289.
[26] Ebenda.
[27] Z. B. in 1.424.
[28] Vgl. 1.24; 1.322; 1.380; 2.84; Peirce (1976a/IV):332.
[29] Ähnlich auch in 3.93 und 3.611.

lung, Wirkung, Existenz, Individualität, Opposition, Negation, blinden Kraft.[30] Die Seinsweise der Secondness ist gekennzeichnet durch die Abwesenheit von Begründbarkeit, Regel- und Gesetzmäßigkeit (die alle dem Bereich Thirdness angehören). Gemäß dem Verhältnis Aktion-Reaktion (als offensichtlichstes Beispiel dessen, was ein Second ist) zerfällt die Secondness in eine a) dynamische (= aktive) und b) reaktive, degenerierte (= passive) Form.

"Das dafür prototypische Erlebnis oder Bewußtsein ist das seiner eigenen Natur nach doppelseitige Bewußtsein einer Anstrengung gegenüber einem Widerstand."[31]

War die Kategorie der Firstness mit Hilfe der Relationenlogik als einstellig charakterisiert, so ist die Secondness demnach als zweistellig beschreibbar, d. h. durch die logische Relation des 'nicht' im Sinne des '... anders als ...'.

Der Bereich der Secondness ist der Bereich der Erfahrung, von Ort und Zeit abhängig wie alle konkreten singulären Ereignisse oder Objekte, die der Wirklichkeit und nicht der Möglichkeit nach existieren wie die Firsts.

Ein First verliert sofort den Status genuiner Firstness, sobald es außerhalb des Rahmens der Möglichkeit und in die Seinsweise der realen Existenz tritt. Dem Bewußtsein erscheint das First als Gefühl, das frei ist von Analyse, Vergleich etc. Einer analytischen Vergegenwärtigung ist es deshalb nicht ohne weiteres zugänglich: "[...] the feeling being completely veiled from introspection [...]." Schließlich ist nichts "[...] more occult than the absolute present."[32] Das Bewußtsein der Realität kommt sich selbst deshalb immer einen Augenblick zu spät und wenn es sich einholt und in der Seinsweise der Secondness realisiert, tritt es sich existentiell verändert gegenüber.[33] So wird ein Second bestimmt als genau das, was zwar ohne ein Third sein muß, aber nicht ohne ein First sein kann, ein First aber steht für sich allein.[34]

Da die Seinsweise der Secondness von Peirce handfest durch "brute

---

[30]Diese Aufzählung aus: Peirce (1983a):72; vgl. 1.337; 1.356.

[31]Krausser (1960):15; vgl. auch 1.24.

[32]1.310 und 2.85.

[33]Ebenda: "But when he asks what is the content of the present instant, his question always comes too late. The present has gone by, and what remains of it is greatly metamorphosed."

[34]Vgl. 1.358; 5.436.

existence" charakterisiert wird ("[...] when I feel the sheriff's hand on my shoulder, I shall begin to have a sense of actuality"[35]), ist hinwiederum die Sprachlosigkeit gegenüber der Firstness verständlich: "[...] so tender that you cannot touch it without spoiling it [...]."[36]

Thirdness

Thirdness[37] ist der Bereich der *Vermittlung*, der Beziehung zwischen einem Ersten und einem Zweiten über ein Drittes,[38] ist der Charakter triadischer (dreistelliger) Relationsverhältnisse. Erst in der Thirdness konstituieren sich Thirds wie z. B. Gesetzmäßigkeit, Kontinuität, Ordnung, Regelmäßigkeit, Denken, Erkenntnis, Repräsentation, Kommunikation, Vermittlung, Synthese, Lernen, Erinnerung, Wachstum, Verhalten etc.[39] Dem Bewußtsein tritt Thirdness als Moment des Prozeßhaften gegenüber, als das Bewußtsein lebendiger Synthese. Peirce weist aber immer wieder nachdrücklich darauf hin, daß in jedem Bereich der Secondness auch Firstness involviert ist und in jedem Bereich der Thirdness auch Secondness und Firstness. Anders ausgedrückt: Denken kann nicht als von Erfahrung und Empfindung bzw. Wahrnehmung unabhängig verstanden werden.[40]

Wichtig ist an dieser Stelle, daß diese Relation – wie oben schon erläutert – irreduzibel ist, d. h., daß jedes polyadische Relationsverhältnis auf ein- oder zwei- oder dreistellige Relationen zurückgeführt werden kann, daß aber die triadischen, dyadischen und monadischen Relationen selbst irreduzibel sind. Diese relationslogische These nimmt den Status eines heuristischen Prinzips ein. Peirce macht die Irreduzierbarkeit an drei einfachen Diagrammen klar:

(1) Ein Punkt mit einer Valenz repräsentiert ein monadisches Element "X–",

(2) ein Punkt mit 2 Strichen eine dyadische Relation: "–R–".

[35] 1.24.
[36] 1.358.
[37] Vgl. 1.26; 1.337; 1.381; Peirce (1976a/IV):333.
[38] "The third is that which bridges over the chasm between the absolute first and last, and brings them into relationship." 1.359.
[39] 1.337; 1.340; 1.356; 6.32.
[40] Vgl. z. B. 5.90.

42

(3) Keine Kombination der ersten beiden Diagramme ergäbe das genuin triadische Relationsverhältnis, das als "Y" dargestellt wird.[41] Die Kombination dreistelliger Relationen ermöglicht dagegen die Bildung polyadischer Relationen.[42]

Da die drei Universalkategorien durch Relationen charakterisiert sind, sind sie demnach auch selbst irreduzibel.

Genauer gesagt ist die Existenz einer niedrigeren Kategorie unabhängig möglich von der höheren Kategorie, sie benötigt diese nicht, die höhere jedoch setzt die niedrigere notwendig voraus.[43] Dabei beinhaltet der Übergang in eine je höhere Kategorie auch eine jeweils genuin andere Seinsweise, die nicht durch die Reduktion auf die niedrigeren Elemente dargestellt oder interpretiert werden kann. Peirce hierarchisiert seine Kategorien weiterhin, indem er das Prinzip einer Determinierung von der Thirdness hinab zur Firstness konstatiert, dieses aber nicht in der umgekehrten Richtung zuläßt.[44] Ebenso wird genuinen Formen im Vergleich zu degenerierten ein höherer Status zugesprochen. Diese Strukturprinzipien gelten *grundsätzlich*. So sind z. B. auf dieser Grundlage eine Vielzahl von genuinen Formen (Symbol, Argument, finaler Interpretant etc.) und degenerierter Formen (Ikon, Dicent, unmittelbarer Interpretant etc.) in der Peirceschen Semiotik charakterisiert. In einem Phänomen wiederum finden sich Anteile aller drei Kategorien in Koexistenz.

Es scheint sinnvoll, die Thirdness (bzw. Thirds) kurz unter drei Aspekten zu beleuchten, die die zentrale Bedeutung dieser Kategorie für Peirces semiotisches Konzept herausstreichen. Zeichen sind schließlich genuine Thirds, und diese sind gekennzeichnet durch drei Prinzipien:

(1) Vermittlung

Wann immer in einem Phänomen ein Etwas mit einem anderen über ein Drittes miteinander verknüpft ist, fällt diese Verbindung in den Bereich der Thirdness. Peirce charakterisiert ein Third folgendermaßen:

---

[41]Vgl. 1.346 "[...] genuine triadic relations can never be built of dyadic relations and of qualities [...]."

[42]Vgl. hierzu auch 7.537. Peirce belegt an dieser Stelle die Unmöglichkeit, eine triadische Relation in dyadischen Relationen zu analysieren. Daneben zeigt er, daß eine tetradische Relation wie "[...] a seller, S, sells a thing, T, to a buyer, B, for a sum of money, M" in sechs triadische Relationen zerlegt werden kann.

[43]Vgl. 5.91.

[44]Vgl. 1.478; 1.530.

"[T]he third is of its own nature relative [...]" und "[t]he third is that which is what it is owing to things between which it mediates and which it brings into relation to each other."[45]

(2) Gesetzmäßigkeit (sog. "Transformation Rule")
Jedwede Funktion, die eine (Zustands-)Veränderung eines Phänomens bewirkt, bzw. jeder gesetzmäßig verlaufende, beschreibbare Prozeß ist ein Moment der Thirdness. Sprache, logisches Schlußfolgern, überhaupt jede geistige Tätigkeit sind Manifestationen der Transformation Rule.

(3) Wachstum und Entwicklung (sog. "Qualification Rule")
Das leitende Prinzip von Wachstum und Veränderung – als Aspekte der Thirdness gesehen – ist die Rückbeziehung der Kategorien auf sich selbst, und zwar gemäß der Qualification Rule.[46] Diese Regel, die die Anwendung der Kategorien auf die Semiotik fundamental bestimmt, besagt, daß ein First (I) nur durch ein First bestimmt werden kann (1.1), ein Second (II) durch ein First (2.1) und ein Second (2.2) und ein Third (III) durch ein First (3.1), ein Second (3.2) und ein Third (3.3).

Peirce bestimmt Firsts als unteilbare Einheiten, Seconds als zweigliedrig, da sie in einen passiven (= degenerierten Teil, Firstness der Secondness) und in einen dynamischen Teil zerfallen, Thirds als dreigliedrig. Element 1 und 2 sind degenerierte Formen (Firstness of Thirdness und Secondness of Thirdness), Element 3 ist die genuine Thirdness.

Bei der Anwendung der Qualification Rule auf die o. g. Elemente der Kategorien ergeben sich 10 kategoriale Zusammensetzungen:[47]

I   1.1
II   1.1
II   2.1
II   2.2
III 1.1
III 2.1
III 2.2
III 3.1
III 3.2
III 3.3

---

[45]1.362 bzw. 1.356.
[46]Termini "Transformation/Qualification Rule" aus Savan (1976): 7ff. Das Werk liegt der Verfasserin nur als persönliches Manuskript vor, die zitierte Seitenzahl bezieht sich darauf.
[47]Vgl. z. B. 2.233 – 2.242; 2.254.

Ein Hinweis scheint an dieser Stelle allerdings angebracht. Krausser[48] weist auf die Gefahr möglicher Fehlinterpretationen hin, die sich aus einer Vermischung der abstrakten Beschreibung der Kategorien mit der jeweiligen Exemplifizierung ergibt. Diese Gefahr scheint indessen bei Peirce selbst angelegt zu sein, da er – um Klarheit bemüht – eine Fülle von Beispielen für die Kategorien bringt, von denen einige sukzessive – auch in der Peirce-Rezeption – "prototypischen Charakter" annehmen.

Eine Qualität, ein aktuelles singuläres Etwas und ein Zeichen sind aber ein First, ein Second und ein Third und nicht die Kategorien selbst. Im Gegenteil, um an ihnen das "bezeichnete kategoriale Moment" zu entdecken, muß man von ihrer Verkörperung oder Konkretisierung absehen, sonst entsteht der Eindruck, man sehe sich mit einer "materialen" anstatt einer "formalen" Kategorie konfrontiert, was nicht den Peirceschen Vorgaben entsprechen würde.

B   Das Zeichen als triadische Relation

Da das Zeichen als genuines Third bestimmt wird und somit als *triadische Relation*, muß es also aus drei Korrelaten zusammengesetzt sein: das erste Korrelat ist das Zeichen selbst – oder der Träger, das Vehikel –, das zweite das Objekt und das dritte der Interpretant. Aus der Vielzahl der Definitionen, die Peirce für das Zeichen als triadische Relation gibt, seien hier zwei klassische Versionen genannt, die um die Jahrhundertwende entstanden sind:

> "A *Sign*, or *Representamen*, is a First which stands in such a genuine triadic relation to a Second, called its *Object*, as to be capable of determining a Third, called its *Interpretant*, to assume the same triadic relation to its Object in which it stands itself to the same Object. The triadic relation is *genuine*, that is its three members are bound together by it in a way that does not consist in any complexus of dyadic relations."[49]

---

[48]Krausser (1960):II f.
[49]2.274.

Die ausführliche Version:

> "A sign, or *representamen*, is something which stands to somebody for
> something in some respect or capacity. It addresses somebody, that is,
> creates in the mind of that person an equivalent sign, or perhaps a more
> developed sign. That sign which it creates I call the *interpretant* of the first
> sign. The sign stands for something, its *object*. It stands for that object, not
> in all respects, but in reference to a sort of idea, which I have sometimes
> called the *ground* of the representamen."[50]

Folgende Bestimmung ist ebenfalls von größter Wichtigkeit:

"[N]othing is a sign unless it is interpreted as a sign [...]."[51] Andersherum gilt aber auch, daß *alles als Zeichen interpretiert werden kann.*

Der bloße Grundgedanke hier erscheint zunächst trivial, nämlich daß ein
Zeichen für etwas steht, was es nicht selbst ist, und von jemandem verstanden wird. Doch die Repräsentation ist für Peirce der "einzige entscheidende geistige vorgang und hängt von der fähigkeit ab, [...] zeichen
[...] zu bilden, die keine gegebenen objekte sind, sondern 'objekte', die für
den geist stellvertretend für ein objekt, für das sie stehen, gebraucht werden."[52]

Das Zeichen, wie in der oben zitierten ausführlichen Zeichendefinition
deutlich wird, steht für sein Objekt nicht in jeglicher Hinsicht, sondern in
bezug auf eine Art Idee, die er auch "ground" nennt. In 1.551 wird der
ground näher bestimmt. Er ist eine reine Abstraktion, die die Basis für das
Erfassen partieller Übereinstimmung von zwei Dingen schafft. Ohne die
reine Abstraktion kann eine Ähnlichkeit bzw. Übereinstimmung in zwei
Dingen nicht erkannt werden; sie differenziert erst die vergleichbare Quali-

---

[50]2.228.
– Vgl. auch die Zeichendefinitionen in 1.339 mit expliziter Integration des Konzepts der
Bedeutung; 1.540 mit Aussagen zu "Zeichen" vs. "Representamen" sowie 2.303, 8.177 und
8.343, auch Peirce (1983a):73 mit der Betonung der Relationalität; Hardwick (1977):32
sowie Ms 654, S. 8, mit der Betonung der primären Aufgabe des Zeichens, *bislang nicht
bekannte Informationen* über sein Objekt zu vermitteln: "By a Sign I mean anything
whatever, real or fictile, which is capable of a sensible form, is applicable to something
other than itself, that is already known, and that is capable of being so interpreted in
another sign, which I call its Interpretant as to communicate something that may not have
been previously known about its Object. There is thus a triadic relation between any Sign,
an Object, and an Interpretant." Zit. nach Daube-Schackat (1987):107f.
[51]2.308; vgl. auch 5.287.
[52]Walther in Peirce (1965):42.

tät oder Eigenschaft aus.[53] Anders gesagt: Die oben erläuterte Kategorie *Qualität* setzt ontologisch einen Grund (Verkörperung dieser Qualität in einzelnen Dingen) voraus.[54] Mit Referenz auf diese verkörperte Qualität, den ground, werden Zeichen und Objekt vom interpretierenden Bewußtsein im Interpretanten zusammengebracht. In dem jeweiligen Erkennen von vergleichbaren Qualitäten liegt einer der Gründe für die prinzipielle Offenheit und Dynamik dieses Zeichenkonzepts. Aus tausend 'grounds' kann eben prinzipiell alles als Zeichen interpretiert werden bzw. ist nichts ein Zeichen, was nicht als solches interpretiert wird.

Eine weitere Begründung für diese Offenheit liegt in Peirces wichtiger Bestimmung, daß es nicht primär die Aufgabe des Zeichens ist, zwischen erkennendem Bewußtsein und Objekt zu vermitteln.[55] Präziser gesagt, vermittelt das Zeichen grundsätzlich keine *Bekanntschaft* mit seinem Objekt, sondern setzt diese voraus und gibt vielmehr neue Informationen über sein Objekt.

> "The Sign can only represent the Object and tell about it. It cannot furnish acquaintance with or recognition of that Object; for that is what is meant in this volume by the Object of a Sign; namely, that with which it presupposes an acquaintance in order to convey some further information concerning it." 2.231; sowie "Its [the sign's] Interpretant is all that the Sign conveys: acquaintance with its Object must be gained by collateral experience."[56]

Die "collateral experience" bzw. "collateral observations" (begleitenden Beobachtungen), wie Peirce sie auch nennt, sind dabei zu verstehen als die "selektiv wirkenden Beobachtungen im Gebrauchskontext der Zeichenverwendung [...]. [Diese] sind aber die einzige Weise (da wir nicht über selbst-explikative Zeichen verfügen), wie wir einen Begriff eines Einzeldings bilden können [...]."[57]

Die Sichtweise, daß ein Zeichen die Bekanntschaft mit seinem Objekt

---

[53]Peirce nennt den ground deshalb auch "quale-consciousness", z. B. 6.222ff.

[54]Der ground fungiert also als notwendige ontologische Entsprechung der *Qualität*, so wie Relat und Korrelat die ontologische Entsprechung der zweiten Kategorie *Relation* sind und der Interpretant die ontologische Entsprechung der *Repräsentation*. S. Pape in Peirce (1986):24f.

[55]Obwohl sich laut Peirce genau in dieser Funktion "die Seele" des Zeichens konstituiert. Vgl. 6.455.

[56]In Hardwick (1977):83.

[57]Pape (1989):306.

voraussetzt, geht auf in Peirces zweitem erkenntnistheoretischen Grundsatz: "We have no power of Intuition, but every cognition is determined logically by previous cognitions",[58] auf den unten noch ausführlicher eingegangen wird.

Man könnte auch sagen, daß das Zeichen sein Objekt unter neuer Perspektive repräsentiert. Diese je neuen Perspektiven sind unerschöpflich und konstituieren sich durch den Interpretanten, der gemäß der "idea" bzw. ground Zeichen und Objekt zusammenbringt in einem *Dritten*, einem komplexeren Gedankenzeichen, das er selbst darstellt.[59] Diese triadische Relation ist irreduzibel und per definitionem bedeutungsvoll, denn diese und nur diese Verknüpfung über das mentale Interpretanten-Zeichen macht ein Zeichen bedeutungsvoll, und Zeichen ohne Bedeutung gibt es nach Peirce ebensowenig, wie es Bedeutung ohne Zeichen gibt. Die Bedeutungsproblematik wird unten näher diskutiert, an dieser Stelle sei aber schon darauf hingewiesen, daß in Peirces triadischem Zeichenmodell die Bedeutung nicht mögliches, sondern notwendiges, konstitutives Element ist. Sie wird in der Beziehung des Zeichens und des Objekts zum Interpretanten, zum interpretierenden Bewußtsein, angesiedelt, das Zeichen und Bedeutung untrennbar in einem mentalen Akt erfaßt bzw. erschafft. Zeichen, Objekt und mentale Aktivität können in der Peirceschen Theorie nicht als unabhängig voneinander gedacht werden. Objekte werden nicht *benannt,* Bedeutung entsteht nicht als Verweisleistung – und dies ist die Grundlage von Erkenntnisprozessen überhaupt, die ja laut Peirce grundsätzlich zeichenvermittelt und von Zeichen getragen sind: "All thought [...] must necessa-

---

[58]5.265.
[59]Sheriff weist darauf hin, daß über dieses *Dritte* (komplexere Gedankenzeichen) in Peirces Zeichentheorie zu sprechen im Grunde eine *Vierheit* impliziert:
>   "[1.] A sign *(representamen)*
>   [2.] stands to somebody (creates *interpretant)*
>   [3.] for something (its *object)*
>   [4.] in some respect or capacity (the *ground)* [...]."
Sheriff bringt dieses Schema im Zusammenhang mit einer Diskussion des dyadischen Zeichenmodells, bes. einer Untersuchung von Derridas "différance": Es werde verschiedentlich überlegt, ob die différance den gleichen Status einnehme wie der Interpretant bei Peirce, i. e., ob sie als etwas *Drittes* zu dem Zeichen-Objekt-Verhältnis hinzukomme. Sheriff weist dies zurück mit der Argumentation, daß die différance zwar als drittes Hinzukommendes zu betrachten ist, aber explizit ein "no-thing" bleibt und keinesfalls aus einem *dyadischen Gebilde* eine *triadische Relation* macht. Sheriff (1989): 57f, Fn3.

rily be in signs."[60]

Das genuin Neue an Peirces Zeichenmodell ist nun, daß die drei Korrelate des Zeichens in einem *triadischen Relationsverhältnis* stehen, und zwar sind dies

(1) das Zeichen selbst (i.e. der Zeichen*träger*, denn ein Zeichen ist an seine potentielle Materialisation gebunden, um Gegenstand der sinnlichen Wahrnehmung sein zu können),

(2) das Zeichen in Beziehung zu seinem Objekt (es bezeichnet ein anderes Etwas) und

(3) das Zeichen in Beziehung zu seinem Interpretanten (noch einmal: die Bezeichnung muß eine Bedeutung haben, die von einem Bewußtsein verstanden (bzw. erstellt) wird. Diese prinzipielle Verstehbarkeit setzt Konventionen voraus, die durch den Interpretanten eingebracht werden und notwendige Grundlage für die Wiederholbarkeit, Lehr- und Lernbarkeit von Zeichen sind).

Im Zeichen sind also ein Erstes und Zweites über ein Drittes vereint. Peirces Zeichen ist damit kein ontisches Objekt, sondern eine triadische Relation. Somit gerät die semiotische Darstellung der Welt zu einer relationalen Darstellung, und die substanzmetaphysische Seinsthematik verändert sich zwangsläufig zu einer relationalen Zeichenthematik,[61] in der die fundamentale tri-relationale Struktur der gedanklichen Realitätskonstitution aufgeht: "[A]ll triadic relations are without exception more or less of the nature of *thought* in a very general sense."[62]

Dieses Relationsverhältnis ist irreduzibel, zur Aufrechterhaltung seines Status als Zeichen darf dieses um keines seiner drei konstituierenden Elemente geschmälert werden, denn jedes der drei Glieder einer Zeichenfunktion setzt ja in seiner Funktion die beiden anderen voraus – und zwar gleichzeitig.

Schematisch dargestellt ergibt sich folgendes Bild (Das Schema ist erweitert um die Lokalisierung zweier *zeicheninterner Funktionen*, nämlich der Bezeichnungsfunktion, die zwischen Träger und Objekt besteht und der Bedeutungsfunktion, die zwischen Objekt und Interpretant besteht. Diese

---

[60] 5.251.

[61] Es sei in diesem Zusammenhang noch einmal an das Zitat erinnert "our whole world – that which we can comprehend – is a world of representations." Peirce (1982-86/I):257.

[62] Ms 462, S. 68, zit. nach Buczynska-Garewicz (1979):5.

Unterscheidung, auf die von Max Bense aufmerksam gemacht wurde und die nun in der Stuttgarter Schule weiterverfolgt wird, reflektiert einen wichtigen Punkt Peirces: Die Bedeutung eines Zeichens bzw. die Bedeutungskonstitution ist dem dritten Korrelat, dem Interpretanten, zugeordnet.[63]):

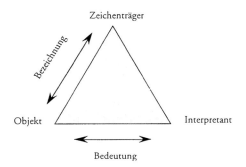

Zur Terminologie ist folgendes zu bemerken: Peirce selbst verfährt inkohärent bei der Verwendung des Terminus "sign": Sign/Zeichen ist als triadisches Relationsphänomen die Einheit der drei Korrelate (angedeutet durch die Schraffur), doch verwendet Peirce "sign" mitunter auch zur Bezeichnung dessen, was hier in Anlehnung an Morris "Zeichenträger" genannt wird und das materielle Gebilde bezeichnet, das den Ansatzpunkt einer Zeichenrelation darstellt. Der Ausdruck "materielles Gebilde" impliziert aber keine materielle Determiniertheit. Walther hierzu:

> "Es gibt kein nur gedachtes Zeichen, das unabhängig von einer *Realisation* ein Zeichen sein kann; denn wer etwas denkt, denkt in Zeichen, die er gelernt hat und die er zum Ausdruck bringen kann."[64]

Das Konzept des "materiellen Gebildes" beinhaltet vielmehr eine Bindung menschlicher (Bedeutungs-)Erkenntnis an Materialität sowie eine Abhängigkeit des Fiktiven vom Faktischen. Nur die Kenntnis äußerlicher Sach-

---

[63]Vgl. hierzu auch Keiner (1980), die darlegt, daß Bezeichnung und Bedeutung in einem Folgeverhältnis stehen, d. h., daß die Bedeutungsfunktion die Bezeichnungsfunktion voraussetzt.

[64](1979):51.

verhalte ermöglicht die Zuordnung von Bedeutung zu einem Phänomen, und zwar in Form einer Hypothese. Diese Sichtweise Peirces spiegelt sich in seinem ersten erkenntnistheoretischen Grundsatz: "We have no power of Introspection, but all knowledge of the internal world is derived by hypothetical reasoning from our knowledge of external facts."[65] Wenden wir uns nun dem zweiten Korrelat der Zeichentriade, dem Objekt, zu.

Das Objekt – die Objektkonstitution

Aus einsichtigem Grund ist eines der entscheidendsten Kernprobleme jeder philosophischen Grundströmung die Diskussion der jeweiligen Objektbestimmung. Unter je neuen erkenntnistheoretischen Prämissen ergibt sich die Frage, *was* es (bezüglich des Objekt-/Realitätsbereiches) eigentlich zu verhandeln gibt, *ob* es etwas gibt, über das zu verhandeln, ob es es gibt, lohnt, ob dieses Etwas (sofern dieses Zugeständnis einmal gemacht ist) *im* erkennenden Bewußtsein oder *außerhalb* existiert. Sollte es diesem entgegentreten (oder widerspiegeln...), gilt es, es zu benennen? Oder zu beschreiben? Oder zu bezeichnen?... Leider ist diese Diskussion der Objektbestimmung unter jeweils neuen erkenntnistheoretischen Prämissen an dieser Stelle noch nicht einmal in groben Zügen nachvollziehbar. Auch in der Peirceschen Philosophie kommt der Diskussion des Objektbegriffs entscheidende Bedeutung zu. Peirces Objektdefinition ist zunächst allumfassend:

> "The Objects – for a Sign may have any number of them – may each be a single known existing thing or thing believed formerly to have existed or expected to exist, or a collection of such things, or a known quality or relation or fact, which single Object may be a collection, or whole of parts, or it may have some other mode of being, such as some act permitted whose being does not prevent its negation from being equally permitted, or something of a general nature desired, required, or invariably found under certain general circumstances."[66]

Grundlegend für den Objektbegriff bei Peirce ist weiterhin die explizite

[65]5.265.
– Vgl. auch Daube-Schackat (1987):77.
[66]2.232.

Einbettung dieses Begriffs in den *pragmatischen* Argumentationsstrang, worauf besonders Köller hinweist und folgende Objektdefinition gibt:

> "Zum *Objekt* in der dreistelligen Zeichenrelation erklärt Peirce dasjenige, was als pragmatische Ursache der Zeichenbildung anzusehen ist, bzw. dasjenige, was die Zeichenbenutzer aus einem Kontinuum ausdifferenzieren wollen."[67]

Das bedeutet, daß grundsätzlich jede solchermaßen ausdifferenzierte (denkbare und identifizierbare) Einheit als Objekt in der Zeichenrelation fungieren kann, sei sie nun eine materielle, ideelle oder Willenseinheit.

Es ist offensichtlich, daß diese pragmatische Bestimmung des Objektes, d. i. keine Bestimmung über autonome ontische Entitäten, sondern über die je variierenden *Differenzierungsbedürfnisse* der Zeichenbenutzer, nicht nur aus den Fesseln einer normativen Ontologie befreit, sondern auch aus der Unflexibilität des dyadischen Zeichenmodells, die sich daraus ergibt, daß Signifikate (zumindest in synchroner Perspektive) als stabile, identisch reproduzierbare Bewußtseinsinhalte zu faits sociaux verdinglicht werden, indem vom je neuen Intentionalitätszusammenhang von Zeichen abstrahiert wird. Nur eine explizite Berücksichtigung dieses Intentionalitätszusammenhanges erlaubt es, die – unmittelbaren – Objekte als *Produkte* zu begreifen, die immer wieder neu in einem (mehr oder minder) kreativen Akt erschaffen werden müssen.

Es wurde schon erläutert, daß ein Zeichen als eine triadische Relation bestimmt ist, deren drei Korrelate durch die drei Universalkategorien determiniert werden. Erstens ist die Zeichenhaftigkeit eines Zeichens verankert in einer Qualität, einem faktischen Vorkommen oder einer Gesetzmäßigkeit. Zweitens steht es (in einer Hinsicht) für ein Objekt zu drittens einem interpretierenden Bewußtsein. Das Objekt eines Zeichens ist also ein Second und das Verhältnis Zeichen(träger)-Objekt eine Secondness. Wie oben ausgeführt, gibt es zwei Arten von Secondness, eine aktive und eine passive, und die Erwartung, daß es demnach auch zwei Arten von Objekten geben wird, erfüllt sich: Peirce unterscheidet

(1) das unmittelbare ("immediate") oder passive Objekt, d. i. das bezeichnete Objekt, wie es im/durch das Zeichen präsentiert wird und

(2) das dynamische/reale ("dynamical") oder aktive Objekt, d. i. das

---

[67] (1977):41.

Objekt, das die Zeichengebung bewirkt, quasi hinter dem unmittelbaren Objekt steht.[68]

Bevor dieser Unterscheidung im einzelnen nachgegangen wird, soll die Frage nach dem Peirceschen Objektbegriff zunächst noch einmal in einen größeren Rahmen gestellt werden, nämlich in den der Universalität:

Peirces fundamentaler und universaler Ausgangspunkt besagt, daß es keine Zäsur in der Welt gibt, die Zeichen (bzw. Dinge, die eine Bedeutung haben) von Nichtzeichen (bzw. Dingen, die keine Bedeutung haben) als sich wechselseitig ausschließend trennen würde – es sind keine bedeutungslosen Objekte vorfindbar, da alle unsere Objekte Objekte von Zeichen sind und es Zeichen ohne Bedeutung nicht gibt.[69]

An diesem Punkt konvergieren Objekt/Erfahrung/Realität/erkennender Geist, getragen von der grundlegenden These der Peirceschen semiotischen Erkenntnistheorie, daß alles Denken ein Denken in Zeichen ist. Er argumentiert folgendermaßen:

> "If we seek the light of external facts, the only cases of thought which we can find are of thought in signs. Plainly, no other thought can be evidenced by external facts. But we have seen that only by external facts can thought be known at all. The only thought, then, which can possibly be cognized is thought in signs. But thought which cannot be cognized does not exist. All thought, therefore, must necessarily be in signs."[70]

Wenn alles Denken ein Denken in Zeichen, also in dreistelligen Relationen, ist, wird die Grundstruktur unseres Denkens, das ein semiotischer und dialogischer Prozeß ist,[71] somit ebenfalls als eine dreistellige Relation erklärt bzw. tritt als ein System von drei Beziehungen auf (1. jemand, der

---

[68]Z. B. 8.182; in Hardwick (1977):32 "[...] a sign has two objects, its object as it is represented and its object in itself." Auch sehr klar in 4.536 "[...] we have to distinguish the Immediate Object, which is the Object as the Sign itself represents it, and whose Being is thus dependent upon the Representation of it in the Sign, from the Dynamical Object, which is the Reality which by some means contrives to determine the Sign to its Representation."
– Vgl. ferner 8.343.
[69]Vgl. Oehler (1981):27f.
[70]5.251.
[71]"All thinking is dialogic in form." 6.338. Jeder Gedanke ist also dialogisch auf den anderen bezogen, determiniert funktional einen anderen und baut genetisch auf einem anderen auf. Vgl. 5.253.

denkt, 2. das Gedachte, 3. das Denken). In seiner formalen Struktur ist es nur mit Hilfe der Relationenlogik darstellbar, was der neue, genuin Peircesche Ansatz ist.[72] Auf der anderen Seite impliziert die von Peirce angenommene dreistellig relationale Struktur des Denkens die Struktur der Erfahrung und folglich die Objekte der Erfahrung, die die *gedachte Realität,* d. i. *in Zeichen repräsentierte Realität,* darstellen.

> "[...] what we think of cannot possibly be of a different nature from thought itself. For the thought thinking and the immediate thought-object are the very same thing regarded from different points of view."[73]

Es ist evident, daß dann über die *Gedankenzeichen* mühelos, idealistisch gleichsam (aber eben nur fast), das Subjekt-Objekt-Verhältnis verschoben wird auf ein dreistelliges relationales Verhältnis zwischen Erkennendem und Erkanntem, da die Dichotomie von Subjekt/Objekt als grundlegende epistemologische Kategorie außer acht gelassen wird. An dieser Stelle lokalisiert Apel, wie schon oben erwähnt, seine "Transformation", nämlich die Verschiebung des höchsten Punktes der transzendentalen Synthese der Apperzeption auf die Synthese des Zeichenprozesses (d. i. das Zeichen im sozialen, gemeinschaftlichen Prozeß der Semiose, vgl. 5.311), und Oehler stimmt hier zu: "[F]olglich [wird] der Begriff der Einheit des Denkens durch den der Konsistenz des Zeichens ersetzt [...]. Die Konsistenz des Zeichens aber ist nichts anderes als das verstehbare Wesen des Objektes."[74]

Wenn oben gesagt wurde, daß unsere Objekte solche von Zeichen sind, so wird diese Feststellung klar über das folgende Zitat, in dem die Beziehung von (Gedanken-) Zeichen und Objekt formuliert wird:

> "[...] as the thought is determined by a previous thought of the same object, it only refers to the thing through denoting this previous thought. [...] The thought-sign stands for its object in the respect which is thought; that is to say, this respect is the immediate object of consciousness in the thought, or, in other words, it is the thought itself, or at least what the thought is thought to be in the subsequent thought to which it is a sign."[75]

---

[72]Skizziert erstmals in den "Questions concerning certain faculties claimed for man", 5.213ff; auch in den "Notes on Metaphysics", 1909 erschienen unter dem Titel "Some Amazing Mazes, Fourth Curiosity", 6.318ff bzw. 4.647ff.
[73]6.339.
[74]Oehler (1981):30; vgl. 5.315.
[75]5.285f.

Oben wurden schon die beiden Objektformen, das unmittelbare und das dynamische Objekt, eingeführt.

Das (kommunikativ) unmittelbare – immediate – Objekt ist diejenige Objektkonstitution, die spontan von einem Zeichenempfänger mit einem Zeichenträger verbunden wird bzw. die im interpretierenden Bewußtsein unmittelbar evoziert und vom Vorverständnis des interpretierenden Bewußtseins abhängt und durch den Kontext modifizert wird.[76]

Demgegenüber steht das dynamisch wirksame (oder auch reale) Objekt, das das Objekt *außerhalb* des Zeichens ist und kausal auf dieses einwirkt. Das Zeichen verweist auf das reale Objekt durch eine Andeutung, und genau diese Andeutung ist das unmittelbare Objekt.[77] Das dynamische Objekt hat ein unabhängiges Sein[78] und geht dem unmittelbaren Objekt voraus. Es sei jedoch gleich an die pragmatische Sichtweise erinnert, daß "[e]verything [...] which will be thought to exist in the final opinion is real, and nothing else."[79]

Scott vergleicht den Status des dynamischen Objekts mit dem Status einer Bienenkönigin: Obwohl sie nicht präsent ist im Schwarm der nektarsuchenden Bienen, ist sie gleichwohl die produktive Quelle von deren Aktivitäten. Die Bienen sind somit das Zeichen der Existenz ihrer Königin.[80]

Im Manuskript 318 wird das Spannungsverhältnis von unmittelbarem und dynamischem Objekt ganz besonders deutlich formuliert:

> "It may be that there is no such thing or fact in existence, or in any other mode of reality [...]. [But if] there be anything *real* (that is, anything whose characters are true of it independently of whether you or I, or any man, or any number of men think them as being characters of it, or not), that sufficiently corresponds with the immediate object (which since it is an apprehension, is not real), then whether this be identifiable with the object strictly so-called or not, it ought to be called, and usually is called, the 'real object' of the sign."[81]

Aus dieser Bestimmung geht hervor, daß das unmittelbare Objekt ohne das

[76]Vgl. hier auch 8.177f; 8.183; 8.314.
[77]Vgl. Hardwick (1977):83.
[78]8.344.
[79]8.12.
[80](1983):160f.
[81]Zit. nach Oehler (1981):29.

dynamische Objekt sein kann, daß dies umgekehrt aber nicht gilt.[82] Ferner wird hier die Determiniertheit des unmittelbaren Objekts durch das reale Objekt relativiert und damit der scheinbare Widerspruch aufgelöst, der sich daraus ergibt, daß es in Peirces Modell der Objektkonstitution ja eigentlich, wie oben gezeigt, autonom existierende ontische Entitäten im Sinne einer normativen Ontologie nicht gibt – außer eben in ihrer Verbindung mit den variierenden unmittelbaren Objekten, die die realen Objekte in je aspektueller Differenzierung dem Prozeß der infiniten Semiose und damit der sukzessiven Erkenntnis zugänglich machen. In 5.407 wird das reale Objekt als eine Art Konsensus-Objekt (was nicht *willkürlich* heißt!) beschrieben, wodurch auch einsichtig wird, daß *Realität* auf pragmatischer Grundlage als in Zeichen repräsentierte Realität verstanden werden muß und somit grundsätzlich Interpretation ist:

> "The opinion which is fated to be ultimately agreed to by all who investigate, is what we mean by the truth, and the object represented in this opinion is the real. That is the way I would explain reality."

Peirce formuliert den Zusammenhang zwischen den beiden Objektformen ferner folgendermaßen: Das dynamische (reale) Objekt ist "really efficient but not immediately present [...]."[83] Vielleicht aber ist es auch allzu gegenwärtig und übermächtig. Das reale Objekt, sagt Peirce nämlich, ist "accurately the universe".[84] Das bedeutet, daß seine metaphysisch-logischen Kategorien die Gedankenwelt mit der dinglichen Welt verbinden – sie sind beiden gemein. Die Frage unmittelbarer Gegenwärtigkeit des realen Objekts kommentiert Pape folgendermaßen:

> "Zum *unmittelbaren* Objekt steht ein Zeichen in der Semeiosis notwendig in Verbindung; zum einzelnen *realen* Objekt aber hat es dann eine Beziehung, wenn es dies Objekt in einer wahren Aussage darstellen kann. Wenn aber niemals ein Symbol (eine Aussage ist immer symbolisch) ein existentes und kausal wirksames Einzelding zum *unmittelbaren* Objekt haben kann, dann gilt auch die Konverse dieses Satzes, daß ein existentes

---

[82]M. a. W.: Jedes Zeichen hat ein unmittelbares Objekt, aber nicht jedes hat ein dynamisches – und jedes dynamische Objekt hat ein unmittelbares Objekt, aber nicht jedes unmittelbare hat ein dynamisches Objekt. Klar wird auch, daß im Kontext Peircescher Theorie der Objektbegriff nur als *relativ zum Interpretanten* verstanden werden kann.
[83]8.343.
[84]8.177, Fn.

Einzelding niemals auf ein Symbol *unmittelbar* einwirken kann. Folglich ist eine *unmittelbare* naturhafte Kausalität eines Symbols in der Beziehung zu einem *existenten* Einzelding ausgeschlossen [...]."[85]

Das unmittelbare Objekt nun ist *im* Zeichen selbst angelegt, ist ihm immanent und ist zu verstehen als die Idee, die das Zeichen überhaupt erst ermöglicht bzw. auf der es basiert. Es leitet als funktionale Entität mittelbar zur Bestimmung des dynamischen oder realen Objekts hin – Peirce formuliert dies mit "indicates it by a hint"[86] – und wird andererseits durch es determiniert. Unmittelbares und reales Objekt stehen dabei in der Relation von 'Mitteilung von etwas, das vorher vom realen Objekt noch nicht bekannt war, jetzt aber im Interpretanten realisiert werden kann'. Dabei beeinflussen sich reales und unmittelbares Objekt gegenseitig, denn die neue Information wird in die Vorstellung des realen Objekts eingehen, und diese erweiterte Version wird fürderhin die Vorstellung des realen Objekts darstellen, und ein neues unmittelbares Objekt wird darauf hinweisen, eine neue Information hinzufügen etc. Es ist in dieser Sichtweise verständlich, wenn Peirce Zeichen als etwas "by knowing which we know something more" definiert.[87]

Das dynamische Objekt nun konstituiert sich – im Gegensatz zum unmittelbaren – durch eine Art kontinuierliche Beziehung zum Zeichen,[88] die dieselbe Art von kausaler Wechselwirkung ist, wie sie zwischen Geist und Materie besteht: "Matter may act on mind and mind on matter not *immediately* but by an infinite series."[89] Es wurde auf diese Wechselwirkung schon oben unter dem Stichwort "habit" hingewiesen. An dieser Stelle sei betont, daß in dieser Sichtweise kein absoluter Unterschied zwischen Zeichen und Objekten besteht:

---

[85](1989):87f.
[86]Peirce in Hardwick (1977):83 "It is usual and proper to distinguish two Objects of a Sign, the Mediate without, and the Immediate within the Sign. [...] The Mediate Object is the Object outside of the Sign; I call it the *Dynamoid* Object. The Sign must indicate it by a hint; and this hint, or its substance, is the *Immediate* Object."
[87]8.332.
[88]"Aber das unmittelbare Objekt eines Symbols kann nur ein Symbol sein, und wenn es in seinem eigenen Wesen eine andere Art von Objekt enthält, so muß dies Objekt aufgrund einer unbegrenzten Folge zustande kommen." Peirce (1983b):158.
– Vgl. Pape in Peirce (1986):29f.
[89]Peirce (1976a/III/2):957.

"Now, in obedience to the principle, or maxim, of continuity, that we ought to assume things to be continuous as far as we can, it has been urged that we ought to suppose a continuity between the characters of mind and matter, so that matter would be nothing but mind that had such indurated habits as to cause it to act with a peculiarly high degree of mechanical regularity, or routine. Supposing this to be the case, the reaction between mind and matter would be of no essentially different kind from the action between parts of mind that are in continuous union, and would thus come directly under the great law of mental association [...]." [90]

Pape entfaltet den kommunikationstheoretischen Aspekt der Peirceschen Zeichentheorie, die auch als Theorie der Kommunikation gelesen werden kann.[91] Ein entscheidender Faktor in dieser Hinsicht ist, daß im Begriff des Zeicheninterpretanten zugleich eine Theorie des diskursiven Wissens enthalten ist, d. h., Wissen muß notwendig ein Zeichensystem bilden. Dem unmittelbaren Objekt kommt nun im Kommunikationsprozeß eine zentrale Rolle zu, da es als das gemeinsame Objekt einer Kommunikation gilt und als eine Art intersubjektive Voraussetzung fungiert:

"[...] relativ zu mindestens jedem einzelnen Akt der Kommunikation muß es etwas geben, was als Objekt diesem Akt vorausliegt und als *identifizierbar für den Dialog unterstellt werden kann.* Die kommunizierten Gehalte sind dann genau das, was auf die für Hörer und Sprecher gemeinsamen Voraussetzungen bezogen, sich für sie durch die *Interpretation des Zeichenaustauschs* mitteilt."[92]

Dieser wichtige Hinweis soll noch einmal hervorgehoben werden:

Die Identifikation des unmittelbaren Objekts bildet den Ausgangspunkt jeder Kommunikation – und damit wird der Vorgang des Interpretationsaktes selbst als basierend auf der vorgängigen kommunikativen Erfassung der je variierenden Realität verstanden, d. h. der Erkenntnis der je variierenden Konstitutionen der unmittelbaren Objekte.[93] Dieser Gedanke findet sich auch in Peirces Schriften zu seiner "semiotischen Kosmologie": Er sagt hier in seinem Vorhaben, eine Logik der Kommunikation zu begründen, daß Geist eine (Satz-)Funktion des Universums sei, deren Werte die Bedeutungen aller Zeichen sind; die Wirkungen der Zeichen

[90]6.277.
[91]In Peirce (1983b):22ff.
[92]Pape in Peirce (1983b):24.
[93]4.550, Fn.

stünden untereinander in einer effektiven Verbindung. Das erkennende Subjekt muß nun seine Realitäten in diesem Netzwerk möglicher Bedeutungen erschaffen und in intersubjektiver Verständigung bestätigen. Warum Realität oben als "je variierend" (wenn auch nicht willkürlich) beschrieben werden kann, ergibt sich

(1) aus der schon erwähnten pragmatischen Realitätsauffassung, die gebunden ist an die Kommunikationsgemeinschaft der Erkennenden[94] und

(2) aus der Beschreibung der Objektkonstitution gemäß den wechselnden Differenzierungsbedürfnissen der Zeichenbenutzer.

An diesem Punkt der Öffnung zur Flexibilität könnte die Konfrontation mit einem absoluten Chaos erwartet werden, sobald der Versuch gewagt ist, sich eines Zeichens zu entäußern, eines zu interpretieren oder eines unmittelbaren Objekts habhaft werden zu wollen. Daß im allgemeinen dieser Zustand nicht eintritt, liegt daran, daß die Objektkonstitution bzw. der Akt der Zeicheninterpretation gewissen Reglementierungen unterliegt. Diese sind als ein Spannungsfeld zu verstehen, in dem der Zeichenaustausch stattfindet. Dessen Eckpfeiler sind zunächst der Interpretant, verstanden als Interpretationshorizont, dann die kontextuelle (materielle und soziale) Eingebundenheit des Zeichenaustausch, ferner die "common experience" oder das gemeinsame Wissen der Kommunikationspartner und endlich die ontologische Priorität des dynamischen/realen Objekts.

Pape bezeichnet das unmittelbare Objekt als "funktionale Größe, die mit der Kenntnis eines Zeichens und eines Zeichensystems auf das engste verbunden zu sein scheint".[95] Diese Bestimmung verweist auf die komplexen Zusammenhänge bzw. Wechselspiele zwischen den 'Eckpfeilern', denn:

(1) Zeichen müssen bewußt erfahren werden.[96]

(2) Das Zeichen wird durch das unmittelbare Objekt bestimmt und letzteres wiederum durch das reale Ojekt ("[...] the Dynamoid Object determines the Immediate Object, Which determines the Sign itself [...].")[97]

(3) Das unmittelbare Objekt ist eine Vorstellung oder Auffassung des dy-

[94]"[...] reality depends on the ultimate decision of the community [...]." 5.316; ferner sei noch einmal darauf verwiesen, daß Realität nicht der *Ausgangspunkt*, sondern der *Endpunkt* eines Erkenntnisprozesses ist.

[95]In Peirce (1983b):26.

[96]8.346.

[97]Peirce in Hardwick (1977):84.

namischen Objekts und gilt als zu übermittelnde kommunikative Intention.

(4) Schließlich trifft diese Auffassung des dynamischen Objekts im Geist des Zeichenempfängers auf ein konzeptuelles Äquivalent, das sich sowohl auf die Verwendungssituation als auch auf das gemeinsame Wissen bezieht, das wiederum reziprok im Bewußtsein der Dialogpartner existiert (und auch nicht-situationsabhängiges Wissen umfaßt) und eine gemeinsame Perspektive des Interpretationsverständnisses umreißt.

Das *Wissen um das Wissen des anderen* ist also notwendige Grundlage für die erfolgreiche Identifizierung einer intendierten Objektkonstitution und trifft, von einem ganz anderen Ansatzpunkt kommend, eine klassische hermeneutische Vorstellung: "[U]m sich zu verstehen, muss man sich in einem andren Sinn schon verstanden haben."[98]

Über dieses Wissen um das Wissen des anderen formiert sich dann gerade doch die *Dialogstruktur*, die Habermas als Grundvoraussetzung für die Erlösung des Subjekts aus dem Privatissimum monologischen Schlußfolgerns fordert (in diesem Privatissimum sieht er die Mitglieder von Peirces Kommunikationsgemeinschaft nämlich eingesperrt):

> "[...] jeder Dialog also entfaltet sich auf der ganz anderen Grundlage reziproker Anerkennung von Subjekten, die einander unter der Kategorie der Ichheit identifizieren und sich zugleich in ihrer Nicht-Identität festhalten."[99]

Wenden wir uns dem dritten Korrelat der Zeichenrelation, dem Interpretanten, zu.

Der Interpretant

Die folgende Definition Köllers umreißt einige der Aspekte, die in dem inhaltlich schillernden, gleichzeitig klaren und vagen Konzept des Interpretanten angelegt sind:

[98] Humboldt (1985): 37;
– vgl. auch 5.506: "No communication of one person to another can be entirely definite, i. e., non-vague."
[99] Habermas (1973): 177.

"[Der Interpretant ist] der interpretative Zugriff, mit dem sich ein Zeichenobjekt unter Berücksichtigung des jeweiligen sprachlichen und nichtsprachlichen Kontextes spezifizieren läßt."[100]

Dieser "interpretative Zugriff" soll im folgenden systematisch vorgestellt werden.

Zunächst einmal ist der Interpretant natürlich das unverzichtbare dritte Korrelat der Zeichentriade, über das Träger und Objekt in Beziehung zueinander gesetzt werden – ein Zeichen steht ja *zu* einem interpretierenden Bewußtsein bzw. ist ganz allgemein interpretierbar, und diese Interpretierbarkeit wird durch den Interpretanten beantwortet. Die Unverzichtbarkeit erfordert übrigens nicht die aktuelle Existenz des Interpretanten: "It is not necessary that the Interpretant should actually exist. A being *in futuro* will suffice."[101]

Ferner wird er vorgestellt als
- die Bedeutung eines Zeichens,
- das Interpretierende,
- der Zeichenzusammenhang, in dem das interpretierende Bewußtsein die/eine Bedeutung des Zeichens versteht,
- das interpretierende Zeichen.

Alle diese Beschreibungen finden sich bei Peirce, und es gilt nun, den Grund für diese Unschärfe zu finden.

Buczynska-Garewicz[102] sieht diese Vagheit grundsätzlich angelegt in der Doppelfunktion und der Doppelsituierung des Interpretanten im Zeichensystem: Einerseits wird er verstanden als die Bedeutung eines konkreten Zeichens, andererseits – gleichzeitig – als Folgezeichen, das das erste interpretiert. Das bedeutet, daß der Interpretant sich als genuines Element *innerhalb* einer triadischen Relation bestimmen läßt und gleichzeitig als operativer, interpretativer Zugriff von *außen* auftritt.

Diese Doppelstellung ist aber versöhnbar (und damit die Vagheit als nur scheinbare aufgelöst) über zwei der Peirceschen Hauptgedanken, die schon angesprochen wurden:

(1) Es gibt keine Bedeutung ohne Interpretation, ohne operatives Denken.

[100] (1977):45.
[101] 2.92.
[102] Vgl. (1981).

Interpretation ist die Überführung eines Zeichens in ein anderes.[103]
(2) Jeder Gedanke folgt auf einen anderen und evoziert einen weiteren.
Der Interpretant ist also notwendig das interpretierte und das interpretierende Zeichen zugleich. Allgemeiner ausgedrückt: Das Interpretierende
muß zugleich selbst interpretiert werden, ist Objekt und Subjekt gleichzeitig im Prozeß des Interpretierens.

Genau dieser Gedanke stellt die theoretische Grundlage für die *infinite
Semiose* dar:

> "The meaning of a representation can be nothing but a representation. [...]
> So there is an infinite regression here. Finally, the interpretant is nothing but
> another representation to which the torch of truth is handed along; and as
> representation, it has its interpretant again. Lo, another infinite series."[104]

Bedeutet dies die prinzipielle Unabschließbarkeit der Zeicheninterpretation? Im Prinzip ja, denn alle Zeichen werden durch Zeichen erklärt, und
das bedeutet, daß ein Zeichen durch ein anderes Zeichen bestimmt, erklärt, interpretiert wird. Peirce drückt dies auch wie folgt aus: "[A] sign is
not a sign unless it translates itself into another sign in which it is more fully developed."[105]

Das zweite, interpretierende Zeichen in diesem Vorgang muß dann
seinerseits erklärt werden, d. h., die Erklärung verwandelt den ersten Interpretanten in einen neuen Zeichenträger, der dann seinerseits interpretiert
wird usf., bis in alle Unendlichkeit – zumindest idealiter. Dies wird in
2.274 von Peirce folgendermaßen formuliert:

> "The Third must indeed stand in such a relation, and thus must be capable
> of determining a Third of its own; but besides that, it must have a second
> triadic relation in which the Representamen, or rather the relation thereof to
> its Object, shall be its own (the Third's) Object, and must be capable of
> determining a Third to this relation. All this must equally be true of the
> Third's Thirds and so on endlessly [...]."

---

[103] Vgl. 8.225, Fn 10: "No sign can function as such except so far as it is interpreted in
another sign (for example, in a 'thought', whatever that may be). Consequently it is absolu-
tely essential to a sign that it should *affect* another sign. [...] when there is a sign there *will
be* an interpretation in another sign."
[104] 1.339.
[105] 5.594.

Schematisch läßt sich dieser Prozeß folgendermaßen darstellen:[106]

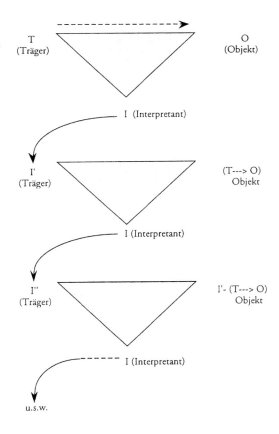

Der Interpretant muß also in der Lage sein, eine nachfolgende triadische Relation zu erzeugen, in der er die Funktion des Zeichenträgers einnimmt und die Relation zwischen Träger und seinem Objekt der ersten Triade (in meiner Graphik der gestrichelte Pfeil) zum Objekt des Interpretanten in

[106]Vgl. Diagramm in Sheriff (1989):60; vgl. zur infiniten Semiose auch 2.230 sowie 2.94: "In consequence of every sign determining an Interpretant, which is itself a sign, we have sign overlying sign."

der folgenden Triade wird: (T-->O) bzw. I'(T-->O) etc. Die schematische Darstellung dieses idealiter unendlichen Ablaufs verdeutlicht, warum Peirce davon spricht, daß die *Komplexität* des Objektes in diesem Prozeß *steigt*.

Realiter wird dieser Prozeß abgebrochen, sobald zum einen die Erklärung eines Zeichens als ausreichend angesehen wird, zum anderen fordert die Einbindung in die pragmatische Maxime, daß die Zeichenkette zum Abschluß einer Handlungsregel oder Verhaltensgewohnheit kommen muß, zu dem finalen Interpretanten, der für die Bedeutungsbestimmung unerläßlich ist.

> "[...] durch den Begriff des endgültigen Interpretanten und die in der pragmatischen Maxime liegende Forderung, der bedeutungsvolle Gedanke müsse einen solchen Interpretanten haben, wird eine Verbindung zwischen dem Universum der Symbole, der Welt des Denkens einerseits, und der transzendenten, vom Denken unabhängigen Welt andererseits geschffen."[107]

Durch diese Verbindung entgeht die Peircesche Erkenntnistheorie – verstanden als Autoreproduktion des Denkens – der latent drohenden Gefahr, im Immanentismus zu münden und öffnet zum einen den Zugang zur Objektwelt, zum anderen zu den allgemeinen Wirklichkeitsgesetzen. Der Interpretant verweist also auf die Korrelation zwischen einem Zeichen und seinem Objekt und wird damit zum "missing link between the world of signification and the world of facts."[108]

An dieser Stelle besteht auch wieder eine Verbindung zu der bereits diskutierten Frage der Objektkonstitution. Die Einbettung in das Interpretantenfeld läßt das Objekt zum Resultat einer aktiven Tätigkeit werden; ein Objekt zu identifizieren meint dann, das Netzwerk der spezifischen Interpretationsabläufe zu rekonstruieren, die zur Objektkonstitution führten bzw. zur Schaffung von Realität.

Durch das obige Schema wird auch die steigende Komplexität des Objekts deutlich. Jegliches Zeichen oder jeglicher Zeichenkomplex aus dem Erfahrungsbereich eines interpretierenden Bewußtseins kann als Zeichenkonglomeration wachsender Komplexität das Objekt im Prozeß der infi-

---

[107] Buczynska-Garewicz (1976): 13.
[108] Eco (1976): 1465.

niten Semiose sein.

Noch ein Wort zu dem schon angesprochenen Punkt, an dem die infinite Semiose zum Abbruch kommt: Nach Peirce ist im Prozeß der kontinuierlich verlaufenden, komplexen Zeicheninterpretation irgendwann einmal eine Stufe erreicht, die zu einer wie auch immer gearteten Modifikation der Erfahrung, des Verhaltens, der (Denk-)Gewohnheiten führt. Diese Stufe ist der finale Interpretant, auf den schon hingewiesen wurde. Er beendet den Prozeß der infiniten Semiose,[109] und zwar *in der Wahrheit*, denn der finale Interpretant ist "that which *would finally* be decided to be the true interpretation if consideration of the matter were carried so far that an ultimate opinion were reached."[110] Allerdings wurde schon diskutiert, daß die Wahrheit des finalen Interpretanten nur als regulatives Prinzip der unendlichen Wahrheitsapproximation zu verstehen ist.

Hier wird eine gewisse Parallelität zwischen den Konzepten des finalen Interpretanten und des dynamischen Objektes deutlich. Beide sind regulative Prinzipien, unter denen aus einem Kontinuum einzelne Momente und Objekte (der Realität) ausdifferenziert werden.

Oben wurde gesagt, daß es für Peirce keine Bedeutung ohne Interpretation gibt bzw. daß Bedeutung die Übersetzung eines Zeichens in ein anderes (System von) Zeichen ist.

Es ist nun interessant, wie Peirce über die Differenzierung des Interpretanten in drei "grades of interpretant" die Bedeutung eines Zeichens auf drei Modalitätsebenen ansiedelt. Der Prozeß der Interpretation wird nicht als ein einheitlicher, stringenter Vorgang verstanden, er ist vielmehr in verschiedene Aspekte und Stufen unterteilt, kann vollständig oder nur teilweise durchgeführt werden. Dabei kommt einigen Formen ein genuiner, anderen ein degenerierter Status zu.

Die drei Interpretanten verkörpern somit nicht drei verschiedene Bedeutungen eines Zeichens, sondern drei *Stufen* der Bedeutungsentwicklung im Prozeß der Interpretation.[111] In einem Brief an Lady Welby gibt Peirce eine Beschreibung der drei Formen:

---

[109] "[...] the action is the place in which the *haecceitas* stops the game of semiosis." Eco (1976):1467.
[110] 8.184.
[111] Vgl. auch 8.176 und 8.177ff, in denen die drei Bedeutungsstufen erläutert werden;
– vgl. auch Walther (1983).

> "My Immediate Interpretant is implied in the fact that each Sign must have its peculiar Interpretability before it gets any Interpreter. My Dynamical Interpretant is that which is experienced in each act of Interpretation and is different in each from that of any other; and the Final Interpretant is the one Interpretative result to which every Interpreter is destined to come if the Sign is sufficiently considered."[112]

Der "unmittelbare Interpretant" ist zu verstehen als die unmittelbare Empfindung oder Vorstellung, die ein Zeichen auslöst. In 8.315[113] führt Peirce auch aus, er sei bestimmbar als "*Quality* of the Impression that a sign is fit to produce", also als potentielle Qualität bzw. als die mögliche Interpretierbarkeit eines Zeichens an sich.

Der "dynamische Interpretant" besteht aus der Handlungsdisposition oder dem "actual effect", den ein Zeichen beim interpretierenden Bewußtsein auslösen kann bzw. aus "whatever interpretation any mind actually makes of a sign."[114] Diese Interpretation ist subjektiv und einmalig, d. h. je unterschiedlich in ihrem aktuellen Auftreten zu einem gegebenen Zeitpunkt.

Der "finale Interpretant" wiederum ist die ideale Wirkung, die durch das Zeichen auf den Verstand nach ausreichender Entwicklung des Denkens ausgeübt würde.[115] Er legt fest,

> "[...] welche Kontexte bzw. Zeichenprozesse interpretierend auf die Relation Zeichenträger-Objekt zu beziehen sind. Er ist nur ansatzweise in Form von Interpretationsgewohnheiten vorgegeben und formiert sich endgültig erst im Interpretationsprozeß selbst. [Er] hat die Aufgabe, den Rahmen abzustecken, in dem die ultimative vernünftige Auffassung über die Relation Zeichenträger-Objekt erarbeitet wird."[116]

Diese ultimative, intersubjektive Auffassung über die Zeichenträger-Objekt-Relation wirkt gleichsam als Regulativ, da jeder Interpretationsprozeß tendenziell auf sie hinarbeitet. Peirce nennt ihn auch die endgültige, standardisierte Bedeutung.

Vergegenwärtigt man sich allerdings den schon erwähnten Vorläufig-

---

[112] In Hardwick (1977): III.
[113] Vgl. auch 8.343; 4.536.
[114] 8.315.
[115] Vgl. 8.343.
[116] Köller (1977): 47.

keitscharakter jeder Erkenntnis, gibt es dementsprechend auch nur jeweilige Annäherungen an die ultimativen Auffassungen bzw. an die finalen Interpretanten, denn wie gezeigt wurde, entfaltet sich die infinite Semiose an jedem ihrer Endpunkte sofort wieder aufs neue.

Der Prozeß der infiniten Semiose impliziert auch einen *temporalen Aspekt* in Peirces Zeichenkonzept.[117] Angelegt ist diese temporale Dimension – anders als im dyadischen Zeichenmodell – schon im Verständnis des Zeichens als triadischer Relation, die als *Prozess* und nicht als *Moment* aufzufassen ist – die triadische Relation hat ihren drei Korrelaten gegenüber ontologische Priorität. Firsts, Seconds und Thirds formieren sich zum Zeichen nur durch die Funktion des Thirds, die vermittelnde Repräsentation, die nicht nur das Zeichen in seinen Korrelaten, sondern auch dessen Verbindung zum interpretierenden Bewußtsein konstituiert. Die Seinsweise eines Zeichens ist die der Interpretation in einem folgenden Zeichen bzw. der Interpretation durch ein folgendes im Verlauf der infiniten Semiose.

Dieser bedeutungsgenerierende Verstehensprozeß, der sich in der Zeit entfaltet, hat dabei eine unendliche *Vergangenheit* im Vorwissen, auf das das Zeichen rekurrieren muß, da es eine Bekanntschaft mit dem Objekt voraussetzt, und eine *Zukunft*, die in der wahren Welterkenntnis liegt. Diese Bewegung spiegelt sich auch im Prozeß der Abduktion, die im folgenden Kapitel ausführlich dargestellt wird: Die dem Vorwissen entstammenden bekannten Elemente in den Prämissen der Schlußfigur werden im gegenwärtigen Schlußfolgern zu Hypothesen re-arrangiert, die in die Zukunft verweisen.[118] Buczynska-Garewicz lokalisiert den Interpretanten darum auch als den Punkt, an dem sich systematisch Vergangenheit und Zukunft zu der bedeutungsvollen, gegenwärtigen interpretativen Weltaneignung treffen. Bedeutung wird als temporales Phänomen definiert und die drei Interpretanten als "three stages of the temporal advancement of meaning."[119]

Die Funktion von Zeichenprozessen wiederum besteht darin, wie sich auf dieser Ebene sagen ließe, eine kontinuierliche Beziehung zur Wirklichkeit

---

[117] Hierauf weist besonders Buczynska-Garewicz (1982) hin.
[118] Vgl. 5.284.
[119] Buczynska-Garewicz (1982): 115.
– Die Diskussion des temporalen Aspekt wird auch aufgenommen in Buczynska-Garewicz (1988): 60 f.

zu erstellen, und zwar durch die Aufrechterhaltung einer Verbindung *zum Objekt in der Zeit*. "Im Zeichenprozeß wird die Identität eines Objekts für uns hergestellt und in der Abfolge der Interpretationen konserviert."[120] Die notwendige Abfolge der Interpretationen ergibt sich aus der Unvollständigkeit der Zeichenrelation, die "eine nicht abbrechende Folge interpretierender Zeichen zu ihrer vollständigen Verwirklichung [erfordert]. Denn nur durch seine Kontinuität im Prozeß der Interpretation kann sich ein Zeichen als konsistent mit einer wahren Darstellung erweisen."[121]

Gemäß der "bedeutungsvollen Wirkungen", die ein Zeichen auf den Interpreten haben kann, gibt Peirce eine weitere Strukturierung des Interpretantenfeldes an, die pragmatische Dimensionen beinhaltet. Er differenziert in

(1) den "emotionalen Interpretanten"
Wirkung des Zeichens = ein Gefühl, das zeigt, daß die Wirkung des Zeichens verstanden wurde und das Verhalten beeinflußt wird. Dem emotionalen Interpretanten kommt fundamentale Wirkung zu, denn jede weitere "bedeutungsvolle Wirkung" baut auf dem emotionalen Interpretanten auf bzw. wird durch ihn vermittelt: "If a sign produces any further proper significate effect [beyond the emotional interpretant], it will do so through the mediation of the emotional interpretant."[122]

(2) den "energetischen Interpretanten"
Wirkung des Zeichens = eine Handlung oder geistige Anstrengung, eine "Einwirkung auf die Innenwelt" als vorbereitende Aktivität, wie sie zur Erzeugung oder Änderung einer Gewohnheit notwendig ist.[123]

(3) den "logischen Interpretanten"
Wirkung des Zeichens = ein Gedanke oder ein anderes geistiges Zeichen. Peirce bezeichnet den Kern des logischen Interpretanten als Gewohnheit ("habit").[124]

Schmalriede setzt die Beziehung zwischen den Interpretanten ebenfalls in eine triadische Relation und stellt ein um den explizit pragmatischen Kontext (habit, conduct, action) erweitertes Zeichenschema[125] vor. Da es

---

[120] Pape in Peirce (1986): 54.
[121] Ebenda: 58f.
[122] 5.475.
[123] Vgl. 5.491; 5.475.
[124] Vgl. 5.476; 5.486.
[125] Schmalriede (1976): 27 und 30.

einige Aspekte des Verhältnisses von Pragmatischer Philosophie und Semiotik recht klar verdeutlicht, soll es hier vorgeführt werden:

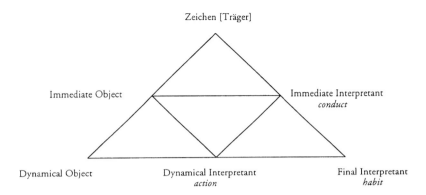

Schmalriede kommentiert die Aussage dieses Schemas folgendermaßen:

> "[...] der finale Interpretant [ist] das regulative Moment allen Verhaltens, das heißt, wenn unter bestimmten Bedingungen und in bestimmter Art ein Zeichen auf den Interpreten einwirkte, würde es ihn zu einem bestimmten Verhalten (conduct) veranlassen. Verhalten, so *Peirce*, ist eine 'Handlung (action) unter dem Vorsatz der Selbstbeherrschung'. (8.315/1909)." [126]

In diesem Schema ist ferner die spezifische Verknüpfung von unmittelbarem Objekt und unmittelbarem Interpretanten wichtig, da sie als Kern und Ausgangspunkt jeder Kommunikation aufgefaßt werden kann. [127]

> "Das, was ein Zeichen im 'Immediate Object' intendiert, muß im 'Immediate Interpretant' so und nicht anders verstanden werden, soll Kommunikation gewährleistet sein." [128]

Die Basis dieses Verstehens ist die Summe der Erfahrungen, des Wissens (auch um das Wissen des anderen) und der Gewohnheit – und das ist der fi-

---

[126] (1976):30.
[127] Vgl. auch die Ausführungen unter Punkt *Objektkonstitution*.
[128] Schmalriede (1976):27

nale Interpretant, der als Regulativ auf den unmittelbaren Interpretanten zurückwirkt.[129]

Abschließend noch einige kurze Bemerkungen zum Verhältnis von Interpretant und Interpret ("Interpreter"). Susan Noakes'[130] Ausführungen zu diesem Punkt sind erhellend: Sie erinnert daran, daß der Interpretant zunächst einmal eine notwendige Funktion des *Zeichens* sei und weniger eine des Interpreten. Darüber hinaus weist sie auf die identische *Seinsform* von Zeichenträger und Interpretant hin, nämlich die der Repräsentation eines Objekts. Dennoch stehen sie, obwohl kongruent in ihrer Seinsform der Repräsentation und der Repräsentation desselben Objekts, notwendig in einer Relation der *Nicht-Identität,* da sie verschiedene Momente der Repräsentation verkörpern. Zeman stellt zum Verhältnis von Interpretant und Interpret fest, daß sich nicht sagen ließe, der Interpretant sei *im* Bewußtsein eines Interpreten wie "Erdnußbutter in einem Glas". Vielmehr konstituierten die verschiedenen Interpretanten dieses Bewußtsein allererst: "[T]he interpreter, then, is a historically existing continuum of interpretants, and the interpretant, correlatively, is a cross section or snapshot of the interpreter – the cross section may, but need not be, at an instant of time."[131] Mit dieser Sichtweise des Interpreten als eines Kontinuums von Interpretanten ist auch eine Verbindung hergestellt zum einleitenden Zitat dieses Kapitels, in dem gezeigt wird, wie das denkende Bewußtsein sich in Zeichen erscheint – Regenbögen schlagend.

C Die drei Trichotomien

Jedes der drei in diesem Kapitel diskutierten Substrate (Zeichenträger, Objekt, Interpretant) wird nun gemäß der drei Universalkategorien trichotomisch unterteilt. Genauer gesagt, werden die *Bezüge* des Zeichens zu seinem Träger (Firstness), seinem Objekt (Secondness) und seinem Inter-

---

[129] Zur Exemplifizierung dieser wechselseitigen Determinierung vgl. den Brief an W. James, 8.314ff, und zu *habit, conduct* und *action* die 'Geburtsurkunde des Pragmatismus', den Artikel "The Fixation of Belief" von 1877 in 5.358ff.
[130] (1985):110ff.
[131] Zeman (1977b):25 bzw. auch in (1977a):245.

pretanten (Thirdness) aspektuell differenziert, so daß sich drei Trichotomien bilden:

I 3. Legizeichen
I 2. Sinzeichen
I 1. Qualizeichen
I   Zeichenträger

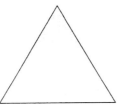

II 3. Symbol   III 3. Argument
II 2. Index   III 2. Dicent
II 1. Ikon   III 1. Rhema
II   Objekt   III   Interpretant

Ein Zeichen *ist* also bzgl. seiner Materialisation ein Quali-, Sin- oder Legizeichen. Es *referiert* auf sein Objekt als Ikon, Index oder Symbol, und es *erzeugt* einen Interpretanten, der das Zeichen als Zeichen für Möglichkeit (Rhema), Wirklichkeit (Dicent) oder Gesetzmäßigkeit (Argument) interpretiert.

An dieser Stelle ist es sinnvoll, kurz auf die spezifische Peirce-Präsentation der Stuttgarter Schule (Bense, Walther u. a.) einzugehen, da deren Bezeichnungsmodi die Wohlordnung der im folgenden vorgestellten Trichotomien besonders klar verdeutlichen.

Bense stellt die Peircesche Zeichenrelation folgendermaßen dar:
Z = R (M, O, I)
("M" steht für "Mittel", das entspricht in der hier verwendeten Terminologie dem *Träger*).

Die Einbeziehung der Generierungsfolge (= Doppelpfeil), d. h., O folgt auf M, und I folgt auf M und O, ergibt folgende Formel:
ZR = ((M ==> O) ==> I)

bzw. in numerischer Schreibweise:
ZR = ((1. ==> 2.) ==> 3.).

Jede Trichotomie nun ist eine Zusammenstellung aus je einem Element der Firstness, Secondness und Thirdness in einem Zeichenbezug. Die neun sich ergebenden Zusammensetzungen nennen die Stuttgarter "Subzeichen".

Trichotomie I
Das Zeichen in bezug auf seinen Träger

I.1. Das Qualizeichen (Firstness)

"A *Qualisign* is a quality which is a Sign."[132]

Es sei an die Bestimmung dessen, was eine Qualität ist, erinnert: jedes Phänomen, das als Einheit erfaßbar ist, abstrahierbar von seinem je individuellen Auftreten, den je möglichen Trägern. "[A] quality is a mere logical possibility [...]",[133] folgert Peirce. Ein Qualizeichen bezeichnet also etwas durch eine abstrahierbare Qualität als solche, unabhängig von ihrem raumzeitlichen Erscheinen (z. B. das Klassifikationsmerkmal für Pflanzen: *tropisch*).

Natürlich kann ein Qualizeichen aber nicht als Zeichen wirksam werden, solange es nicht irgendwo manifest wird (schon gar nicht kann es für sich allein das Zeichen in seiner korrelationalen Struktur konstituieren) – aber diese Manifestation hat nichts mit der genuinen 'Qualizeichenhaftigkeit' zu tun, sondern überführt das Qualizeichen nur in die nächste Seinsstufe, die Secondness. Das wäre dann das aktuelle *Sein* der Qualität. Die spezifische Verknüpfung der Qualität *tropisch* mit dem Objekt *Pflanze* hinwiederum fällt in den Bereich der Thirdness, des Interpretationsvorganges.

Zweierlei soll durch diesen kurzen Exkurs grundsätzlich deutlich werden:

(1) Jedes Zeichen ist ein Konglomerat aus den unterschiedlichsten Zeichenarten. Jedes Zeichen enthält z. B. Qualizeichenanteile, da es, zumindest partiell, Informationen über qualitative Zustände seines Objekts übermitteln muß. Jede aspektuelle Differenzierung kann nur ein analytischer Kunstgriff sein, um ein höchst komplexes Phänomen einer theoretischen Beschreibung zugänglich zu machen.

(2) In jedem Zeichen durchdringen sich gleichzeitig die verschiedenen Ebenen seiner Zeichenhaftigkeit – es gibt keinen reinen Vertreter einer bestimmten Zeichenart. Bei der analytischen Betrachtung wird der Fokus des Interesses auf je unterschiedliche Aspekte gelegt, was aber keineswegs bedeutet, daß ein Phänomen erschöpfend untersucht ist, wenn es z. B. als rhematisch-ikonisches Qualizeichen klassifiziert ist. Es sei noch einmal daran

---

[132] 2.244; vgl. auch 8.347, hier unter "Potisign".
[133] 2.254.

erinnert, daß Peirce immer wieder nachdrücklich darauf hinweist, daß in *jedem* Bereich der Secondness auch Firstness involviert ist und in jedem Bereich der Thirdness auch Secondness und Firstness.

I.2. Das Sinzeichen (Secondness)

"A *Sinsign* is an actual existent thing or event which is a sign."[134]

Das faktische, konkrete, je individuelle Auftreten eines Zeichens an einem bestimmten Ort und zu einer bestimmten Zeit konstituiert seine Sin-haftigkeit. Dem Sinzeichen kommt im Prozeß der Interpretation zentrale Bedeutung zu, denn nur über ihren Seinsmodus als Sinzeichen sind Zeichen der Erfahrbarkeit zugänglich. Die bedeutungstragenden Merkmale (Qualizeichen) und die Legizeichen als abstrakte Modelle bedürfen der je konkreten und aktuellen Manifestationen in einem Sinzeichen, um ihre Zeichenhaftigkeit entfalten zu können. Legi- und Sinzeichen stehen also in einer Art type-token-Verhältnis zueinander.

I.3. Das Legizeichen (Thirdness)

"A *Legisign* is a law that is a sign."[135]

Was Peirce hier meint, sind gesetzmäßig, konventionell verwendete Zeichen, deren Objektbereich willkürlich festgelegt wird und die in jeder Realisierung ihre Identität wahren. Legizeichen sind logisch notwendige Zeichenklassifikationen, die sich als solche nicht materialisieren können, sondern ihre Realisationen *hic et nunc* nur im Seinsmodus der Secondness finden können (sogenannte degenerative Semiosen[136]). Sie können also als solche nicht in einem individuellen Erfahrungsbereich auftauchen, sondern bilden vielmehr den konventionalisierten Interpretationshintergrund bzw. das abstrakte Modell für ihre je konkreten Manifestationen, die Peirce "Replicas" der Legizeichen nennt. Replicas sind aber keine Sinzeichen, obwohl sie den gleichen Seinsmodus wie diese besitzen. Am Beispiel der Sprache wird dies deutlich: Ein Wort wie z. B. 'rot' wird in seiner seman-

---

[134] 2.245.

[135] 2.246.

[136] Die degenerativen Semiosen sind im Detail von den Stuttgartern untersucht worden. Vgl. z. B. Walther (²1979):89.

tischen Bedeutung von einem Wörterbuch definiert, d. h., das Gesetz wird formuliert, das den Zeichenträger 'rot' einem bestimmten Objektbereich zuordnet. Das ist der gesetzmäßige Rahmen. Jedes konkrete Erscheinen dieses Wortes in einem beliebigen Text (natürlich *auch* im Wörterbuch) ist dann ein Replica dieses abstrakten Prototyps, und diese Wiederholung wird nur bedeutungsvoll durch das Modell, das sie zum Exemplar (Replica) macht.[137]

Damit (und auch mit der definitorischen Festlegung der semantischen Extension) ist aber keineswegs eine mechanische Zuordnung Zeichen-Objekt angelegt, wie bei der Diskussion des Korrelats Interpretant schon dargelegt wurde.

Um noch einen Augenblick im roten Bereich zu bleiben: Man stelle sich vor, jemand versucht sich an konkreter Poesie, schreibt das Wort 'rot' *rot* auf ein Blatt Papier und ist der Ansicht, das sei Kunst. Das wäre ein gutes Beispiel für Ecos Definition eines künstlerischen Zeichens (entstanden unter Bezug auf Jakobsons Klassifizierung eines solchen als "autoreflexiv"):

> "Es ist ein Sinzeichen, das auch ein Qualizeichen ist und als solches designiert, obwohl es als mögliches Material durchaus auch Legizeichen verwendet."[138]

Trichotomie II
Das Zeichen in bezug auf sein Objekt

II.1.   Das Ikon (Firstness)

Ein Ikon ist ein Zeichen, das mit den Merkmalen des wirklichen oder fiktiven Objekts, auf das es verweist, eine qualitative oder strukturelle Gemeinsamkeit bzw. Ähnlichkeit besitzt.

> "An *Icon* is a sign which refers to the Object that it denotes merely by virtue of characters of its own, and which it possesses, just the same, whether any such Object actually exists or not."[139]

---

[137] Vgl. 2.246.

[138] Eco (1977): 59.

[139] 2.247;

– vgl. auch 2.279ff; 4.531; 4.544 "Icons can represent nothing but Forms and Feelings."

Für Ikons gilt dasselbe wie für Qualizeichen: als Elemente der Firstness können sie als solche nicht existieren, sie sind auf Manifestation im Bereich der Secondness angewiesen. Zur Bezeichnung dieser jeweiligen aktuellen Manifestation ikonischer Anteile in einem Zeichen führt Peirce den Begriff "Hypoicon" ein.[140]

Es werden grundsätzlich drei Arten von Ikons unterschieden:[141]

(1) Bilder (gleichen dem Objekt in einigen Eigenschaften),

(2) Diagramme (geben die Relationen zwischen Teilen des Objekts analog wieder, sind dem Objekt aber nicht sinnlich wahrnehmbar ähnlich),

(3) Metaphern.

Es liegt daher nahe, eine Ähnlichkeitsbeziehung zwischen Zeichen und Objekt zu postulieren – was könnte beispielsweise 'ikonischer' sein als eine Fotografie?

Dennoch entfaltet sich an dieser Stelle ein Problemkomplex beunruhigenden Ausmaßes,[142] auf den etwas ausführlicher eingegangen werden soll, da er zentral für die innere Konsistenz des hier vorgestellten Zeichensystems ist.[143]

Was bedeutet es, daß ein Ikon "einige Eigenschaften" des dargestellten Gegenstandes besitzt? Wenn diese verlockend griffige Festlegung der Ikonizität so selbstverständlich hingenommen wird, wie das im Peirce-Kanon bisweilen der Fall ist, wird übersehen, daß hier gar Rückverweise zu Aspekten des Physis-Nomos-Diskurses vorfindlich sind. Im Grunde gilt es, sich mit der Unterscheidung von willkürlichen und motivierten Zeichen zu befassen.

Die Formel "einige Eigenschaften" scheint einer tiefen Motivierung des Zeichens den Zuschlag zu geben. Dem steht aber die grundlegende Feststellung gegenüber, daß eine Zeichenbeziehung sich über den innigen Zusammenhang zwischen den Zeichen konstituiert. Ein Zeichen tritt niemals isoliert auf, sondern entsteht in einem (potentiell unendlichen) wechselseitigen Prozeß der Interpretation mit anderen Zeichen – und das zerreißt ja den kausalen Zusammenhang zwischen Objekt und Zeichen.

[140] 2.276ff.

[141] 2.277.

[142] Einen tieferen Einblick in die Diskussion der Ikonizität gibt z. B. Sebeok (1976).

[143] Vgl. Eco (1972a): 200ff; (1972b); (1977): 137ff; (1979): 191ff.

Dieser Widerspruch wird versöhnt über eine Untersuchung der Frage nach der Peirceschen Wahrnehmungskonzeption. Wahrnehmen ist ein Akt des Beziehungen-Herstellens und Klassifizierens mittels Zeichen, des mehr oder minder kreativen (sich-selbst-)Erklärens der eigenen Wahrnehmungen. Der Zeichenprozeß fällt mit dem abstrahierenden Prozeß des Denkens zusammen: Das ikonische Zeichen konstruiert ein Modell von Beziehungen, "[...] das dem Modell der Wahrnehmungsbeziehungen homolog ist, das wir beim Erkennen und Erinnern des Gegenstandes konstruieren."[144]

Ein erhellendes Beispiel hierfür bietet die Analyse der Ähnlichkeitsbeziehungen in einem Diagramm. Auf diesem Wege kann geklärt werden, wie Ikonizität und Isomorphismus zusammenhängen und Isomorphismus sich konventionell konstituiert.[145]

Ein Diagramm ist ein Ikon, weil es die konfigurationellen Merkmale seines Objekts besitzt – allerdings im Sinne einer proportionalen Homologie. Es besteht also keine physische Ähnlichkeitsbeziehung bzw. Ähnlichkeitsbeziehung zur Wirklichkeit, vielmehr wird eine Proportion aufgestellt (A/B = C/D), die eine Homologie *festsetzt*, und das ist eine konventionelle Konstituierung von Parallelität bzw. Äquivalenz.

In dem berühmten Aufsatz über die "existential graphs"[146] behandelt Peirce die "wahrhaft schönen" Eulerschen Diagramme, in denen die Natur von Syllogismen (hier des Modus *Barbara*[147]) graphisch dargestellt wird:[148]

---

[144] Eco (1972a): 213. Im Original kursiv.

[145] Es werden hier im wesentlichen die Ausführungen Ecos wiedergegeben, vgl. (1977): 140ff.

[146] 4.347ff (sein "chef d'œuvre", findet Peirce übrigens).

[147] Diese Bezeichnung geht zurück auf die Scholastiker, die den einzelnen Aristotelischen Modi Namen gaben. *Barbara* ist neben *Celarent, Darii* und *Ferio* eine Bezeichnung für einen gültigen Modus der 1. Schlußfigur (aus MaP und SaM folgt SaP), die den folgenden Aufbau hat:

M ist P

S ist M

S ist P

In moderner Schreibweise: Aus V(x) [M(x) – P (x)] und V(x) [S(x) – M(x)] folgt V(x) [S(x) – P (x)].

[148] 4.350.

a)

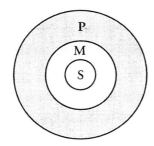

All men are passionate,
All saints are men;
Therefore, All saints are passionate.

Das Zeichen a) ist ikonisch bezüglich der von ihm repräsentierten Relation. Aber: Die dargestellten *räumlichen* Beziehungen sind nicht das Ikon anderer räumlicher Beziehungen, sondern das Ikon *logischer* Zugehörigkeit. (Eco bezweifelt folgerichtig, daß es ein unbedingt räumlich zu nennendes Problem sei, ob man als Heilige(r) den Leidenschaften unterworfen sei oder nicht.) An dieser Stelle wird deutlich, daß nur eine konventionelle Proportionsäquivalenz zwischen logischer und räumlicher Zugehörigkeit besteht.[149]

Auch in bezug auf die Bilder läßt sich diese Konventionalität der Ikonizität – d. i. die konventionalisierte Reproduktion eines Wahrnehmungseindrucks – zeigen und damit die grundlegende relational-konventionelle Struktur eines Zeichens: Man stelle sich vor, jemand zeichnet mit einer Linie die Silhouette eines Profils auf ein Blatt Papier und heftet diese Zeichnung an die Wand. Wenn sie in einigen Aspekten dem, was sie denotiert, ähnlich ist, also ein Ikon ist, wird die dargestellte Person erkannt werden, und dennoch ist die einzige Eigenschaft, die sie auf der Zeichnung hat (die durchgezogene Linie), eine Eigenschaft, die diese Person realiter *nicht* hat.[150]

II.2. Der Index (Secondness)

Der Index ist eine Mitteilung über das Dasein einer konkreten Erscheinung. Es steht in realer, kausaler und direkter Beziehung zu seinem Objekt.

[149] Vgl. 4.368 und 4.418; zu Diagrammen in der Geometrie vgl. 3.362.
[150] Vgl. Eco (1972a): 204.

"An *index* represents an object by virtue of its connection with it. It makes no difference whether the connection is natural, or artificial, or merely mental."[151]

Der Index ist notwendige Voraussetzung (raumzeitlicher) Identifikation des repräsentierten Objekts, indem er die Aufmerksamkeit des interpretierenden Bewußtseins auf das Objekt lenkt. Indizes sind Seconds und kennzeichnen den Bereich der Erfahrung und der empirischen Wirklichkeit. Zur Entfaltung ihrer Wirksamkeit sind sie auf Kontiguitätsassoziationen (zeitliches Zusammentreffen) des interpretierenden Bewußtseins angewiesen.

Peirce unterscheidet zwischen degenerierten (Designations) und genuinen (Reagens) Indizes. Ein Reagens hat eine direkte kausale Verbindung mit seinem Objekt, die Designations wie z. B. die kontextuellen Indizes stehen zu ihrem Objekt in einer verweisenden Relation. Zu den kontextuellen Indizes gehören die Shifters, also Personal-, Demonstrativ- und Relativpronomen. Zu den Objekten der Designations führt Peirce in 2.305 aus:

"[...] for though they [degenerate indices] may, accidentally and indirectly, refer to existing things, they directly refer, and need only refer, to the images in the mind which previous words have created."

Es sei an dieser Stelle noch einmal darauf hingewiesen, daß reine Zeichentypen nur idealiter bestehen und jedes Zeichen realiter eine Amalgamierung der verschiedensten Grade und Formen seiner Zeichenhaftigkeit beinhaltet.

Peirces Foto-Beispiel macht dies deutlich: Einerseits ist ein Foto natürlich *das* Ikon schlechthin, andererseits benutzt er es auch zur Illustration dessen, worin sich das Wesen des Indexes überhaupt verkörpert: "The value of an index is that it assures us of positive fact",[152] und ein Foto, anders als z. B. ein Gemälde, beweist ja 'wirklich' die tatsächliche, in Raum und Zeit angesiedelte bare Existenz des Abgebildeten – zu Peirces Zeiten zumindest war diese Sichtweise bzgl. der Fotografie noch berechtigt.

Ein Index gibt also primär die Existenz seines Objekts an, die es ausweisenden Qualitäten und spezifischen Charakteristika müssen aber über

---

[151] 8.368, Fn 23; auch 4.531; 2.305f.
[152] 4.448.

Ikons und Symbole vermittelt werden.[153]

Unter dieser Voraussetzung muß auch Goudges Benennung[154] der Indizes als "identifying sign" verstanden werden, als Zeichen, die darauf hinweisen, *daß* es etwas zu identifizieren gibt, aber nur partiell darauf, *was* es ist.

Ohne die Integration in die Repräsentationsfunktion sind Index- und Ikonfunktionen sinnlos, denn erst die Interpretation füllt sie mit Sinngehalt. Es wurde ja bereits darauf hingewiesen, daß "[o]f course, nothing is a sign unless it is interpreted as a sign".[155]

Für Peirce sind die perfektesten Zeichen übrigens diejenigen, in denen die ikonischen, indexikalischen und symbolischen Anteile in möglichst vollkommen gleichmäßiger Gewichtung auftreten.[156] (Dies ist auch wiederum eine Referenz auf die Durchdringung von Firstness, Secondness und Thirdness in einem Zeichen, auf die schon hingewiesen wurde.)

Walther zieht darüber hinaus aus dem per definitionem notwendigen Auftreten von Mischformen, in denen eben niemals reine Erstheit, Zweitheit oder Drittheit auftreten kann, weitreichende erkenntnistheoretische Schlüsse:

> "Für unser Weltverständnis gibt es demnach prinzipiell keine scharfe Trennung zwischen den einzelnen Kategorien bzw. Modalitäten, Subzeichen oder Zeichen, und damit auch keine absoluten Ergebnisse oder Erkenntnisse, denn alle Deskriptionen sind stets nur r e l a t i v."[157]

An dieser Stelle wird auch der Zusammenhang mit dem Fallibilitätsvorbehalt der Erkenntnis in Peirces Philosophie des Pragmatizismus offenbar.

II.3. Das Symbol (Thirdness)

Das Symbol ist ein Zeichen, das mit seinem Objekt über eine Konvention verbunden ist und dessen Objekt selbst eine Regel bzw. ein Gesetz ist, also eine Gegenstandsart, ein "kind of thing".[158]

---

[153] Vgl. 2.248.
[154] (1965): 53.
[155] 2.308.
[156] Vgl. 4.448.
[157] (1989b): 15.
[158] 2.301.

> "A *Symbol* is a sign which refers to the Object that it denotes by virtue of a law, usually an association of general ideas, which operates to cause the Symbol to be interpreted as referring to that Object."[159]

Gemäß der Generierungsfolge Ikon ==> Index ==> Symbol stellen Symbole die dritte Stufe des Objektbezugs dar und sind somit als die genuinen Zeichen in diesem Bezug aufzufassen. "If [the] triple relation is not of a degenerate species, the sign is related to its object only in consequence of a mental association, and depends upon a habit."[160]

Die spezifische Verknüpfung Objekt-Zeichen (d. i. Gegenstandsart und Gesetz) im Symbol weist eine hohe Bezugsflexibilität auf. Aus diesem Grund befindet sich das Symbol in jedem Kommunikationsprozeß in der ständigen Spannung zwischen Invarianz und Variabilität der Objekt-Zeichen-Beziehung, was ausgesprochene Kreativitätsfreiräume schafft. Im Rahmen genau dieses Spannungsverhältnisses nämlich finden Neubildungen bzw. Weiterentwicklungen von Symbolen statt. Konventionell einerseits, doch niemals ohne Beziehung zu schon bestehenden:

> "So it is only out of symbols that a new symbol can grow. *Omne symbolum de symbolo*." 2.302; bzw. 2.222: "For every symbol is a living thing, in a very strict sense that is no mere figure of speech. The body of the symbol changes slowly, but its meaning inevitably grows, incorporates new elements and throws off old ones."

In 7.587ff geht Peirce so weit, die Korrespondenz von Wort und Mensch zu entfalten,[161] und zwar über das Konzept des kontinuierlichen Informationszuwachses. Da Denken nach Peirce ein dialogischer Prozeß ist,[162] der sich sowohl in formaler wie materialer (= Denken in Wörtern) Hinsicht in triadischen Relationen entfaltet, besteht eine untrennbare Verbindung zwischen denkendem Subjekt und Wort. Diese können sich wechselseitig

---

[159] 2.249.
[160] 3.360. Aus Ms 307, Seite 11: "The symbol, or general sign, on the other hand, is something which is a sign solely by virtue of the character imputed to it in the interpretant. [...] it is a sign [...] because it will be understood to be a sign", geht hervor, daß die *genuine* Verbindung von Träger und Objekt eine Interpretation ist und alle nichtkonventionellen Verbindungen zwischen Träger und Objekt das Zeichen degenerieren. Zit. nach Buczynska-Garewicz (1979): 10.
[161] Vgl. Fairbanks (1976).
[162] 6.338 "All thinking is dialogic in form."

unterrichten, da jeder veränderte Informationsgrad des Wortes das denkende Subjekt beeinflußt und vice versa.

Auf einen weiteren wichtigen Punkt bleibt an dieser Stelle wieder hinzuweisen: auf Peirces Definition der Bedeutung (= meaning) als "the translation of a sign into another system of signs."[163] Diese Definition beruht auf zwei Grundlagen,

(1) auf der Festlegung, daß die Bedeutung eines Repräsentationsvorganges nur ein folgender Interpretationsvorgang sein kann und somit potentiell unendlich ist,[164]

(2) auf dem spezifischen Repräsentationsmodus symbolischer Zeichen.

Zu (1) Insofern der Interpretationsvorgang unendlich und damit die Bedeutung unausschöpflich ("inexhaustible") ist,[165] kann die Welt unendlich besprochen werden. Jeder Gedanke wiederum wird von Peirce als Zeichen aufgefaßt, das ein vorhergehendes interpretiert und seinerseits von einem nachfolgenden interpretiert wird. Ein Zeichen tritt grundsätzlich niemals isoliert auf, sondern steht in einem (potentiell unendlichen) wechselseitigen Verweisverhältnis zu seinen Vorgängern und Nachfolgern. Damit dekonstruiert sich aber in Peircescher Sichtweise keineswegs das Verhältnis von Zeichenträger und Objekt, denn das ist schließlich über den Interpretanten unumgänglich gesichert. Der Interpretant ist ja – worauf schon eingegangen wurde – das interpretierte und das interpretierende Zeichen zugleich, d. h., daß das Interpretierende zugleich selbst interpretiert werden muß und gleichzeitig Subjekt und Objekt im Interpretationsprozeß ist. Die Bedeutung kommt sich also selbst immer einen Moment zu spät und wird in den Gedankenzeichen nach-gedacht – und genau dies wiederum ist die Grundlage für die berühmte infinite Semiose: "[T]he interpretant is nothing but another representation to which the torch of truth is handed along; and as representation, it has its interpretant again. Lo, another inifinite series."[166]

Zu (2) Zum spezifischen Repräsentationsmodus von Symbolen führt Peirce aus: "A symbol [...] cannot indicate any particular thing; it denotes

---

[163] 4.127; auch 8.225, Fn.10; 1.339 "The meaning of a representation can be nothing but a representation."

[164] Vgl. 8.268 "The idea of representation involves infinity, since a representation is not really such unless it be interpreted in another representation."
– Vgl. auch 7.357.

[165] 1.343.

[166] 1.339; vgl. auch 2.274.

a kind of thing. Not only that, but it is itself a kind and not a single thing." Folglich ergibt sich, daß "[t]he word and its meaning are both general rules."[167] Und die haben keine externen Fixpunkte, sondern gleiten in eine Zusammenfügung nur über den Interpretanten, dessen kreative Potenz unausschöpflich ist. Sprachliche Zeichen sind natürlich ganz offensichtlich Beispiele für Symbole bzw. symbolische Legizeichen. Allerdings befinden sich, wie schon erwähnt, konkret auftretende Wörter im Seinsmodus der Secondness, sind Sinzeichen – bzw. ganz präzise gesagt, sind sie Replicas der Legizeichen, da Legizeichen ebenso wie Qualizeichen als solche sich ja nicht materialisieren können.

Trichotomie III
Das Zeichen in bezug auf seinen Interpretanten

III.1. Das Rhema (Firstness)
"A *Rheme* is a Sign which, for its Interpretant, is a Sign of qualitative Possibility [...]."[168]

Jedes Einzelzeichen oder jede offene Menge von Einzelzeichen ist ein Rhema. Logisch betrachtet ist es weder wahr noch falsch. Beispiel: die Prädikation '- ist rot' bzw. 'F (x)'. In der klassischen Logik entspricht dem: 'Begriff'. Ein Rhema ist das Zeichen qualitativer Möglichkeit, d. h., es wird durch seinen Interpretanten verstanden als Zeichen einer Qualität, die in einer möglichen Entität manifest werden *könnte*.[169]

III.2. Das Dicent (Secondness)[170]
ist ein Zeichen, das Informationen über eine Entität vermitteln kann, das der Behauptung fähig und, logisch betrachtet, entweder wahr oder falsch ist

---

[167] 2.301 und 2.292.
[168] 2.250.
[169] Vgl. 8.337 sowie Peirces ausführlichste Darstellung des Rhemas in seinen "Existential Graphs", 4.438ff.
[170] Z. B. 2.251.

(Entsprechung in der Logik: 'Satz'). Vom Akt der Behauptung der Proposition allerdings,[171] der eine zusätzliche Komponente der sozialen Verbindlichkeit einbringt, abstrahiert Peirce bewußt, da für ihn ja die Analyse allgemeinster Strukturkomponenten im Mittelpunkt steht. Er gibt aber zu, daß er auch geneigt ist, diesen Akt zu vernachlässigen, denn eine Behauptung ist "[...] an exhibition of fact that one subjects oneself to the penalties visited on a liar if the proposition asserted is not true."[172]

III.3. Das Argument (Thirdness)[173]
ist das Zeichen eines gesetzmäßigen Zusammenhangs. Entsprechung in der Logik: 'Schluß', Beispiel: ein Syllogismus. Allerdings, und das ist wichtig, ist ein Syllogismus nicht automatisch ein Argument, denn es muß erst vom Interpretanten als solches verstanden werden. Wie wahr es also auch immer sein mag, daß alle Menschen sterblich sind und Sokrates ein Mensch und also sterblich ist – dies ist so lange kein Argument, bis sich ein interpretierendes Bewußtsein findet, das diesen Syllogismus als zu einer Klasse analoger Argumente gehörig versteht, die als Ganze zur Wahrheit tendiert.

Die zehn Zeichenklassen

Die Peircesche Zeichenklassifikation gründet sich nicht auf eine Ordnung gemäß äußerer Merkmale, sondern ergibt sich aus der Relationalität eines Zeichens. Eine Zeichenklasse vereinigt drei Zeichen (Subzeichen) aus jeweils einem Bezug.

Es ergeben sich nun allerdings nicht 3^3 = 27 Zeichenklassen, sondern nur 10. Der Grund dafür liegt in der Forderung nach *Geordnetheit* in den Triaden und Trichotomien. Es wurde schon darauf hingewiesen, daß in den Kategorien *Ordnung* gekoppelt wird an *Generierung*. Das bedeutet, daß Firstness – Secondness – Thirdness eine Generierungsfolge darstellt, umge-

---

[171] Lt. Austin/Searle etwa: vom lokutionären Sprechakt.
[172] Peirce in Hardwick (1977):34.
[173] Z. B. 2.252f.

kehrt Thirdness – Secondness – Firstness eine Degenerierungsfolge.[174] Peirce folgert, daß Firstness keine Degenerierung zuläßt, Secondness in eine ursprüngliche und eine degenerierte Form zerfällt und Thirdness neben der genuinen zwei degenerierte Formen aufweist.

Buczynska-Garewicz schließt daraus, daß Peirces Konzept der degenerierten Formen einerseits einen epistemologischen Aspekt seiner Semiotik darstellt, da die degenerierten Zeichen alle kognitiven Fähigkeiten im Prozeß intellektueller Interpretation einbeziehen und daß sich hier andererseits auch ein ontologischer Aspekt öffnet, da das degenerierte Zeichen die Welt der Repräsentation mit der empirischen Welt verbindet, was das genuine Zeichen in seinem idealen generellen, rein gedanklichen und zeitlosen Status nicht kann:

> "So, the concept of the degenerate sign is a tool of explaining the ontic status of the world of representation. [...] [It] provides a solution to the problem of the unity and diversity of semiosis. The unity is implied by the essential nature of the triadic representation and all various forms of the realization of this essence constitute the diversity of semiosis."[175]

Das Zeichen als Element der Drittheit besitzt neben der genuinen (Interpretantenbezug, triadische Relation) auch zwei degenerierte Formen: Erstheit der Drittheit (Trägerbezug, monadische Relation) und Zweitheit der Drittheit (Objektbezug, dyadische Relation). Walther stellt dies folgendermaßen dar:

Z = R (M, M ==> O, M ==> O ==> I).[176]

Bei Anwendung der Qualification Rule, die verlangt, daß in einer geordneten Folge einem Element einer Kategorie nur ein Element einer weiteren Kategorie folgen kann, das kleiner oder gleich dem ersten ist, ergeben sich folglich zehn Zeichenklassen,[177] die aufsteigend von der ersten bis

---

[174] Vgl. 2.238ff; auch Walther (1976a). Peirce stellte fest, daß sich aus den zehn Trichotomien 66 Zeichenklassen bzw. sogar $3^{10}=59.049$ bilden lassen.

[175] (1979):14f.

[176] (1979):80.

[177] Da es mittlerweile eine Vielzahl von ausführlichen Beschreibungen zu diesen einzelnen Zeichen(klassen) gibt, soll hier keine detaillierte Erläuterung folgen. Zu den Erläuterungen der Zeichenklassen vgl. z. B. Eco (1977):75ff; Walther (1976a); Walther (1979):80ff; Bense/Walther (1973); Arroyabe (1982):78ff; Weiss/Burks (1945); Sanders (1970); Lieb in Hardwick (1977):160ff; ferner Peirce selbst in 8.342ff; 2.233ff, letzteres auch deutsch in: Peirce (1983b):121ff.

zehnten durch progrediente Semiotizität und regressiven Weltbezug charakterisiert sind.[178]

1.	Rhematisch-ikonisches Qualizeichen	(3.1 2.1 1.1)
2.	Rhematisch-ikonisches Sinzeichen	(3.1 2.1 1.2)
3.	Rhematisch-indexikalisches Sinzeichen	(3.1 2.2 1.2)
4.	Dicentisch-indexikalisches Sinzeichen	(3.2 2.2 1.2)
5.	Rhematisch-ikonisches Legizeichen	(3.1 2.1 1.3)
6.	Rhematisch-indexikalisches Legizeichen	(3.1 2.2 1.3)
7.	Dicentisch-indexikalisches Legizeichen	(3.2 2.2 1.3)
8.	Rhematisch-symbolisches Legizeichen	(3.1 2.3 1.3)
9.	Dicentisch-symbolisches Legizeichen	(3.2 2.3 1.3)
10.	Argumentisch-symbolisches Legizeichen	(3.3 2.3 1.3)

[178] Vgl. Walther (1979):81.

KAPITEL III

Logisch sind wir neugierig!

Die Abduktion im systematischen Zusammenhang

"[...] for thousands of men a falling apple was nothing but a falling apple; and to compare it to the moon would by them be deemed 'fanciful'."[1]

Im einleitenden Kapitel wurde schon auf den zentralen Stellenwert hingewiesen, den Peirce seiner universellen empirischen Methode der Forschung in der systematischen Entfaltung von (nicht nur) wissenschaftlichen Erkenntnisprozessen zuweist, die grundsätzlich als diskursives Denken und damit als schlußfolgerndes Begründen charakterisiert werden.

Zwei verschiedene Betrachtungsweisen können eingenommen werden: Einerseits kann der Blick auf die Analyse der verschiedenen *Arten* von Schlußfiguren überhaupt gerichtet werden, andererseits kann der *Zusammenhang* dieser verschiedenen Schlußweisen mit den unterschiedlichen Methoden der Forschung betrachtet werden. Die einzelnen Schlußweisen entsprächen dann unterschiedlichen Stufen im Forschungsprozeß. -

Genau diese beiden Perspektiven hat Peirce auch in seiner Beschäftigung mit den Schlußformen eingenommen. Die erste, logische, in seiner sogenannten "frühen Phase" von ca. 1860 bis 1890, die zweite, erkenntnistheoretische, in der "späten Phase" nach 1900.

Mit dem Wechsel der Forschungsausrichtung ging auch ein Wechsel der Konzeptionen von Induktion und Abduktion einher: Die Induktion wird nun eindeutig in einen *Überprüfungszusammenhang* gestellt, die Abduktion demgegenüber in einen *Entdeckungszusammenhang*.

Die scharfe Trennung von Hypothesengenerierung vs. -überprüfung ist also erst relativ spät in Peirces erkenntnistheoretischen Überlegungen erfolgt.

---

[1] 1.46.

Er selbst schreibt, daß er leider sehr lange die Induktion im Entdeckungszusammenhang statt im Überprüfungszusammenhang angesiedelt hatte.[2]
1905 spitzt Peirce diese Änderung folgendermaßen zu: "Retroduction and
Induction face opposite ways."[3]

In methodologischer Sichtweise erhält nun die Abduktion die Aufgabe
der *Aufstellung von Hypothesen,* die Induktion die der *Bestätigung dieser
Hypothesen.* Das bedeutet, daß unter Beibehaltung der traditionellen erkenntnistheoretischen Trennung von wahrheitskonservierenden und gehalt-
erweiternden Schlüssen zusätzlich die methodologische Unterscheidung von
Entdeckung und *Überprüfung* eingeführt wird.[4]

Es kann davon ausgegangen werden, daß die Akzentuierung des Entdek-
kungsaspekts von Peirce mit dem Namenswechsel von "Hypothesis" zu
"Abduktion" indiziert wurde. "Hypothese" wird nun nicht mehr zur Bezeichnung einer bestimmten Schlußfolgerungsart benutzt, sondern zur Kenn-

[2] 8.227
– Zu den weitreichenden Folgen dieses Irrtums vgl. bes. Riemer (1988b).
– Vgl. auch Apel in Peirce (1976):81, Anm. 3.
– Ausführliche Beschreibungen der jeweiligen Charakterisierung der Abduktion in der frühen und in der späten Phase finden sich z. B. in Fann (1970) [vgl. zu Fann auch die Rezen-
sion Walshs (1972)], Riemer (1988b), Thagard (1978) sowie Anderson (1987). Die Verän-
derungen des Zusammenhangs von Induktion und Abduktion untersucht besonders detailliert Riemer (1988a).
[3] 2.755; vgl. auch 7.218: "[...] they are the opposite poles of reason [...]. Abduction seeks a
theory. Induction seeks for facts."
– Eine Bemerkung zur Terminologie: Peirce verwendet neben den Termini "Abduction"
und "Hypothese" auch "Retroduction" und "Presumption". In dieser Arbeit sollen aber nur
die beiden ersteren verwendet werden, da sie sich in der Forschung durchgesetzt haben.
[4] Die Aufspaltung in Entdeckungsschluß und Bestätigungsschluß ist traditionellerweise eine Differenzierung innerhalb des Bereichs der Induktion gewesen, wobei etwa ab der
2. Hälfte des 19. Jahrhunderts eine Methodologie der Entdeckung grundsätzlich problema-
tisiert wurde. Diese Diskussion mündete schließlich in die fundamentale Unterscheidung
von "Entdeckungszusammenhang" vs. "Rechtfertigungszusammenhang", die von Hans Reichenbach eingeführt wurde. (Vgl. Reichenbach (1968):260, Riemer (1988a):11ff.) Von Reichenbach selbst und in den anschließenden wissenschaftstheoretischen Auseinandersetzungen
wurde vielfach ausgeschlossen, daß der "Entdeckungszusammenhang" einer logischen
Analyse überhaupt zugänglich sei. Vielzitiert und aussagekräftig ist in diesem Zusammenhang Poppers Abneigung gegen eine Analyse von Entdeckungszusammenhängen im Prozeß wissenschaftlicher Erkenntnis: "Die erste Hälfte dieser Tätigkeit, das Aufstellen der
Theorien, scheint uns einer logischen Analyse weder fähig noch bedürftig zu sein: An der
Frage, wie es vor sich geht, daß jemandem etwas Neues einfällt [...], hat wohl die empirische Psychologie Interesse, nicht aber die Erkenntnislogik." Popper (1969):6.

zeichnung des Produkts des Schlußfolgerns, der resultierenden Annahme, des Verdachts.

Thagard weist darauf hin, daß die unterschiedlichen Termini neben dieser Unterscheidung auch noch die Differenz betonen könnten zwischen provisorischer Aufrechterhaltung einer Hypothese in der Hoffnung auf ihr Erklärungspotential (Abduktion) und letztendlichem Akzeptieren einer Hypothese unter anderen in Anerkennung der überzeugendsten Erklärung, die sie zur Verdeutlichung des in Frage stehenden Sachverhalts bietet (Hypothesis).[5] Diese Unterscheidung geht allerdings meiner Einschätzung nach in Peirces Konzept der "Plausibilität" auf, d. i. eine Art instinktähnliches Vermögen des Menschen, zwischen plausiblen und weniger plausiblen Hypothesen unterscheiden zu können.

Die Aufgabe der Wissenschaft, die sich wiederum von einem Metastandpunkt aus um die richtige Koordination von Schlußweisen und progredientem Forschungsprozeß, also um die richtige Anwendung der universalen Methode, bekümmert, die "method of methods", wird folgendermaßen beschrieben:

> "Logic will not undertake to inform you what kind of experiments you ought to make in order best to determine the acceleration of gravity, or the value of the Ohm; but it will tell you how to proceed to form a plan of experimentation."[6]

Bevor auf dieses spezifische *Zusammenwirken* der Schlußfolgerungsarten als Methoden im Forschungsprozeß eingegangen wird, sollen sie kurz einzeln vorgestellt werden.[7]

---

[5] (1978):163. Zur Stützung der Argumentation verweist Thagard hier auf zwei Textstellen in den *Collected Papers*: 2.776 "Abduction only furnishes the reasoner with the problematic theory which induction verifies." vs. 2.624 "Hypothesis is where we find some very curious circumstance, which would be explained by the supposition that it was a case of a certain general rule, and thereupon adopt that supposition."

[6] 7.59.

– Es sei an dieser Stelle noch einmal an Peirces Klassifikation der Wissenschaften erinnert. Die Logik wird dort aufgefächert in "Speculative Grammar", "Critic" und "Methodeutic", wobei letztere in diesem Zusammenhang besonders interessant ist, da sie mit der Abduktion über den *innovativen Charakter* verbunden ist. Sie wird ja beschrieben als "method of discovering methods."

[7] Zur folgenden Darstellung der Klassifikation der drei Schlußfolgerungsformen vgl. 2.619ff sowie Peirce (1983a):89ff; 134ff.

Die Deduktion

ist die Anwendung einer allgemeinen Regel auf einen besonderen Fall. In der ersten Prämisse, dem Obersatz, der als leitendes Prinzip fungiert, wird diese allgemeine Regel formuliert. Die zweite Prämisse, der Untersatz, stellt einen Fall fest, der unter diese Regel fällt. Die Konklusion wendet die Regel auf den Fall an und stellt das Ergebnis fest, wobei – da die Deduktion ein *notwendiger* Schluß ist – die Konklusion notwendig wahr aus der Wahrheit der Prämissen folgt. Allerdings sind alle logischen Wahrheiten tautologisch, d. h., sie vermitteln keine neuen Informationen.[8] Die Aufgabe der Deduktion beschränkt sich deshalb auf die Umgrenzung des Gültigkeitsbereichs ihrer Axiome: "Deduction [...] does not lead to any positive knowledge at all, but only traces out the ideal consequences of hypotheses."[9]

Peirce gibt als Beispiel für eine Deduktion folgenden Syllogismus des Modus *Barbara* an:[10]

A) Regel (Obersatz):   Alle Bohnen aus diesem Sack sind weiß
    Fall (Untersatz):   Diese Bohnen sind aus diesem Sack
    Ergebnis (Konklusion):   Diese Bohnen sind weiß

Die Induktion

verläuft invers zur Deduktion, d. h., ein deduktiver (= analytischer) Syllogismus wird umgekehrt, um eine synthetische Folgerung zu erzeugen. Resultat und Regel werden hier – im Vergleich zur Deduktion A) – vertauscht. In der Induktion der Art B) wird daher auf eine *Regel* geschlossen, und ein bestimmter Fall und ein Ergebnis sind vorausgesetzt.

Wenn eine Anzahl von Fällen, von denen etwas (in einer bestimmten Proportion der Fälle) wahr ist, verallgemeinert wird und der Schluß gezogen wird, daß dasselbe (im selben Verhältnis) für die ganze Klasse wahr

[8]Vgl. z. B. auch Wittgenstein (1990), Satz 5.133ff.
[9]7.207.
[10]2.623.

ist, so ist das ein Induktionsschluß – der allerdings nur zu Wahrscheinlichkeitsaussagen führen kann.

B)   Fall: Diese Bohnen sind aus diesem Sack
         Ergebnis: Diese Bohnen sind weiß
         Regel: Alle Bohnen aus diesem Sack sind weiß[11]

Die Abduktion

Peirce ist als Begründer des abduktiven Schlusses anerkannt, doch weist er selbst auf seine Grundlagen in Aristoteles' "apagoge" hin.[12]

Die Abduktion ist die zweite Möglichkeit der Umkehrung eines deduktiven Syllogismus und ein Schluß von der *Wirkung* auf die *Ursache*. Im Vergleich zur Deduktion A) werden der Fall und das Ergebnis vertauscht, es wird daher in C) von Obersatz und Konklusion auf den Fall, den Untersatz, geschlossen. Anders ausgedrückt, wird ein ungeklärter Tatbestand mittels Annahme einer provisorischen Regel auf seine wahrscheinliche Ursache zurückgeführt. In 2.624 schreibt Peirce: Begegnet man einem besonders seltsamen Umstand, der durch die Annahme erklärt werden kann, daß er den Fall eines allgemeinen Gesetzes bildet, worauf diese Annahme für gültig erklärt wird, dann ist das eine Hypothese. Eco bemerkt dazu,[13] daß dabei nicht das eigentliche Problem sei, ob zuerst der Fall oder zuerst das Gesetz entdeckt wird, sondern vielmehr, Gesetz und Fall *zugleich* zu entdecken, da sie umgekehrt und in einer Art Chiasmus miteinander verbunden sind. Dabei ist der Mittelbegriff als der Angelpunkt allen logischen Schließens anzusehen, da er ein auslösendes Moment des gesam-

---

[11] Ebenda.
[12] 2.776: "*Presumption*, or, more precisely, *abduction* (which the present writer believes to have been what Aristotle's twentyfifth chapter of the second *Prior Analytics* imperfectly described under the name of απαγογε [...]."
– Vgl. auch 1.65 und 7.249.
– Vgl. auch Eco (1983).
– Das Schicksal von Aristoteles' "apagoge" durch die Jahrhunderte hindurch in den unterschiedlichsten Übersetzungen bzw. Interpretationen bis hin zum Peirceschen Verständnis dieses Terminus verfolgt Kruse (1986).
[13] (1983): 203.

ten Prozesses darstellt, indem er festlegt, *was* zu erklären ist. Im folgenden Beispiel C) also, *woher* die Bohnen stammen, nicht, wer sie auf den Tisch gelegt hat, oder warum.[14]

In seinem berühmten 'Bohnenbeispiel' nun begegnet Peirce dem schon erwähnten seltsamen Umstand in Form von einigen weißen Bohnen. Er stellt sich vor, er käme in einen Raum und sähe eine Handvoll weißer Bohnen auf einem Tisch liegen sowie eine Anzahl Säcke, die verschiedene Arten von Bohnen enthalten. Ein Sack enthält, wie er feststellt, nur weiße Bohnen, und er folgert, daß die Handvoll weißer Bohnen diesem Sack entnommen wurden.

C)　　Regel:　　　　Alle Bohnen aus diesem Sack sind weiß
　　　Ergebnis:　　 <u>Diese Bohnen sind weiß</u>
　　　Fall:　　　　 Diese Bohnen sind aus diesem Sack[15]

In bezug auf explizit zeichentheoretische Fragen stellt Peirce fest, daß in abduktiven Syllogismen wie der folgenden Art D) die Prämissen eine Repräsentation der Konklusion darstellen, und zwar eine Repräsentation in der Art der *Ähnlichkeit*. Er gibt folgendes Beispiel:[16]

D)　"M is, for instance, P^I, P^{II}, P^{III}, and P^{IV};
　　　S is P^I, P^{II}, P^{III}, and P^{IV}:
　　　$\therefore$ S is M

Here the first premiss amounts to this, that 'P^I, P^{II}, P^{III}, and P^{IV}' is a likeness of M, and thus the premisses are or represent a likeness of the conclusion."

Die beiden Prämissen haben also als gemeinsame Eigenschaften P^I... etc., die in der Qualität M der Konklusion vereint sind. In 2.96 bemerkt Peirce auch, daß die Abduktion ikonische Elemente enthält, d. h., daß die Fakten, wie sie in den Prämissen repräsentiert werden, diejenigen in der Konklusion ikonisch abbildeten.[17] Ferner führten die erklärungsbedürftigen

[14](1983): 203.
[15]2.623.
[16]1.559.
[17]Interessant in diesem Zusammenhang ist folgende 'wahrheitsenthüllende' Funktion, die

Fakten grundsätzlich über die Feststellung einer Ähnlichkeit zu einer Hypothese, wohingegen zwischen Hypothese und Fakten der experimentellen Überprüfung in der Induktion eine Kontiguitätsrelation bestünde.[18]

Es soll an dieser Stelle nicht unerwähnt bleiben, daß die Syllogismen C) und D) noch der frühen Peirceschen Phase entstammen, in der die Trennung von abduktivem Entdeckungs- und induktivem Überprüfungszusammenhang noch nicht in aller Schärfe formuliert war. C) und D) kann noch als "induction of characters"[19] verstanden werden, d. h. als Schluß von einigen bekannten auf weitere unbekannte Eigenschaften eines Subjektes. Diese Auffassung wird später von Peirce nicht mehr vertreten. In seiner späten Phase versteht Peirce die Abduktion ja als explizit *hypothesengenerierend*, d. h., die im abduktiven Schluß gefundene Ursache stellt eine genuin *neue* Aussage dar.[20] Den Übergang zwischen diesen beiden Phasen markiert die Überführung des syllogistischen Schemas in eine konditionale Struktur:[21]

> "Anything of the nature of M would have the character π, taken haphazard;
> S has the character π;
> ___
> ∴Provisionally, we may suppose S to be of the nature of M.

Still more convenient is the following conditional form of statement:

> If μ were true, π, π', π'' would follow as miscellaneous consequences –
> But π, π', π'' are in fact true;
> ___
> ∴Provisionally, we may suppose that μ is true.

This kind of reasoning is very often called *adopting a hypothesis for the sake of its explanation of known facts*. [...] In these lectures I shall generally call this type of reasoning *retroduction*."[22]

Peirce Ikons zuschreibt: "[...] a great distinguishing property of the icon is that by the direct observation of it other truths concerning its objet can be discovered than those which suffice to determine its construction." 2.279.
– In Peirce (1983b):95 findet sich ferner folgende Bemerkung zur Ähnlichkeitsrelation in Abduktionen: "[...] nun stellt der Interpretant der Abduktion die überraschende Erfahrung als ähnlich dar, d. h. als ein Ikon der Replika eines Symbols."
[18]7.218.
[19]2.707; vgl auch 2.632.
[20]5.181 sowie Riemer (1988a):33.
[21]Riemer (1988a):33.
[22]Peirce (1976a/IV):182f.

Die Abduktion führt offensichtlich zu schwachen Ergebnissen[23] (vielleicht ja und vielleicht nein). Peirce beschreibt sie auch als "eine Methode, eine allgemeine Voraussage zu bilden, ohne irgendeine positive Sicherheit dafür, daß sie entweder in einem Spezialfall oder insgesamt erfolgreich sein wird".[24] Dennoch räumt Peirce dem abduktiven Schließen, das er als "kühnen und gefährlichen Schritt"[25] bezeichnet, eine zentrale Position in seiner Philosophie des Pragmatizismus ein und hält sie für die wichtigste Methode der pragmatizistischen Philosophie überhaupt. Die Gründe dafür sollen im folgenden dargestellt werden.

Zu den wesentlichen Begriffen der pragmatizistischen Philosophie gehören "Überzeugung", "Gewohnheit" sowie "Wille". Sie werden auf einer psychologischen Ebene mit der Systematik der Schlußfolgerungsarten folgendermaßen verknüpft:[26] Die Induktion erzeugt das Gewohnheitselement ("habitual element", i. e. Überzeugung von einer Regel), die Deduktion das Willenselement ("volitional element") und die Abduktion, als Grundlagenbeschafferin für die Deduktion und Induktion, das sinnliche Element ("sensuous element").

Die Abduktion, schreibt Peirce, geht von einer überraschenden Erfahrung aus, d. h. "[...] von einer Erfahrung, die einer aktiven oder passiven Überzeugung zuwiderläuft. Dies geschieht in Form eines Wahrnehmungsurteils, [...] und eine neue Form von Überzeugung wird notwendig, um die Erfahrung zu verallgemeinern."[27]

'Grundlagenbeschafferin' ist hier das zentrale Stichwort. Der Abduktion kommt in den geistigen Operationen, auf denen Erkenntnis-/Interpretationsprozesse beruhen, eine zentrale Rolle zu. Im Gegensatz zur Deduktion und Induktion ist nur die Abduktion eine *ars inveniendi*, hat also einen genuin produktiven, innovativen und kreativen Charakter. Sie ist der erste Schritt jeder Erkenntnis, der erste Schritt im gesamten Prozeß des Schließens, der erste Schritt auch in Richtung wissenschaftlichen Denkens.[28]

Im wissenschaftlichen Forschungsprozeß nun werden die drei Schlußfol-

---

[23] 8.238.
– Vgl. 5.192 "The conclusion of an abduction is problematic or conjectural [...]."
[24] (1983b):136.
[25] 2.632.
[26] Vgl. 2.643.
[27] (1983b):95.
[28] Vgl. 7.218.

gerungsarten in speziellem Zusammenwirken verknüpft und entfalten sich auf verschiedenen Stufen dieses Prozesses.[29]

Die *erste Stufe* beschreibt Peirce im folgenden Zitat sehr anschaulich als ein schweres, aufregendes Ringen um die Lösung eines Rätsels:

> "Every inquiry whatsoever takes its rise in the observation [...] of some surprising phenomenon. [...] The whole series of mental performances between the notice of the wonderful phenomenon and the acceptance of the hypothesis, during which the usually docile understanding seems to hold the bit between its teeth and to have us at its mercy, the search for pertinent circumstances and the laying hold of them, sometimes without our cognizance, the scrutiny of them, the dark laboring, the bursting out of the startling conjecture, the remarking of its smooth fitting to the anomaly, as it is turned back and forth like a key in a lock, and the final estimation of its Plausibility, I reckon as composing the First Stage of Inquiry."[30]

Initiationsmoment für den ganzen Prozeß ist eine *Überraschung*, d. h. ein der Erfahrung zuwiderlaufender Sachverhalt. Peirce bezeichnet diesen Zustand auch als äußerst lehrreich, weil er die Aufmerksamkeit auf die Secondness, auf die Spaltung des Bewußtseins in ego und non-ego, lenkt, die wechselseitig aufeinander einwirken. Damit verbunden stellt Peirce auch eine Art 'abduktives Pädagogik-Konzept der Natur' vor, in dem der *Erfahrung* die Rolle zukommt, die abduktiven Ideenflüsse sukzessive von der Masse falscher Elemente zu reinigen.[31]

Ausgehend also von einem unklaren, erklärungsbedürftigen Sachverhalt

---

[29]Ausführliche Untersuchungen zu Peirces wissenschaftstheoretischen Konzepten finden sich z. B. in Rescher (1978) sowie Tursman (1987).

[30]6.469.

[31]5.50.

– Es ist typisch für Peirce, seine Argumentationen mitunter sehr ironisch zu präsentieren. Das folgende Zitat zur Rolle der Überraschung bzw. Erfahrung in der Abduktion soll hiervon eine kleine Kostprobe geben: "But precisely how does this action of experience take place? It takes place by a series of surprises. [...] It is by surprises that experience teaches all she deigns to teach us. In all the works on pedagogy that ever I read – and they have been many, big, and heavy – I don't remember that any one has advocated a system of teaching by practical jokes, mostly cruel. That, however, describes the method of our great teacher, Experience." 5.51.

– Vgl. auch 8.229, wo Peirce von einem "perplexing state of things" ausgeht, sowie 6.469, wo die überraschende Erfahrung auch wie folgt beschrieben wird: "[...] some experience which either disappoints an expectation, or breaks in upon some habit of expectation of the *inquisiturus* [...]."

wird, ohne zunächst eine bestimmte Theorie in Aussicht zu haben und nur geleitet vom Gefühl, daß diese aber notwendig ist,[32] eine Hypothese entwickelt, die diesen Sachverhalt erklären könnte (nicht mehr und nicht weniger[33]). Peirce beschreibt diese Aufgabe auch mit "[a]bduction seeks a theory".[34] Diese erste Stufe beinhaltet auch die Favorisierung einer Hypothese gegenüber anderen, die den fraglichen Sachverhalt ebenso erklären könnlten.[35] Diese Favorisierung einer Hypothese wird geleitet von der menschlichen Fähigkeit, richtig raten zu können.

Anschließend werden auf der *zweiten Stufe* deduktiv die Konsequenzen, die sich idealiter aus der Annahme der Hypothese ergeben, entwickelt[36] und endlich auf der *dritten Stufe* diese Konsequenzen realiter induktiv überprüft.[37]

Folgendes Zitat beschreibt diesen Ablauf:[38]

> "This step of adopting a hypothesis as being suggested by the facts, is what I call *abduction*.
> [...]
> [T]he first thing that will be done as soon as a hypothesis has been adopted,

[32]7.218.

[33]Daß diese Erklärung in jedem Falle *gültig* ist, ist damit keinesfalls gesagt. Sie ist eben nur *möglich*. Vgl. hier z. B. Peirces Unterscheidung in *valid* und *strong* arguments in 5.192.

[34]7.218.
– Vgl. auch 5.171 "Abduction is the process of forming an explanatory hypothesis."
– 6.470 "The hypothesis must be tested."
– Auch 4.541 Fn.

[35]Vgl. 6.525.

[36]5.161 "[...] we set out from a hypothetical state of things which we define in certain abstracted respects. [...] we pay no attention [...] [to] whether or not the hypothesis of our premisses conforms more or less to the state of things in the outward world."
– Vgl. auch 6.470.

[37]7.115, Fn 27 "The Deductions which we base upon the hypothesis which has resulted from Abduction produce conditional predictions concerning our future experience. That is to say, we infer by Deduction that if the hypothesis be true, any future phenomena of certain descriptions must present such and such characters. We now institute a course of quasi-experimentation in order to bring these predictions to the test, and thus to form our final estimate of the value of the hypothesis, and this whole proceeding I term Induction." bzw. 5.170 "Induction consists in starting from a theory, deducing from it predictions of phenomena, and observing those phenomena in order to see *how nearly* they agree with the theory."
– Vgl. auch 2.755.

[38]7.202-6.

will be to trace out its necessary and probable experiential consequences. This step is *deduction*.

[...]

This sort of inference it is, from experiments testing predictions based on a hypothesis, that is alone properly entitled to be called *induction*."

An dieser Stelle nun wird die oben erwähnte Verbindung von Abduktion und der Philosophie des Pragmatizismus deutlich, und zwar über die Verknüpfung mit der Pragmatischen Maxime: In der Abduktion werden die Hypothesen formuliert, die dann im Prozeß der Verifikation überprüft werden, indem die Konsequenzen – und dies sind eben die *Wirkungen* dieser Hypothese[39] – deduktiv ermittelt werden, woran sich die experimentelle induktive Überprüfung anschließt. In diesem Sinne ist der zentrale Stellenwert zu verstehen, den Peirce der Abduktionslogik in seiner pragmatischen Philosophie einräumt:

"If you carefully consider the question of pragmatism you will see that it is nothing else than the question of the logic of abduction. That is, pragmatism proposes a certain maxim which, if sound, must render needless any further rule as to the admissibility of hypotheses to rank as hypotheses, that is to say as explanations of phenomena held as hopeful suggestions; and, furthermore this is *all* that the maxim of pragmatism really pretends to do [...]."[40]

An der Verbindungsstelle von Abduktion und Induktion findet sich das Peircesche Konzept der "Predesignation", das auch zentrales Kriterium für die schon angesprochene letztliche Zuordnung der beiden Schlußarten in Entdeckungs- bzw. Überprüfungszusammenhang war. Die Predesignation fordert nämlich, daß das Merkmal, das in einer Stichprobe untersucht werden soll, *vor* dem Entnehmen der Stichprobe festliegen muß. Wenn nun

---

[39] Diese Wirkungen wiederum sind, wie in Kapitel I dargestellt wurde, als die Bedeutung der Hypothese anzusehen. Eschbach hat die Abduktion treffend als "Kritik der Annahme fester Bedeutungen" bezeichnet. (1981): 31.

[40] 5.196.

– Vgl. auch 5.453, wo Peirce in einer noch generelleren Definition festlegt: "Indeed, it is the reality of some possibilities that pragmaticism is most concerned to insist upon." Und die Möglichkeiten, die von der Abduktion erfaßt werden, werden folgendermaßen beschrieben: "[...] *possibility* may be understood in many senses; but they may all be embraced under the definition that that is possible which, in a certain state of information, is not known to be false." 3.442. Die Entscheidung über Wahrheit oder Falschheit der Möglichkeiten wird, wie schon dargestellt, induktiv/deduktiv gefällt.

allerdings vor der Entnahme der Stichprobe das zu untersuchende Merkmal festliegen soll, muß also schon vor der induktiven Bestätigung ein Muster erkannt sein, d. h. eine Vermutung bestehen über die Existenz des in Frage stehenden Merkmals in der basalen Gesamtmenge. "Eine gültige Induktion setzt damit die zu erschließende Konklusion bereits als Hypothese voraus."[41]

Die Bewegung der Induktion – d. i. die an die Hypothesengenerierung anschließende dritte Stufe im Forschungsprozeß der Überprüfung der Hypothese – richtet sich nun also auf *äußere* Sachverhalte, womit einerseits eine intersubjektive Kontrolle der Ergebnisse und Korrekturen der Hypothese möglich wird sowie andererseits die Einlösung der Tendenz zum Grenzwert der final opinion im Forschungsprozeß. Nach u. U. wiederholten Korrekturen kann letztlich die Hypothese für wahr, das heißt real wirksam und widerspruchsfrei zum Gesamtsystem der Annahmen, erklärt werden.

Im Gegensatz zum notwendigen Schluß sind induktive Schlüsse Wahrscheinlichkeitsschlüsse, das bedeutet, daß der graduelle Wahrheitsgehalt einer abgeleiteten Theorie relativ ist zum Umfang, in dem der oben skizzierte Überprüfungsverlauf vorgenommen wird. Peirce dazu:

> "The true guarantee of the validity of induction is that it is a method of reaching conclusions which, if it be persisted in long enough, will assuredly correct any error concerning future experience into which it may temporarily lead us. This it will do not by virtue of any deductive necessity (since it never uses all the facts of experience, even of the past), but because it is manifestly adequate, with the aid of retroduction […] to discovering any *regularity* there may be among experiences, while *utter irregularity is not surpassed in regularity by any other relation of parts to whole*, and is thus readily discovered by induction to exist where it does exist […]."[42]

Der Wert abduktiver Schlüsse wiederum kann nicht durch wahrscheinlichkeitstheoretische Erwägungen (probability) bestimmt werden, sondern durch die Untersuchung der Plausibilität (plausibility).

Der grundsätzliche Fallibilitätsvorbehalt menschlicher Erkenntnis[43] er-

[41]Riemer (1988b): 290.
[42]2.769.
[43]Eine vergleichende Darstellung der fallibilistischen Positionen Peirces und Poppers sowie einen Überblick über den aktuellen Diskussionsstand zu diesem vielzitierten Ver-

laubt also einerseits die Existenz fehlerhafter Hypothesen ("It is almost impossible to conceive how truth can be other than absolute; yet man's truth is never absolute because the basis of Fact is hypothesis."[44]), aber andererseits führt in Peircescher Sichtweise die prinzipielle Korrigierbarkeit[45] von Hypothesen im Zusammenwirken abduktiver/deduktiver/induktiver Prüfungsverläufe *in the long run* zu wahren Erkenntnissen im Konsensus einer unendlichen Forschergemeinschaft, d. h., Peirce hält an der grundsätzlichen Möglichkeit der Verifikation von Hypothesen fest.

Das folgende Zitat soll den Ablauf einer wissenschaftlichen Untersuchung im Rahmen des Zusammenwirkens der verschiedenen Methoden noch einmal zusammenfassen. Die zentrale Rolle, die die Abduktion dabei spielt, wird hier besonders deutlich hervorgehoben:

> "Abduction is the process of forming an explanatory hypothesis. It is the only logical operation which introduces any new idea; for induction does nothing but determine a value, and deduction merely evolves the necessary consequences of a pure hypothesis."[46]

Im folgenden wird die Abduktionslogik, die der bekannte Peirce-Experte Max H. Fisch für Peirces "größte Einzelentdeckung"[47] hält, einer näheren Betrachtung unterzogen.

Zunächst einmal soll die Abduktion über ihre Position im Zeichensystem, wie es in Kapitel II dargestellt wurde, kurz klassifiziert werden: Sie gehört, wie auch die Deduktion und die Induktion, in die 10. Zeichenklasse der argumentisch-symbolischen Legizeichen (3.3 2.3 1.3) bzw. ganz grundsätzlich in die Gruppe der *Argumente*, die ihrerseits Element der Trichotomie des Interpretanten ist. Die Abduktion ist also das *First eines Thirds eines Thirds*, nämlich die unterste Stufe (First) in der Gruppe der Argumente (Thirds), die ihrerseits Element der Auffächerung des

gleich gibt Riemer (1988a): 96ff.

[44]Peirce (1982-86/I):7.

[45]Vgl. 1.68; 1.634; 2.200; 2.749; 5.602; 6.470; 7.220.

[46]5.171;

– vgl. zum Zusammenwirken des methodischen Dreischritts auch 5.161, 5.145, 8.209 sowie 2.96: "*Induction* [...] is an Argument which sets out from a hypothesis, resulting from a previous Abduction, and from virtual predictions, drawn by Deduction, of the results of possible experiments, and having performed the experiments, concludes that the hypothesis is true in the measure in which those predictions are verified [...]."

[47]In: Sebeok/Umiker-Sebeok (1982):21.

Interpretanten (Third) sind.[48] Das Argument wiederum wird als das Zeichen eines gesetzmäßigen Zeichenzusammenhangs *über* Objekten beschrieben und bezeichnet den Zusammenhang der dicentisch-symbolischen Legizeichen.[49] Um ein Argument handelt es sich ferner, wenn die Aussage über ein allgemeines Objekt aus einem gesetz- oder regelmäßigen Zusammenhang als wahr ableitbar ist.[50]

Ein Argument wird darüber hinaus immer durch seinen Interpretanten als einer allgemeinen Klasse analoger Argumente zugehörig interpretiert, die als Ganze zur Wahrheit tendiert. Dies kann auf dreierlei Weise geschehen, wodurch sich eine Trichotomie aller Argumente in Deduktion, Induktion und Abduktion ergibt. Die Abduktion steht in diesem klassifikatorischen Zusammenhang auf der ersten Stufe des Arguments, da sie zu möglicherweise wahren Sätzen führt, die Induktion, da sie zu variierend wahrscheinlichen Sätzen führt, auf der zweiten, und die Deduktion, die zu notwendig wahren Sätzen führt, steht schließlich auf der dritten Stufe.[51]

Zur besseren Übersicht über die Position der Abduktion innerhalb des Zeichensystems hier folgende Skizze:

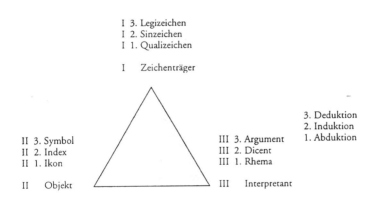

I 3. Legizeichen
I 2. Sinzeichen
I 1. Qualizeichen

I   Zeichenträger

II 3. Symbol   III 3. Argument   3. Deduktion
II 2. Index   III 2. Dicent   2. Induktion
II 1. Ikon   III 1. Rhema   1. Abduktion

II   Objekt   III   Interpretant

[48]Zum Zusammenhang von Thirdness und Abduktion vgl. auch 5.208.
[49]"[...] connected with its object by an association of general ideas [...]." 2.262.
[50]Peirce unterscheidet dabei "arguments" von "argumentations": "An 'Argument' is any process of thought reasonably tending to produce a definite belief. An 'Argumentation' is an Argument proceeding upon definitely formulated premisses." 6.456.
[51]Vgl. 2.266.

Einer der Gründe für Peirces Faszination von der Abduktionslogik war seine Bewunderung für eine menschliche Fähigkeit, die er für "quite the most surprising of all the wonders of the universe"[52] bzw. "the most wonderful thing in our constitution"[53] hielt: die Tatsache, daß die Menschen – entgegen aller Wahrscheinlichkeit – in ihren Zeicheninterpretationen dazu neigen, *richtige* Annahmen zu vertreten. Hypothesen folgen also der Tendenz, un-wahrscheinlich häufig aus der Unentschiedenheit des *vielleicht ja* und *vielleicht nein* – eine Abduktion ist ein reines "may be"[54] – zum *tatsächlich ja* zu gelangen. Reiner Zufall könne das nicht sein, meint Peirce, Kepler oder Newton können nicht einfach nur Glück gehabt haben, denn der Wahrscheinlichkeitstheorie zufolge wäre es unmöglich, durch reinen Zufall die Ursache eines Phänomens zu erraten.

> "Think of what trillions of trillions of hypotheses might be made of which one only is true; and yet after two or three or at the very most a dozen guesses, the physicist hits pretty nearly on the correct hypothesis. By chance he would not have been likely to do so in the whole time that has elapsed since the earth was solidified."[55]

Woher nun also diese Tendenz stammt, diskutiert Peirce unter verschiedenen – z. T. äußerst umstrittenen[56] – Stichworten, die alle darauf abzielen, den Wirkungs- und Anwendungsbereich der Logik zu erweitern, über den traditionellen Bereich der notwendigen Schlüsse hinaus.

In 2.200 z. B. bleibt er dabei rein innerhalb des methodischen Zusammenwirkens von Abduktion, Deduktion und Induktion, indem er das abduktive Schließen als den einzigen Weg beschreibt, die erklärungsbedürftigen Phänomene in die (logische) Form zu bringen, die sie einer deduktiven und induktiven Überprüfung überhaupt erst zugänglich machen bzw. allererst ermöglichen. Als Resultat ergibt sich: "[T]he whole noble organism of science has been built up out of propositions which were originally

[52] 8.238.
[53] 5.173.
[54] 5.171.
[55] 5.172.
– Vgl. auch 6.530 "[...] intelligent guessing may be expected to lead us to the one which will support all tests, leaving the vast majority of possible hypotheses unexamined."
[56] Vgl. hier z. B. Andersons (1987) Ausführungen, S. 32ff.

simple guesses."[57] Ein weiteres Ergebnis ist, daß unser gesamtes Wissen aus 'nobilitierten' Abduktionen, d. h. Abduktionen, die bis zu einem gewissen Grad durch die deduktiven und induktiven Prüfungsverläufe verfeinert wurden, besteht. Die Relativität menschlicher Erkenntnis – und dies ist ja ein zentrales Element in der Peirceschen semiotischen Erkenntnistheorie – ist auch in folgender Aussage aufgehoben: "However immense our science may become, we are only borrowing light into an infinitude of darkness. Once an infinitude, always an infinitude."[58]

Andere dieser Stichworte führen in den Bereich der Instinkte – aber *nicht* in den Bereich der Intuitionen. Einer der Grundpfeiler der Peirceschen Erkenntnistheorie beruht schließlich auf der Festlegung, daß dem Menschen neben dem schlußfolgernden Denken keine zweite Erkenntnisfähigkeit zugesprochen wird.[59]

Die Abduktion – die Peirce ja als instinktähnliches Vermögen bezeichnet – soll zunächst allgemein unter dem Aspekt ihrer Verankerung im Instinktbereich diskutiert werden. Grundsätzlich sei hier schon auf die positive Bewertung hingewiesen, die Peirce in bezug auf die Vertrauenswürdigkeit des abduktiven Instinkts gibt:

> "To give the lie to his own consciousness of divining the reasons of phenomena would be as silly in a man as it would be in a fledgling bird to refuse to trust to its wings and leave the nest, because the poor little thing had read Babinet, and judged aerostation to be impossible on hydrodynamical grounds."[60]

In der Konfrontation mit einem erklärungsbedürftigen Phänomen errät das erkenntnissuchende Subjekt eine Hypothese, die das in Frage stehende Problem zufriedenstellend erklären könnte. Dies geschieht, wie unten noch ausführlicher gezeigt wird, durch die kreative Restrukturierung von Elementen bekannter Theorien und neuen Elementen. Dabei ruht aber nicht die Vermutung selbst bzw. ihr Inhalt auf instinktiven Grundlagen, vielmehr erklärt Peirce solchermaßen das Vermögen an sich, aussagekräftige bzw. richtige Hypothesen aufstellen zu können.[61] Er nennt diese Fähigkeit "a

[57]7.38; vgl. auch 2.755; 6.475.
[58]Peirce (1982-86/I):8.
[59]Vgl. 5.265.
[60]6.476.
[61]"[...] there manifestly is not one drop of principle in the whole vast reservoir of

divinatory power",[62] eine instinktive menschliche Einsicht in die Naturge-
setzlichkeiten.[63]

Ayim (1974) zeigt in ihrem Artikel "Retroduction: The Rational Instinct" in bezug auf das instinktive Element in der Abduktion, daß diesem
von Peirce die gleiche Funktion zugesprochen wird wie grundsätzlich allen
Instinkten, nämlich das Überleben durch angemessene Anpassung einer Art
an die Umweltbedingungen sicherzustellen. Mit anderen Worten: Richtig
zu raten hat sich in zentralen Situationen als explizit vorteilhaft – da
lebenserhaltend – erwiesen. Ayim vertritt die Ansicht, daß Peirce mit
dieser Plazierung der Abduktion im Bereich instinktgeleiteten Verhaltens
die Eröffnung einer wesentlichen neuen Perspektive gelungen ist: Im Gegensatz zu Freud, der die Relevanz von Instinkten für menschliche Ver-
haltensmuster erklären wollte, leitet Peirce in einem nächsten Schritt die
Relevanz von Instinkten für intellektuelle Verfahrensweisen her.[64] Diese
Verbindung geht auf im rationalen Anteil, den die Abduktion, anders als
andere Instinkte, aufweist und der ihren Platz in der Systematik schlußfolgernden Denkens verständlich macht.

Eng verbunden mit der Abduktion ist ein anderes instinktähnliches Vermögen des Menschen, und zwar dasjenige, zwischen plausiblen und weniger
plausiblen Hypothesen unterscheiden zu können. Es funktioniert auf der Basis des *lume naturale,* d. h. der Annahme, es bestünde eine (evolutionär kon-
stituierte) Affinität zwischen der Ordnung der Natur und der des Geistes.[65] Es wurde oben schon darauf hingewiesen, daß die Plausibilität und

established scientific theory that has sprung from any other source than the power of the
human mind to *originate* ideas that are true." 5.50
"In regard to instinctive considerations, I have already pointed out that it is a primary
hypothesis underlying all abduction that the human mind is akin to the truth in the sense
that in a finite number of guesses it will light upon the correct hypothesis."7.220.
– Zu den Stichworten *Abduktion als Instinkt* und *Abduktion als angeborene Fähigkeit,
richtig zu schlußfolgern* vgl. auch die folgenden Textstellen: 1.630; 2.754; 5.173; 5.365; 5.591;
5.604; 6.475ff; 6.530f; 6.569; 7.38f.
[62]6.477.
[63]In bezug auf das lume naturale nicht nur als Erkenntnisfähigkeit, sondern explizit im
wissenschaftlichen Entdeckungszusammenhang vgl. 1.80; 1.630; 2.24; 2.753; 5.589; 6.10;
6.477; 6.567.
[64](1974):37.
[65]1.121: "Retroduction goes upon the hope that there is sufficient affinity between the
reasoner's mind and nature's to render guessing not altogether hopeless, provided each
guess is checked by comparison with observation."

damit verbunden die "Ökonomie der Forschung",[66] die in einem bestimmten Stadium des Forschungsprozesses die Erprobung einer bestimmten Hypothese nahelegt, das Kriterium zur Beurteilung von Hypothesen ist (im Gegensatz zu wahrscheinlichkeitstheoretischen Erwägungen bei induktiven Schlüssen). Zur Plausibilität führt Peirce aus:[67]

> "By plausibility, I mean the degree to which a theory ought to recommend itself to our belief independently of any kind of evidence other than our instinct urging us to regard it favorably. All the other races of animals certainly have such instincts; why refuse them to mankind?" 8.223; sowie in 2.754: "Side by side, then, with the well established proposition that all knowledge is based on experience, and that science is only advanced by the experimental verifications of theories, we have to place this other equally important truth, that all human knowledge, up to the highest flights of science, is but the development of our inborn animal instincts."

Wenn Peirce dem Menschen eine gewisse instinktartige Möglichkeit der Einsicht in die Gesetzmäßigkeiten der Thirdness ("Insight [...] into the Thirdness, the general elements, of Nature"[68]) zuspricht, so wird hier das menschliche Instinktvermögen der Einsicht in gesetzmäßig sich vollziehende Prozesse auch auf solide *semiotische Grundlagen* gestellt. Auf die oben schon erwähnte Affinität zwischen Geist und Natur argumentiert Peirce nämlich auch folgendermaßen hin: 1903 beschäftigt er sich in seinen berühmten drei "Schleifsteinthesen" mit der Frage, wie nicht bewußtes, vorgängiges Wissen an bzw. in die Prämissen logischer Argumentationen vermittelt wird.[69] Diese Vermittlerfunktion kommt der Abduktion zu, deren extremster Fall ein Wahrnehmungsurteil ist, d. h., eine Abduktion geht in ein Wahrnehmungsurteil über, Abduktion und Perzeption sind Bestandteile eines *Kontinuums*. Die Abduktion leistet also die Überführung

---

– Vgl. auch 1.316; 5.47.

– Sebeok in Eco/Sebeok (1983): 17ff.

[66]"The second figure of reasoning is Retroduction. Here, not only is there no definite probability to the conclusion, but no definite probability attaches even to the mode of inference. We can only say that the Economy of Research prescribes that we should at a given stage of our inquiry try a given hypothesis, and we are to hold to it provisionally as long as the facts will permit. There is no probability about it." Peirce (1976a/IV):184.

[67]Vgl. neben 8.222ff auch 2.662f, wo Peirce *plausibility* gegen *verisimilitude/likelihood* und *probability* abgrenzt.

[68]5.173.

[69]5.181.

eines Wahrnehmungsinhalts ("percept") ins Wahrnehmungsurteil ("perceptual judgement"), des Vorsprachlichen zum Sprachlichen, des Bildes zum Text und markiert damit den Beginn diskursiver – wenn auch unbewußtblitzhafter – Erkenntnis. In diesem Sinne muß auch die anti-intuitionistische Forderung Peirces verstanden werden, daß jede Wahrnehmung durch vorherige Wahrnehmungen bestimmt ist.[70] Das heißt, daß jede Erkenntnis durch das Vorwissen, wie es in die Prämissen des Schlusses eingeht, bedingt ist. Dies macht auch klar, warum Peirce die Funktion der Vergangenheit darin sieht, "store-house" unserer Prämissen zu sein.[71] Das Vorwissen in den Prämissen bildet ja das interpretative Muster, nach dem sich abduktive Schlüsse entfalten.

Das Perzept, d. h. das Wahrgenommene, wird wiederum als ikonisches Zeichen bestimmt, auf der Grundlage einer Analogie hinsichtlich der kategorialen Struktur 'Erstheit der Drittheit' zwischen den – unbewußten – Schlußprozessen der Natur und dem Prozeß menschlicher Hypothesenbildung.[72] Die hier zu denkende Relation ist also eine ikonische,[73] die sich in der "kognitiv-relevante[n] *Ikon*-Funktion der Satzprädikate" von Wahrnehmungsurteilen manifestiert,[74] die deshalb auch relationslogisch expliziert werden.[75] Diese Argumentation impliziert, daß Wahrnehmung grundsätzlich ein *interpretierender Akt* ist, der zu nachfolgenden Interpretationen anregt.

Meiner Einschätzung nach bietet eine solche Bindung des Instinkts an die Grundlagen der Semiotik einen gewissen Ausweg – wenn auch sicherlich nicht die endgültige Klärung – aus der Streitfrage über den Status von Peirces *Instinkt*. Oehler z.B. hierzu: "Da Peirce, wie Kant, dem Menschen das Vermögen der Intuition abspricht, kann dieser Instinkt für ihn nicht den Status einer Intuition haben. Aber er hat eben auch nicht den Charakter der Diskursivität."[76] Wenn dieser Instinkt bzw. die instinkthafte Einsicht

[70]5.265.
[71]"The Past is [...] our sole store-house of premises and there is nothing else in it." MS 290, zit. nach Buczynska-Garewicz (1988): 60.
[72]Vgl. 5.119 sowie auch 4.539 "[...] a Perceptual Universe [...] is represented in instinctive thought as determining the original Immediate Object of every Percept."
[73]Vgl. 3.363.
[74]5.119 sowie Apel (1975): 318, vgl. auch ebenda: 185ff.
[75]5.151.
[76]Oehler (²1985): VI.

in die Gesetzmäßigkeiten der Thirdness aber, wie oben vorgenommen, explizit auf seine semiotischen Grundlagen hin diskutiert wird, kann gezeigt werden, welchen Status er im Prozeß der infiniten Semiose hat, bzw. inwiefern er damit auf der Basis der von Zeichen getragenen Erkenntnis steht – und die ist ja per definitionem diskursiv!

Die Abduktion, die "inclination to entertain a hypothesis", bezeichnet Peirce auch als "singular salad", der durch drei Eigenschaften gekennzeichnet ist:[77]

– Grundlosigkeit (groundlessness)
– Zuverlässigkeit (trustworthiness)
– Allgegenwart (ubiquity)

Die *Grundlosigkeit* wurde schon angesprochen: Im oben zitierten 'Bohnensyllogismus' beispielsweise gibt es keinerlei positive Sicherheit für den Schluß, daß die Bohnen auf dem Tisch aus Sack x mit den weißen Bohnen stammen. Sie könnten genausogut aus verschiedenen Säcken zusammengesammelt sein. Andererseits sind die abduktiven Schlüsse aber durch eine gewisse *Zuverlässigkeit* entgegen der Wahrscheinlichkeit gekennzeichnet. Zum Thema der *Allgegenwart* wiederum führt Peirce folgendes aus:

> "Looking out my window this lovely spring morning I see an azalea in full bloom. No, no! I do not see that; though that is the only way I can describe what I see. *That* is a proposition, a sentence, a fact; but what I perceive is not proposition, sentence, fact, but only an image, which I make intelligible in part by means of a statement of fact. This statement is abstract; but what I see is concrete. I perform an abduction when I so much as express in a sentence anything I see. The truth is that the whole fabric of our knowledge is one matted felt of pure hypothesis confirmed and refined by induction. Not the smallest advance can be made in knowledge beyond the stage of vacant staring, without making an abduction at every step."[78]

Diese Beschreibung läßt dreierlei sehr deutlich werden:

(1) Sie illustriert die oben schon erwähnte zentrale *Vermittlerfunktion* der Abduktion zwischen Bild und Text bzw. Wahrnehmungsinhalt und Wahrnehmungsurteil. (Peirce bemerkt dazu, daß sich diese Übergänge entlang von Gewohnheiten vollziehen, die als "leading principle"[79] objek-

---

[77]Peirce in Eco/Sebeok (1983):16.
[78]Ms 692, zit. nach Sebeok/Umiker-Sebeok (1983):16.
[79]"The passage from the premiss (or set of premisses) P to the conclusion C takes place according to a habit or rule active within us. [...] A habit of inference may be formulated

tiviert werden können.)

(2) Sie zeigt die *Allgegenwart* der Abduktion, d. h., sie bestimmt jedweden Erkenntnis- bzw. Interpretationsprozeß[80] und dessen sprachliche Mitteilung. Ein einfacher Protokollsatz wie: "There is an azalea." ist eine Abduktion!

(3) Sie verdeutlicht, daß die Abduktion eine *kreative* Geistestätigkeit ist. Sie läßt uns unsere eigenen Wahrnehmungen erst verständlich werden, interpretiert uns die Welt. Für das Erlangen neuer Erkenntnisse bzw. Vorstellungen ist sie unabdingbar und damit die einzige Fluchtmöglichkeit aus dem Zustande "leeren Stierens".[81]

An welchen Punkten nun und wie manifestiert sich ein kreatives Moment im Akt der Hypothesenbildung?

Bei der Beantwortung dieser Frage ist zunächst noch einmal die Position der Abduktion im Gesamtsystem der Logik/Semiotik wichtig. Die Abduktion ist *ein First eines Thirds*. Damit steht sie natürlich im kategorialen Rahmen auf einer ungleich höheren Komplexitätsstufe als z. B. das Qualizeichen, ein First eines Firsts; dennoch bleibt sie damit grundsätzlich durch die Charakteristika von Firsts gekennzeichnet.[82] "It [the first] must be fresh and new, for if old it is second to its former state. It must be initiative, original, spontaneous, and free; [...] Stop to think of it, and it has flown!"[83] Fünf Elemente lassen sich hier extrahieren, die bei Peirces Untersuchungen der Abduktion denn auch immer wieder hervortreten: "novelty", "initiation", "originality", "spontaneity", "freedom". Als Erstheit in Drittheit bietet die Abduktion deshalb die Möglichkeit, Kontakt zur Firstness herzustellen und sie rationaler Vergegenwärtigung zuzuführen, doch gilt für die Abduktion wie auch für die Firstness grundsätzlich, daß wir von einer gewissen Sprachlosigkeit ihr gegenüber befallen werden: "It

in a proposition which shall state that every proposition *c*, related in a given general way to any true proposition *p*, is true. Such a proposition is called the *leading principle* of the class of inferences whose validity it implies." 3.163 f. Vgl. 2.588; 6.145.

[80]Vgl. 5.181 und 2.625, aus denen hervorgeht, daß die Abduktion *jede* Form der Erkenntnis bestimmt, auch die Wahrnehmung und die Erinnerung.

[81]Zum kreativen Charakter der Abduktion vgl. die folgenden Passagen: 2.96; 2.777; 5.171; 5.590; 6.475; 8.209.

[82]Hierauf weist auch besonders Anderson (1987):41 hin.

[83]1.357.

cannot be articulately thought: assert it, and it has already lost its characteristic innocence; [...] remember that every description of it must be false to it."[84] Und diese Zäsur kann nicht überwunden werden, obwohl sie der Motor für die Versuche der unendlichen Annäherung ist.

Typische abduktive (kreative) Geistesverfassungen oszillieren zwischen zwei Polen:

(1) der Hingabe an die freie Assoziation, wie sie im folgenden Zitat, das "Musement" betreffend, zum Ausdruck gebracht wird, und

(2) unserem Vorwissen, das einen Teil der Kontextgebundenheit von Abduktionen[85] konstituiert.

Anders ausgedrückt, entfalten sich abduktive Schlüsse zwischen den Polen einerseits der absoluten Offenheit gegenüber jedwedem Einfall, in Gang gehalten durch das *Begehren*, das Rätsel zu lösen,[86] der *Hingabe* an die Unwiderstehlichkeit einer Hypothese[87] und andererseits einer Art passiver Kontrolle über diese Einfälle durch deren Kontextgebundenheit sowie ferner durch das *Interesse*, das an der Lösung des Rätsels besteht.[88] (Das hochaktuelle *desire* wie auch *surrender* und *interest* sind intensive Momente der abduktiven Weltaneignung, die von Peirce tatsächlich schon im *letzten* Jahrhundert beschrieben wurden...).

Zu (1) Peirce beschreibt eine solche Geistesverfassung auch als "reines Spiel", gebunden an das Paradox des "Gesetzes der Freiheit": "In fact, it is Pure Play. Now, Play, we all know, is a lively exercise of one's powers. Pure Play has no rules, except this very law of liberty. It bloweth where it listeth."[89]

---

[84]Ebenda.

[85]Zur *kulturellen* Kontextgebundenheit von Abduzierenden vgl. Fry (1987).

[86]2.635; vgl. auch 1.46.

[87]5.581 "Now the surrender which we make in Retroduction, is a surrender to the Insistence of an Idea. The hypothesis, as the Frenchman says, *c'est plus fort que moi*. It is irresistible; it is imperative. We must throw open our gates and admit it at any rate for the time being."

[88]5.489, hier wird auch über das Konzept des logischen Interpretanten die Verbindung zur Zeichentheorie hergestellt: "When I ask what the interest is in seeking to discover a logical interpretant, it is [...] the definite reflection that unless our hypothesis be rendered specific as to that interest, it will be impossible to trace out its logical consequences, since the way the interpreter will conduct the inquiry will greatly depend upon the nature of his interest in it."

[89]6.458.

Spinks hält diese Seite der abduktiven Geistesverfassung übrigens für den gezähmten psychotischen Anteil im menschlichen Leben bzw. erklärt andersherum eine manifeste Psychose als zum Extrem entfalteten abduktiven Prozeß. Er folgert: "It may bother puristic minds that validity and invalidity, psychosis and creativity, truth and arbitrariness come from the same well, but then they will have trouble with the polarity of things."[90]

Ein solcher – potentiell gefährlich anarchischer – Zustand, das Musement, kann sich dann graduell zu seinem anderen Pol hin entwickeln und dabei entweder auf der Stufe ästhetischer Kontemplation stehenbleiben oder sich vollenden in wissenschaftlicher Untersuchung.[91] Im folgenden Zitat wird dieses Hin- und Herspringen zwischen nicht-bewußten und bewußten Prozessen sowie der allmähliche Übergang von nicht-wissenschaftlichen zu wissenschaftlichen Untersuchungen sehr plastisch beschrieben:

> "It [the musement] begins passively enough with drinking in the impression of some nook in one of the three Universes [of Experience: mere Ideas, Brute Actuality, Signs]. But impression soon passes into attentive observation, observation into musing, musing into a lively give and take of communion between self and self. If one's observations and reflections are allowed to specialize themselves too much, the Play will be converted into scientific study [...]."[92]

Die Rolle der Abduktion im Prozeß des Zusammenwirkens der wissenschaftlichen Methoden kommt hier noch einmal deutlich zum Ausdruck: "examining a mass of facts and [...] allowing these facts to suggest a theory".[93] Diese Fakten wiederum sind ihrerseits Kristallisationspunkte des fundamentalen Kosmos der "general vague nothing-in-particular-ness",[94] in der potentiell alles möglich ist. Durch den induktiven und deduktiven Prüfungsprozeß wird die abduktive Schöpferkraft dann vorübergehend

---

[90](1983): 204.

[91]In folgendem Zitat macht Peirce den Weg ästhetischer bzw. wissenschaftlicher Kontemplation deutlich: "The particular occupation I mean – a *petite bouchée* with the Universes – may take either the form of æsthetic contemplation, or that of distant castle-building (whether in Spain or within one's own moral training) or that of considering some wonder in one of the Universes, or some connection between two of the three, with speculation concerning its cause." 6.458.

[92]6.459.

[93]8.209.

[94]6.200.

unterbrochen, kanalisiert, in intersubjektiv nachvollziehbare Bahnen gelenkt
– und das ist auch nötig, denn in Peircescher Sichtweise ist Kreativität
zwar logisch determiniert, aber damit noch keineswegs notwendig richtig!

Zu (2) Unter Betonung des Unterschiedes zwischen *Wissen* und *Wahrnehmung* fordert Peirce, daß die Elemente eines abduktiven Schlusses ihren
logischen Ursprung in der Wahrnehmung haben müßten. Die Wahrnehmungsurteile sind "the starting point or first premiss of all critical and
controlled thinking."[95] Es wurde oben schon darauf hingewiesen, daß der
Abduktion dabei eine Vermittlerfunktion zukommt, d. h., daß sie vorgängiges Wissen in die Prämissen logischen Schlußfolgerns vermittelt und in
ein Wahrnehmungsurteil – verstanden als "extreme case of abductive inferences" – übergeht, "without any sharp line of demarcation between them".[96]

Die verschiedenen Elemente, die schließlich in einer Hypothese zusammengebracht werden, sind also schon *vorher* in unserem Geiste,[97] aber was
nun neu ist und kreativ, ist eine Kombination von Altem und Neuem,[98]
entstammt einer Art Öffnung zum interpretatorischen Perspektivenwech-
sel,[99] der "idea of putting together what we had never before dreamed of
putting together which flashes the new suggestion before our contemplation."[100] Das alte Konzept wird dabei überwunden und geht in einer neuen

---

[95] 5.181.

[96] Ebenda.

– Vgl. auch 6.523f, wo diese wichtige Rolle der Abduktion besonders klar beschrieben
wird: "[Practical] knowledge must involve additions to the facts observed. The making of
those additions is an operation which we can control; and it is evidently a process during
which error is liable to creep in. Any proposition added to observed facts, tending to
make them applicable in any way to other circumstances than those under which they were
observed, may be called a hypothesis."

[97] Sie entstammen ja der Vergangenheit, unserem "sole store-house of premises".

[98] In 7.536 bemerkt Peirce auch explizit: "Every reasoning connects something that has just
been learned with knowledge already acquired so that we thereby learn what has been
unknown. It is thus that the present is so welded to what is just past as to render what is just
coming about inevitable. The consciousness of the present, as the boundary between past
and future, involes them both. Reasoning is a new experience which involves something old
and something hitherto unknown".

[99] Vgl. 7.36 "[...] we turn over our recollections of observed facts; we endeavour so to
rearrange them, to view them in such new perspective that the unexpected experience shall
no longer appear surprising. This is what we call explaining it [...]." Dieser Vorgang ist
vergleichbar mit dem der Formierung von unmittelbaren Objekten, die die realen
Objekte in je neuer Perspektive menschlicher Erkenntnis zugänglich machen.

[100] 5.181.

Idee auf. "[T]here is, after all, nothing but imagination that can ever supply him an inkling of the truth. He can stare stupidly at phenomena, but in the absence of imagination they will not connect themselves together in any rational way."[101] Es wird hier deutlich, warum Wahrnehmung als Ausgangspunkt für jedwede interpretatorische Weltaneignung selbst schon immer Interpretation ist – in *diesem* Sinne muß Peirces Forderung verstanden werden, daß "[t]he first emergence of this new element into consciousness must be regarded as a perceptive judgment".[102] Das weitere Schicksal der Wahrnehmungsurteile ist in der Peirceschen Systematik vorherbestimmt: "[T]he connection of this perception with other elements must be an ordinary logical inference, subject to error like all inference",[103] denn "an abductive suggestion, however, is something whose truth *can* be questioned or even denied".[104]

Bei dieser detaillierten Darstellung sollte allerdings nicht vergessen werden, daß dieser ganze Prozeß der Hypothesengenerierung *blitzartig* vonstatten geht – "[t]he abductive suggestion comes to us like a flash"![105] Daß es dabei helfen könnte, dem Ideenfluß durch eine Umgebung 'kontemplativen musings', die u. a. durch eine möglichst passive und rezeptive Grundhaltung gekennzeichnet ist,[106] zur maximalen Entfaltung zu verhelfen, darauf sei an dieser Stelle noch einmal hingewiesen.

Es ist offensichtlich, daß nicht alle abduktiven Schlüsse die gleiche kreative Potenz entfalten. Da allein jede Wahrnehmung schon auf der Grundlage einer Abduktionsleistung steht, ist klar, daß – die prinzipiell kreative Leistung des Wahrnehmens unbenommen – in einem Protokollsatz wie dem oben zitierten "There is an azalea." die Kombination von Altem und Neuem in einem anderen Verhältnis steht als z. B. die Rekonstruktion einer historischen Sprache.

---

[101] 1.46.
[102] 5.192.
[103] Ebenda.
[104] 5.186.
[105] 5.181.
– Die Peircesche Sichtweise, daß die Elemente "insight" und "inference" *beide* in der Abduktion wirksam sind, ist heftig umstritten. (z. B. Frankfurt (1958)). Eine ausführliche Darstellung der hier im wesentlichen erfolgten Angriffe sowie ihre mögliche Auflösung gibt Anderson (1987): 24ff.
[106] Peirce begründet dies in 7.45, vgl. Leitzitat von Kapitel V.

Anderson hat, ausgehend von Peirces Aufsatz "On Five Grades of Originality in Logic", per Analogschluß die dort entwickelten "Fünf Originalitätsstufen" auch auf die Kreativitätsabfolge im Forschungsprozeß übertragen. Diese fünf Stufen könnten folgendermaßen zusammenfassend benannt werden:[107]

1. Identifizieren (Abduktion)
2. Konzentrieren
3. Kontrastieren (Deduktion)
4. Systematisieren
5. Kritisieren (Induktion)

Die kreative Leistung nimmt dabei von Stufe 1. ("showing for the first time that some element, however vaguely characterized, is an element that must be recognized as distinct from others"), von der alle anderen Stufen abhängen, bis Stufe 5. ("illuminative and original criticisms of the work of others"[108]) ab.

Zum Abschluß dieses Kapitels sollen aus der Vielzahl der Informationen zur Abduktion und Kreativität fünf Stichworte genannt werden, die Peirces Vorstellungen vom Ablauf eines kreativen Ideenflusses im Musement zusammenfassen und dabei gleichzeitig einen Hinweis darauf geben, was mit dem Begriff "Eros der Wissenschaft" gemeint sein könnte:

1. *Begehren*, das Rätsel zu lösen.[109]
2. Freies *Spiel* der Gedanken im adäquaten, d. h. informationsgesättigten Kontext durch passive Versenkung bei maximaler Rezeptivität.[110]
3. Schließliche *Hingabe* an die Unwiderstehlichkeit einer Hypothese.[111]
4. Weiterentwicklung der Hypothese durch *Liebe* und liebevollen Umgang mit ihr.[112]

---

[107] Vgl. Anderson (1987):45 f.
[108] Ms 816, zit. nach Anderson (1987):45.
[109] 2.635.
[110] 6.301 "[...] putting of sundry thoughts into situations in which they are free to play."
– Vgl. auch 1.72 und 6.458f.
[111] 5.581.
[112] 6.289 "Suppose, for example, that I have an idea that interests me. It is my creation. It is my creature; [...] it is a little person. I love it; and I will sink myself in perfecting it. It is not by dealing out cold justice to the circle of my ideas that I can make them grow, but by cherishing and tending them as I would the flowers in my garden."

KAPITEL IV

Bedeutung begegnet sich erst in zukünftigen Erinnerungen

Hermeneutische und Peircesche Aussagen zu den Schlüsselbegriffen
'Interpretation – Verstehen – Bedeutung'
Der Bedeutungsbegriff in Peirces semiotischer Erkenntnistheorie:
Bedeutung als triadische Relation
Erklären und Verstehen als bedeutungsgenerierender zyklischer
Iterationsprozeß
Die Zentralität dieser Hermeneutischen Spirale für alle
Erkenntnisvorgänge und die integrative Funktion der Abduktion

> "[...] words might turn round and say, You mean nothing which we
> have not taught you [...]."[1]

In den vorausgehenden Kapiteln sind in Verbindung mit der Diskussion der
Logik/Semiotik, der Pragmatischen Maxime und der Abduktionslogik
immer wieder die Begriffe 'Interpretation', 'Verstehen' und 'Bedeutung'
erwähnt worden. Genau diese drei Begriffe bilden bekanntermaßen auch
den terminologischen Kern wie die erkenntnistheoretische Achse hermeneutischer Theorien, und es läßt sich nun aufgrund dieser Übereinstimmung
einerseits die Vermutung einer inhaltlichen Parallelität der Fragestellungen äußern, andererseits liegt, wenn sich diese Vermutung bestätigt, ein
Vergleich der jeweiligen Ansätze zur Lösung dieser Fragen nahe. Diese
Vermutung zu klären ist das Vorhaben des vorliegenden Kapitels.

Ein Problem bildet hier der Umstand, daß Peirce keine explizite Hermeneutik entwickelt hat, auch bezieht er sich nicht auf europäische Herme-
neutiktradition, offenbart sogar seine Unkenntnis eines wesentlichen Teils
dieser Tradition, der Bibelexegese.[2] Es läßt sich jedoch in seiner semioti-

---

[1] 7.587.
[2] Vgl. 6.513.

schen Erkenntnistheorie zeigen, daß den drei genannten Begriffen, ebenso wie in hermeneutischen Theorien, ein zentraler Stellenwert beigemessen wird. In Anbetracht dieser grundlegenden Funktion läßt sich eine vergleichende Untersuchung der Aussagen, Grundannahmen und Resultate, die von den jeweiligen Theorien geäußert werden, rechtfertigen.

Die basale Funktion, die den drei Begriffen im Rahmen der Peirceschen semiotischen Erkenntnistheorie zukommt, soll über die Darstellung des systematischen Zusammenhangs der Begriffe erläutert werden. Zunächst aber soll kurz skizziert werden, wie der innere Zusammenhang von Interpretation, Verstehen und Bedeutung in den unterschiedlichen hermeneutischen Ansätzen jeweils definiert bzw. akzentuiert wird.

Die methodische Formierung der Hermeneutik kreist um die philosophische Entwicklung des Begriffs 'Verstehen', der zur Grundlage geisteswissenschaftlicher Erkenntnis aufstieg bzw. von der Hermeneutik als spezifische Erkenntnisart der Geisteswissenschaften reklamiert wurde. Der Verstehensbegriff entwickelte sich dialektisch mit dem der Natur*erklärung*, dem "Lesen im Buch der Natur".[3]

Die interpretatorischen Annäherungsversuche an dieses Buch und die jeweilige Zuordnung der Autorenschaft durchliefen dabei tiefgreifende Wandlungen: War es im Mittelalter noch das allgemein verständliche Bilder-Buch Gottes, so wird es durch Galilei als geheimer Text, verfaßt in mathematischen Formeln, interpretiert. Im Akt der Dechiffrierung dieses Textes offenbaren sich die ewigen Wahrheiten des Schöpfergottes, der von Leibniz schließlich in den Rang des "großen Mathematikers" gehoben wurde und dessen Gedanken durch die Entzifferung der mathematischen Naturkonstruktion nach-gedacht werden können.

Doch mit wachsender Einsicht in die letztliche Unberechenbarkeit der göttlichen Formeln wurde das Buch der Natur zunehmend als Autobiographie gedeutet. Nicht mehr Gott ist (als großer Mathematiker) grundsätzlich in seinem Naturentwurf verstehbar, sondern das Descartessche "herstellende Verstehen des Verstandes" schreibt dieses Buch überhaupt erst, und das bedeutet, daß die zu verstehende Welt identisch wird mit den theoretischen Aussagen über sie. Damit ist in der Entwicklung des Verstehensbegriffs die Stufe erreicht, "in der das 'Verstehen' aus dem 'Verstand' [...]

---

[3] Vgl. Apel (1955).

bestimmt werden kann."[4] Apel faßt zusammen:

> "[...] der hochspekulative Leitgedanke der mathematischen *'interpretatio naturae'* [mußte] [...] erst jene äußerste Säkularisation durchgemacht haben, welche vom 'LESEN IM BUCH DER NATUR' (Cusanus, Kepler, Galilei), vom 'NACHDENKEN DER GEDANKEN GOTTES' als ein *'alter deus'* (Cusanus, Leonardo, Leibniz) nichts weiter für den ernüchterten Sinn übrigließ als das Ordnen und Formen eines Chaos der Sinnesempfindungen unter dem regulativen Prinzip eines gesetzlichen Zusammenhangs (von Kant zum Neukantianismus) oder – in der Tendenz noch nüchterner: die induktive Ableitung von generellen Regeln einer ökonomischen und prospektiven Erfahrungsbewältigung (von Locke zum Positivismus)."[5]

Mit dieser "äußersten Säkularisation" der "interpretatio naturae" war nun der Punkt erreicht, von dem aus sich in scharfer Abgrenzung zur rationalen *Erklärung* das hermeneutische *Verstehen* kontrastiv entfalten konnte – bis hin zu seiner Erfüllung in Diltheys berühmtem programmatischen Diktum: "Die Natur erklären wir, das Seelenleben verstehen wir".[6]

Die in dieser Gegenüberstellung ausgedrückte Unversöhnlichkeit des von innen verständlichen versus des erklärbaren Seins war die Bedingung dafür, das Verstehen als ureigenste Erkenntnisart der Geisteswissenschaften vereinnahmen zu können. Die Hermeneutik war nun zur 'Verstehenstheorie' geworden und proklamierte den Methodendualismus durch Verweis auf die fehlende Relevanz analytischer Methodologie (nomothetisch verfahrend) für ihre Aufgabe des deutenden Verstehens (idiographisch verfahrend): "[S]o treten wir mit dem Verstehen in Verfahrungsweisen ein, die keine Art Analogie mit naturwissenschaftlichen Methoden haben."[7]

Vor dem Hintergrund dieser erkenntnistheoretischen Grundlegung der Geisteswissenschaften entwickelten sich nun auch die hermeneutischen Texttheorien, die hier näher betrachtet werden sollen. Sie stellen die praktische Umsetzung dieser Verstehenstheorie in konkrete interpretatorische Zusammenhänge dar, eine auch für Peirce relevante Perspektive, obwohl er sie, wie gesagt, nicht nur auf das Textverstehen, sondern genereller auf das Zeichenverstehen hin entwickelt hat.

Die hermeneutischen Texttheorien realisierten zunächst psychologisch

[4] Apel (1955): 152.
[5] Ebenda: 144.
[6] Dilthey (1957): 144.
[7] Dilthey (1942a): 219.

das Textverstehen über die Einfühlung in den Autor und dessen Intentionen. Diese Richtung war zunächst von Schleiermacher vorgegeben worden: Einen Text verstehen bedeutet für ihn Einfühlung in die geistig-seelischen Vorgänge des Autors. Die entsprechende Methode, mit der diese Einfühlung entwickelt wird, ist die des berühmten *Hermeneutischen Zirkels* (der hier noch als virtuoser und nicht als vitiöser verstanden wird), d. i. das Verstehen des Einzelnen aus dem Ganzen und umgekehrt bzw. die fortwährende rückschließende Verflechtung von Textteilen und Textganzem unter dem leitenden Prinzip der Vorahnung: Man weiß bereits immer schon, was man wissen will. Der Zirkel kommt im Augenblick des "vollkommenen Verstehens", an dem er sich erfüllt, zum Stillstand.[8]

Droysen entwickelte dieses Konzept für die historische Wissenschaft, d. h. für die Bedingungen geschichtlichen Verstehens. Die folgende Textstelle erläutert den Vorgang der Einfühlung ganz besonders anschaulich und soll deshalb an dieser Stelle zitiert werden:

> "Auch noch so Fernes, soweit es Menschen Art ist, verstehen wir dadurch, daß wir uns, wie wir sagen, hineindenken, d. h. ideellerweise uns in die Stelle jenes anderen Ich setzen und in der Fiktion an dessen Stelle das gleiche tun, uns persönlich daran beteiligen – persönlich allerdings nicht in der ganzen Fülle unserer individuellen Besonderheit, sondern in einer gewissen generellen Weise."[9]

Dem oben erwähnten Schleiermacherschen Moment des "vollkommenen Verstehens" gab dann Dilthey eine neue Ausrichtung. Nach ihm gilt es, den "objektiven Geist" vollkommen zu verstehen, und dieser manifestiert sich in den objektivierbaren Strukturen und Gesetzmäßigkeiten eines Textes, nicht im Geiste des Autors:

> "So ist der Gegenstand, mit dem die Literaturgeschichte oder die Poetik zunächst zu tun hat, ganz unterschieden von psychischen Vorgängen im Dichter oder seinen Lesern. Es ist hier ein geistiger Zusammenhang realisiert, der in die Sinnenwelt tritt und den wir durch den Rückgang aus dieser verstehen."[10]

[8]Vgl. Schleiermacher (1959):123ff.
[9]Droysen (1972):14.
[10]Zur Skizze der Diltheyschen Position vgl. Dilthey (²1942b), hier: Dilthey (²1942b):85.

Das Interpretationsinteresse verschiebt sich hier in einem zentralen Schritt vom Verstehen des *Autors* zum *Textverstehen*. Das "vollkommene Verstehen" wird bei Dilthey über das "Historische Bewußtsein" sichergestellt, das dadurch ausgezeichnet ist, daß es zu der eigenen Tradition in einem reflektierten Verhältnis steht und damit die Preisgabe des eigenen historischen Standpunktes und die Transposition in die historische Realität des zu verstehenden Objektes ermöglicht.

An diesem Punkt nun setzt die Kritik Hans-Georg Gadamers an,[11] der Diltheys "Historischem Bewußtsein" vorwirft, im reflektierten Verhältnis zur Tradition die Reflexion gleichwohl nicht *auf sich selbst* in der Situation der Traditionsgebundenheit gerichtet zu haben und mithin eine Überbrückung historischer Abstände zu proklamieren, aber nicht wirklich zu leisten. Gadamer stellt dem sein "Wirkungsgeschichtliches Bewußtsein" gegenüber, das die jeweilige Befangenheit in der Geschichtlichkeit des eigenen Standortes (produktiv) mitdenkt und historischen Abstand als wohl verschiebbar, aber prinzipiell unaufhebbar versteht.

Eine grundlegende Funktion kommt in Gadamers Verständnis der Hermeneutik der Sprache zu. Sie ist die Trägerin seines ganzen hermeneutischen Gebäudes, der Ort, an dem sich ein Verstehensprozeß vollzieht. Verstehen meint grundsätzlich *Dialog* und "anders verstehen", da die sprachliche Unschärfe immer für eine prinzipiell unabschließbare Neuinterpretation offen ist. Konkret bezogen auf die Interpretation literarischer Texte, bedeutet diese Sprachlichkeit des Daseins, dieses Primat der Sprache, daß die Bedeutung eines Textes niemals ausschöpfbar (sicher niemals durch die Intentionen seines Autors) und potentiell unendlich ist: In immer neuen kulturellen und historischen Zusammenhängen entfaltet ein Text ein immer neues Bedeutungsgefüge bzw. eine wechselnde Bedeutungsfülle.

Literarische Interpretation wird somit immer ausdrücklich als relativ zur geschichtlichen Situation des Interpreten verstanden. Der Text öffnet sich bzw. antwortet in immer genau dem Rahmen des sprachlichen (und damit historischen) Horizonts, der sich im gemeinsamen interpretativen Dialog konstituiert. Damit entsteht im Akt der Interpretation ein unendlicher Dialog zwischen der Vergangenheit und Gegenwart, ein "hermeneutisches Gespräch".

Daß dieses Gespräch sich nun nicht anarchisch entwickelt und in einen

---

[11]Vgl. Gadamer (1986):222 ff.

absoluten Interpretationsrelativismus verliert, dafür sorgt als forttreibende wie auch einigende Kraft die Tradition. Sie ist gleichsam die Syntax im Dialog und verbindet somit ebenso die Vergangenheit mit der Zukunft wie das Objekt mit dem Subjekt in einem ungebrochenen Kontinuum "produktiver Vorurteile", die, entgegen den unproduktiven Vorurteilen, aus der Tradition selbst erwachsen und helfen, die Zähmung des Fremden über dessen dialogische Inkorporation zu vollziehen.

An diesem Punkt wird allerdings eine Scheu vor der wirklichen Anerkennung der Unüberbrückbarkeit historischen Abstands deutlich. Von dieser Unüberbrückbarkeit wird zwar ausgegangen, doch sichert das Verstehen auf Grundlage der Tradition selbst die Überwindung der Distanz und "[überbrückt] ausdrücklich und bewußt den Zeitenabstand [...], der den Interpreten vom Texte trennt und die Sinnentfremdung überwindet, die dem Texte widerfahren ist."[12]

Die Frage, wo und wie die Bedeutung in einem Text lokalisierbar ist, wird bei Gadamer beantwortet mit seinem Dialog- und Horizont-Gedanken: Der Text ist der Ort, an dem im unendlichen Dialog die Wahrheit der Welt sich – traditionsgemäß – selbst spricht. Der Interpret nähert sich dem Text mit den Fragen, die seinen produktiven Vorurteilen und seiner geschichtsbedingten Situation entwachsen. Im anhebenden hermeneutischen Gespräch wird die vorgestellte vermutete Bedeutung durch den hermeneutischen Zirkel, i. e. die fortwährende rückschließende Verflechtung von Textteilen und Textganzem, nach und nach entfaltet. Das Vorverständnis entwickelt sich zu einem vollen Bedeutungs-Verständnis und bestimmt dieses nachhaltig. Und dafür, daß diese Bewegung sich gesittet vollzieht, dafür sorgen die unablässig sich erzählende Geschichte und ihr Topos – die Tradition.

Autor, Text und Leser sind also die unterschiedlichen Orte, an denen solch eine unendliche Geschichte im Dialog hörbar wird. Dieses Konzept ruht auf der allumfassenden Basis der unbedingten Sprachlichkeit des Dialogs – und diese ist das explizite Erbe von Heideggers Interpretation des Verstehens, in der das Verstehen weder eine isolierbare Geistestätigkeit neben anderen noch ein Verstehen-von-Etwas ist, sondern Bedingung des Daseins schlechthin. Das Verstehen ist immer einerseits gefangen und andererseits vorangetrieben durch seine Geschichtlichkeit. Erst im Verste-

[12]Gadamer (1986): 316.

hen dieser vorgegebenen Zirkularität erfüllt es sich.

Aber wenn das menschliche Dasein durch und durch zeitlich, da geschichtlich, ist, so ist es ebenso durch und durch sprachlich. Sprache ist für Heidegger nicht ein Mittel, dessen sich das Subjekt zu seiner Entäußerung bedient, sondern konstitutives Element seiner Existenz überhaupt. Sprache ist immer schon da, wenn das Individuum sich in ihrem Netz verfängt, und wird immer noch da sein, nachdem sie es wieder freigegeben hat. Der Dialog ist unendlich und verzweigt und erfordert vor dem Sprechen ein genaues Hinhören.

Ein anderer Strang der hermeneutischen Verstehenstheorie gründet sich statt auf die Heideggersche Verstehenstheorie und dem daraus resultierenden relativen Bedeutungsbegriff auf den Husserlschen und versucht, sich damit konstante und benennbare Bedeutungen zu sichern, allerdings um den Preis der Sprachlosigkeit. Husserl mußte sich schließlich, um zu den Sachen (= Bedeutungen) selbst zurückkehren zu können (dies ist ja das phänomenologische Hauptanliegen), von der Sprache verabschieden. Diese Rückkehr sah er erreichbar durch die "eidetische Reduktion", d. h. die Konzentration auf das Wesen des Gegenstands und die dieses Wesen erfassenden mentalen Akte, die zuallererst in einer Ausklammerung der Außenwelt bestehen.[13]

Aber diese eidetische Reduktion – die Ausklammerung der Außenwelt und die Konzentration allein auf Bewußtseinsinhalte – macht stumm. Das Wissen um das Wesen der Phänomene muß keiner Interpretation ausgesetzt werden (was sprachlos auch schwer wäre), und es ist apodiktisch, weil es intuitiv ist und sich darum unbedingt dem Bewußtsein aufzwingt. Das erkennende Subjekt erschafft sich die Welt selbst, sie ist erfahrbar nur als Korrelat seines – transzendenten – Bewußtseins. Damit ist das erkennende Subjekt auch Quell und Ursprung aller Bedeutungen, die es in einsamen, sprachlosen Akten der Kontemplation erkennt, indem es die Universalität in bestimmten Phänomenen erfaßt. Sprache ist ein Medium, um die unabhängig von ihr erkannten Bedeutungen auszudrücken; d. h., sie ist nicht der Ort, in dem sie entstehen.

---

[13]Vgl. Merleau-Ponty (1966):5 "Zurückgehen auf die 'Sachen selbst' heißt zurückgehen auf diese aller Erkenntnis vorausliegende Welt, *von* der alle Erkenntnis spricht und bezüglich deren alle Bestimmung der Wissenschaft notwendig abstrakt, signitiv, sekundär bleibt [...]."

Dies ist nun die zentrale Wendung, die garantiert, daß es Bedeutungen gibt, die unabhängig von ihrer je individuellen sprachlichen Präsentation sind und in ihrem Wesen konstant bleiben. So sind sie frei von den Ambiguitäten, die sprachlich erschaffenen Produkten eignet; sie sind verläßlich, ihrer Kontinuität ist zu vertrauen, denn sie werden ja nur unterschiedlich *benannt*, und eine Benennung ändert das Wesen des Benannten nicht wirklich.

Vor diesem Hintergrund bzw. auf dieser Grundlage ist es natürlich möglich, Bedeutungen unabhängig von Sprache zu definieren und damit als festen Kern vorauszusetzen. Die Bedeutung eines Textes ist in dieser Sichtweise ganz genau das, was der Autor dazu ernannt hat, ganz genau das mentale Objekt, das sein Autor in eine sprachliche Form gegossen hat. Und die Bedeutung bleibt sich darum auch treu, zeitlos jungfräulich – und das kann sie auch, da sie sich auf ewig hinter dem Schutz der Wörter versteckt hält.

Als perspektivische Verlängerung in zeitgenössische hermeneutische Text- und Verstehenstheorien sei die des amerikanischen Hermeneutikers E. D. Hirsch jr. erwähnt. Hirsch entwickelte seine Theorie in *Validity in Interpretation* auf der Grundlage eines solchen fixen Bedeutungsbegriffs[14] und leitet daraus seine Anweisungen für interpretative Strategien ab. Die Bedeutung eines Textes ist absolut identisch mit dem, was sein Autor hineingeschrieben hat und somit unveränderbar.

> "Verbal meaning, being an intentional object, is unchanging, that is, it may be reproduced by different intentional acts and remains self-identical through all these reproductions. [...] the meaning is determined once and for all by the character of the speaker's intention."[15]

Für Hirsch folgt daraus aber nicht, daß es nur *eine* gültige Interpretation der Bedeutung eines Werkes geben könne. Er konzediert, daß ein Text unterschiedlich rezipiert werden kann und auch in seiner Bedeutungszuweisung historischem Wandel unterworfen ist. Hirsch erreicht diese Öffnung durch seine Unterscheidung zwischen "significance" und "meaning" bzw. "understanding" und "interpretation".

---

[14]Hirsch (1967), bes. Appendix I A "The two horizons of textual meaning", S. 212ff. Hier legt Hirsch auch explizit seine Verbindung zum Husserlschen Verstehens- und Bedeutungsbegriff dar.
[15]Ebenda: 219.

"Significances" sind historischem Wandel unterworfen, tragen die Last der Relativität, "meanings" hingegen bleiben davon frei und konstant. Autoren geben die "meaning" in den Text, die sich dem "understanding" des Rezipienten öffnet.[16] Demgegenüber sind die Interpretationen dieser "meaning" die individuellen "significances", die der Leser aus dem Text extrapoliert. Ob sich da nun jeweils die Autor-Bedeutung und das Leser-Verstehen dieser Bedeutung in Übereinstimmung befinden, ist nicht präzise festzulegen, denn die Autor-Bedeutung ist zwar sicher im Text vorauszusetzen, ob aber die jeweilige "interpretation" sie in der "signification" korrekt aufgespürt hat, ist nur immer möglich, aber nicht immer (an der Bestätigung des Autors) zu beweisen.[17]

Die Bedeutung eines Textes liegt also immer genau in dem, was nicht wirklich zu haben ist: in der Autormeinung. Eine Interpretation ist für Hirsch jedenfalls gültig, solange sie sich im Rahmen typischerweise zu erwartender Möglichkeiten bewegt. Was typisch ist, richtet sich nach dem "intrinsic genre" eines Textes, das jeweils aufzuspüren versucht wird, d. h. nach den jeweils herrschenden generellen literarischen Konventionen, die die Formierung der Bedeutungen im Autor wahrscheinlich beeinflußt haben und die Rückschlüsse auf das konkret vorliegende literarische Produkt erlauben. Im Grunde hat sich hier der Status, den ein Text in der alten Hermeneutik hatte, nämlich eine heilige Schrift zu sein, am reinsten erhalten.

---

[16]Das Problem *richtiger Interpretation* hat natürlich auch die deutsche Literaturwissenschaft gebeutelt. Es sei hierzu ein kurzer polemischer Exkurs erlaubt: In der sog. "Methodenkrise" brach der Streit um diese Frage offen aus. Mit welcher Emphase sogar deutsche Germanisten diskutieren können, soll ein Zitat Wilhelm Solms' beispielhaft zeigen: "'Kontroversen': Auf einem so genannten Kongreß darf, mag oder soll sich ein jeder von uns dazu äußern, was ihm innerhalb der heutigen Germanistik am meisten zuwider ist. Für mich ist dies – und hier schließe ich mich meinem Kontrahenten Werner Faulstich an – 'die Unterschiedlichkeit, die Widersprüchlichkeit, ja die Gegensätzlichkeit von Interpretationen literarischer Texte, auch und gerade wenn sie nach Maßgabe säuberlich voneinander abgegrenzter und reflektierter hermeneutischer Methoden geschehen'. [...] Kontroversen über die richtige Interpretation literarischer Texte – richtig ohne Anführungszeichen! – finden kaum noch statt, ja sie gelten als unstatthaft [...]." Solms (1986):148.

[17]Da ist Emil Staiger in der eindeutig angenehmeren Position: Als aufmerksamer Zuhörer im hermeneutischen Dialog erlebt er, nachdem ihn sein Gefühl, seine Intuition interpretierend durch den Text geleitet hat, die Erfüllung des Interpretenlebens: "Von allen Seiten ruft es: Ja!" (1955):19. Hier zeigt sie sich immerhin, die Autorintention, die Unnahbare, ihre eifersüchtig bewachte Sprachlosigkeit für einen kurzen Moment aufgebend.

Durch diesen knappen Exkurs in die hermeneutischen Verstehens-/Texttheorien sollten die Grundlagen bereitgestellt werden, um nunmehr folgendes aufzeigen zu können:

(1) Die Hermeneutik und die Peircesche semiotische Erkenntnistheorie sind inhaltlich durch ähnliche Fragestellungen und grundlegende Voraussetzungen verbunden.

(2) Peirces Lösung der Problematik ist systematischer und damit weitreichender als die der hermeneutischen Ansätze.

(3) Beide entwickeln aus ihren ähnlichen Fragestellungen heraus eine vergleichbare Methode, wobei auch hier die Peircesche die systematischere ist.

Zu (1) Die *vergleichbare Fragestellung* läßt sich vor allem in der Suche nach einer universalen, allgemeinverbindlichen Grundlage des Verstehens sehen, die Verstehens- und Interpretationsprozesse einerseits erklärt sowie andererseits intersubjektiver Vergegenwärtigung zuführt. In den hier kurz vorgestellten Ansätzen leistet dies – bei Schleiermacher und Dilthey – das Konzept der geistigen Einfühlung in eine fremde seelische Totalität bzw. gar der vollkommenen Nachbildung eines fremden Seelenlebens, wobei die Grundlage dafür in den Regelmäßigkeiten der allgemeinen Menschennatur gesehen wird sowie bei Dilthey in der auffindbaren Konstante des "objektiven Geistes". Gadamer entwickelt aus dem Heideggerschen Verstehensbegriff heraus, der den immer schon in seiner Sprachlichkeit und folglich Geschichtlichkeit "Befangenen", damit in Traditionszusammenhänge "Geworfenen", nur in der Reflexion dieser Befangenheit verstehen läßt, die Konzeption der *wahren Vorurteile*, die in der produktiven Umsetzung der geschichtlichen Befangenheit erst die Bedingung für Verstehen überhaupt darstellen. Dies Konzept läßt Gadamer in seiner Horizont-Metapher aufgehen, die das Verstehen als kontinuierliche Verschiebung des eigenen geschichtlichen Horizonts bis hin zur Verschmelzung verschiedener Horizonte erscheinen läßt. Hirsch, der explizit vom Husserlschen Verstehensbegriff ausgeht, sieht in einer Art Privatisierung der Bedeutung, in der Verläßlichkeit der Identität der "author's verbal intention", die universelle Grundlage des

Verstehens.

In Peirces semiotischer Erkenntnistheorie nun ist die Universalität des Verstehens festgeschrieben in seinem Zeichenbegriff. *Jegliche* geistige Tätigkeit nämlich ist laut Peirce dialogisches Denken, ist gültiges Schlußfolgern (valid reasoning),[18] und jegliches Schlußfolgern, jeglicher Erkenntnisvorgang überhaupt, ist wiederum getragen von triadischen Relationen, i. e. Zeichen.

Hieraus nun ergeben sich verschiedene, in diesem Zusammenhang wichtige Implikationen. In Peirces vier erkenntnistheoretischen Grundsätzen, die er 1893 in dem schon erwähnten Aufsatz "Questions concerning certain faculties claimed for man"[19] entwickelt und im Folgeartikel "Some consequences of four incapacities"[20] noch einmal griffig zusammenfaßt, sind einige davon festgeschrieben:

> "1. We have no power of Introspection, but all knowledge of the internal world is derived by hypothetical reasoning from our knowledge of external facts.
> 2. We have no power of Intuition, but every cognition is determined logically by previous cognitions.
> 3. We have no power of thinking without signs.
> 4. We have no conception of the absolutely incognizable."[21]

Von besonderer Wichtigkeit sind hier die Thesen zwei und drei. In drei legt Peirce die Zeichengebundenheit jeglicher Erkenntnis fest, in zwei seinen Anti-Intuitionismus,[22] d. i. seine Maxime von der Anfangslosigkeit der Erkenntnis. Mit letzterem ist die vergleichbare Grundannahme formuliert, die bezüglich der angesprochenen hermeneutischen Ansätze in den oben erwähnten Zugeständnissen der *Geschichtlichkeit* jedes Verstehens

---

[18]"[...] we must [...] reduce all kinds of mental action to one general type [...] to the formula of valid reasoning" 5.266f; sowie als Konsequenz in bezug auf gültige Erkenntnis: "Now if exactitude, certitude, and universality are not to be attained by reasoning, there is certainly no other means by which they can be reached." 1.142.

[19]5.213ff.

[20]5.264ff.

[21]5.265.

[22]Intuition verstanden als Erkenntnis, die nicht durch vorhergehende Erkenntnis determiniert ist: "[...] the term *intuition* will be taken as signifying a cognition not determined by a previous cognition of the same object, and therefore so determined by something out of the consciousness." 5.213.

liegt, die in der fundamentalen *Sprachlichkeit* des Daseins, dem *horizont-verschiebenden* Verstehensprozeß, der *Tradition* oder den typischerweise zu erwartenden Möglichkeiten eines *intrinsic genres* etc. aufgeht.

Auch Peirce konzediert die herausragende Rolle der Sprachlichkeit bzw. Zeichenbestimmtheit des Daseins ("my language is the sum total of myself"[23]), diese stellt sich aber bei ihm als Konzept der Ausgewogenheit des Verhältnisses von Mensch und Sprache dar. Einerseits findet nämlich die immer schon vorfindliche Eingebundenheit der Erkenntnis in historische Zusammenhänge über die Sprachlichkeit des Denkens[24] Eingang in die Bestimmung dieses Verhältnisses, andererseits beinhaltet dies keine absolute Determiniertheit, denn die Möglichkeit des kreativen Umgangs mit Sprache, der kreativen Bedeutungsgenerierung, ist immer auch mitgedacht. Im Leitzitat dieses Kapitels wird diese Ausgewogenheit im Bild der gegenseitigen Belehrung von Wort und Mensch ausgedrückt. Da diese Text-stelle in jeder Hinsicht instruktiv ist, soll sie hier noch einmal in voller Länge zitiert werden:

> "Man makes the word, and the word means nothing which the man has not made it mean, and that only to some man. But since man can think only by means of words or other external symbols, these might turn round and say: 'You mean nothing which we have not taught you, and then only so far as you address some word as the interpretant of your thought.' In fact, therefore, men and words reciprocally educate each other; each increase of a man's information involves and is involved by, a corresponding increase of a word's information."[25]

In den vorangegangenen Kapiteln ist in bezug auf die Peircesche Semiotik auch schon die theorieimmanente Erklärung für diese Anfangslosigkeit gegeben worden, die sie als das Resultat systematischer Zusammenhänge erscheinen läßt. Auf dreierlei wurde diesbezüglich schon hingewiesen.
– Erstens: Ein Zeichen vermittelt keine Kenntnis über sein Objekt, sondern vielmehr nur neue Informationen oder neue Perspektiven, unter denen das dynamische/reale Objekt wahrgenommen wird. Es ist also nicht apodiktisch und intuitiv, sondern rekurriert immer auf Vorwissen.

[23] 5.314.
[24] Vgl. 5.421 "[...] all thought whatsoever is a sign, and is mostly of the nature of language."
[25] 5.313.

– Zweitens: Diese neuen Informationen und Perspektiven ergeben sich z. T. durch das Ausschöpfen der im Konzept des "ground" angelegten interpretativen Offenheit.

– Drittens: Ein Zeichen findet seine Vollständigkeit nur in der Interpretation in einem Folgezeichen, durch das es interpretiert wird. Die jeweilige Erkenntnis ist also in einen unendlichen Zeichenzusammenhang eingebettet, der ihr den geschichtlichen Rahmen wie die Möglichkeit des innovativen Sprengens dieser Begrenzung bietet.

Zu (2): Peirces Lösung der Problematik ist weitreichender als das der hermeneutischen Ansätze

Die Behauptung, daß Peirces Lösung bei der Erfassung der universalen Grundlagen des Verstehens weiter reicht als die der hermeneutischen Ansätze, begründe ich einerseits mit dem Peirceschen Bedeutungsbegriff, der Bedeutung als triadische Relation definiert und die drei Schlüsselkonzepte Verstehen, Interpretation und Bedeutung in einen produktiv-unlösbaren systematischen Zusammenhang bringt, andererseits mit der integrativen Rolle der Abduktion, auf die unter (3) noch ausführlicher eingegangen wird.

Schon 1858 lassen sich Überlegungen Peirces zur Frage der Bedeutung finden. Die Bedeutung wird hier an die *Form* eines Phänomens gekoppelt: "All forms are also powers, since to affect is to effect, and are therefore spiritual manifestations. If this is so every form must have a meaning. But since all phenomena are forms, all things must have meanings."[26] Auf den hier grundlegenden Gedanken Peirces, daß Materie Geist enthalte, wurde schon hingewiesen. In der sich anschließenden Argumentation, derzufolge jede Form Trägerin einer Bedeutung ist und, da alle Phänomene sich als Formen vergegenwärtigen, alle Dinge Bedeutung haben müssen, deutet sich schon die zentrale Aussage seiner später auf semiotischen Grundlagen formulierten Erkenntnistheorie an: Für den menschlichen Geist kann es keine bedeutungslosen Gegenstände geben.

Es wurde schon dargestellt, daß der Begriff der Bedeutung in dieser semiotischen Erkenntnistheorie an das Zeichen gekoppelt wird – "Meaning is attributed to representamens alone"[27] – und damit an die kategoriale

---

[26]Peirce (1982-86/I):7.
[27]5.175.

124

und relationale Grundlage, die für absolut jedes Zeichenbenutzen, -verstehen etc. unumgänglich ist. Hierzu Walther:

> "Was C. S. Peirce intendierte, war also eine Zeichenlehre, die, auf dieser kategorialen und relationalen Grundlage beruhend, für jede faktische Zeichensetzung und Zeichenanalyse verbindlich ist. [Es kann also] nicht von irgend einem vorgegebenen Zeichenrepertoire ausgehend eine Semiotik entwickelt werden [...], sondern nur auf der Grundlage des allgemeinen und abstrakten Zeichenschemas. Jede Klassifikation, Analyse und Applikation von Zeichen, die auf Grund dieses Schemas und der damit zusammenhängenden Elemente und Methoden gemacht wird, besitzt eine kontrollierbare und nachprüfbare Basis, die autonom ist, das heißt von keiner anderen Wissenschaft entliehen wurde."[28]

Der Begriff der Bedeutung ist innerhalb des Zeichens wiederum an den des Interpretanten gekoppelt,[29] den Peirce ja in einigen Aufsätzen explizit sogar die "Bedeutung eines Zeichens" nennt. Das dritte Element einer triadischen Relation, die Thirdness generell, ist also das 'Schlupfloch' für die Bedeutung. Nur durch sie können Firstness/Secondness- bzw. Zeichen/Objekt-Verhältnisse überhaupt *werden*, und das ist *bedeutungsvoll* werden. Reine, unmittelbare Bewußtheit ist bedeutungs-los, da ihr das beziehende Moment der Erfüllung in folgenden Repräsentationen fehlt – "we never can think, 'This is present to me'".[30]

Nur im In-Beziehung-Setzen, im dialogischen Denken, ist Erkenntnis möglich und als solche erfahrbar. Nur in der jeweiligen Kontaktaufnahme mit dem Unmittelbaren, der Firstness, die ein menschliches Leben wie ein (unbewußter) Strom unablässig durchfließt, liegt die Öffnung des Bewußtseins zur interpretativen Weltaneignung.[31] Sie liegt nicht im *Sein* dieses

---

[28](1983): 61.

[29]Peirce hierzu: "Now a definition does not reveal the Object of a Sign, its Denotation, but only analyzes its Signification, and *that* is a question not of the sign's relation to its Object but of its relation to its Interpretant." Aufgrund dieser Lokalisierung der Bedeutungskonstitution dürfe sich der Untersuchungsbereich der Logik auch nicht, so Peirce, in der Analyse der Beziehung Zeichenträger-Objekt erschöpfen. Das Fazit lautet: "My studies must extend over the whole of general Semeiotic." In: Hardwick (1977): 118. – Vgl. auch 2.252 "The peculiarity of [the sign] [...] lies in its mode of meaning; and to say this is to say that its peculiarity lies in its relation to its interpretant."

[30]5.289; vgl. auch 5.253 "[...] in the immediate present, there is not thought, or, [...] all which is reflected upon has past."

[31]5.289 "At no one instant in my state of mind is there cognition or representation, but in

Zustands. Nur wenn ein Zeichenträger ein Objekt repräsentiert und von einem interpretierenden Bewußtsein in einem interpretatorischen Akt mit Bedeutung versehen wird, erfüllt sich ja die Tri-relationalität des Zeichens. Im folgenden Zitat findet sich eine zentrale Bestimmung dieser Lokalisierung der Bedeutung:

> "[...] the idea of meaning is irreducible to those of quality and reaction. It depends on two main premisses. The first is that every genuine triadic relation involves meaning, as meaning is obviously a triadic relation. The second is that a triadic relation is inexpressible by means of dyadic relations alone."[32]

Das irreduzible, tri-relationale Zeichen nun ist also per definitionem bedeutungsvoll; *Zeichen ohne Bedeutung gibt es ebensowenig, wie es Bedeutung ohne Zeichen gibt.* Sheriff formuliert diesen Umstand auch treffend mit: "Sign, object, and meaning come to us together or not at all."[33] Bedeutung ist nicht als mögliche angelegt, sondern als notwendige im Zeichen verankert: Sie ist konstitutives Element der Beziehung von Zeichenträger und Objekt zum Interpretanten, zum interpretierenden Bewußtsein, das Zeichen und Bedeutung untrennbar voneinander in *einem* Akt aufnimmt. (Insofern ist es auch verständlich, wenn Peirce davon ausgeht, daß alle Objekte für die menschliche Erkenntnis eine Bedeutung *haben müssen*, weil sie sonst keine Objekte für die menschliche Erkenntnis *sein können*.)

Der Interpretant verweist auf die Korrelation zwischen einem Zeichenträger und seinem Objekt[34] und ist damit zu verstehen als Bindeglied zwischen der Welt der Bezeichnungen und der Welt der Fakten. Ihm kommt dabei eine komplizierte Doppelfunktion und -situierung zu. Einerseits ist er zu verstehen als die Bedeutung eines konkreten Zeichens, aber andererseits auch als Folgezeichen, das das erste interpretiert. Daraus ergibt sich: Die Bedeutung eines Zeichens ist also seine Repräsentation in einem

the relation of my states of mind at different instances there is. In short, the Immediate (and therefore in itself unsusceptible of mediation – the Unanalyzable, the Inexplicable, the Unintellectual) runs in a continuous stream through our lives; it is the sum total of consciousness, whose mediation, which is the continuity of it, is brought about by a real effective force behind consciousness."

[32]1.345.
[33]Sheriff (1989): 97.
[34]Daube-Schackat (1987) spricht an dieser Stelle von einer "Hermeneutisierung" der Logik durch Peirce. S. 5.

folgenden Zeichen, und damit ist die Seinsweise eines Zeichens die der Interpretation. Der Interpretant ist gleichzeitig genuines Element innerhalb einer triadischen Relation als auch operativer, interpretativer Zugriff von außen.[35]

Die Bedeutung eines Textes beispielsweise entfaltet sich in dieser Sichtweise im Gegensatz zu den angesprochenen hermeneutischen nicht über einen Hermeneutischen Zirkel, sondern sie *ist* vielmehr dieser Zirkel bzw. diese Hermeneutische Spirale, die sich aus den Elementen der unendlichen Semiose konstituiert.

Interpretation ist also – immer in den Grenzen rationalen, logischen Schlußfolgerns, die nicht übertreten werden können – die Überführung eines Zeichens in ein anderes (System von) Zeichen.[36] Es soll an dieser Stelle noch einmal in Erinnerung gerufen werden, daß der Vorgang der Interpretation aber keineswegs erst auf hochkomplexen Ebenen wie z. B. der literarischen Textinterpretation bedeutsam wird, sondern ganz im Gegenteil als *die* basale Dimension menschlicher Bewußtseinskonstitution überhaupt zu verstehen ist. Bei der Diskussion der Abduktionslogik wurde schon erläutert, daß der Ausgangspunkt jeglicher gedanklicher Tätigkeit von Peirce schon als Interpretation aufgefaßt wird, die in nachfolgenden Repräsentationen als solche weitergeführt wird.

Mit anderen Worten: Wahrnehmung als zeichenvermittelter Prozeß ist grundsätzlich schon als Akt der Interpretation aufzufassen, und wenn eine Interpretation den Anfang jeglicher Erkenntnis bildet, fängt mit der Formulierung der Wahrnehmungsurteile (den Extremfällen von Abduktionen) das Erklären der Bedeutungen der eigenen Interpretationen an. Im Verstehen dieser in nachfolgenden Repräsentationen bleibt das erkennende Subjekt sozusagen den eigenen Spuren auf der Spur bzw. läuft der eigenen Kreativität hinterher. Insofern konnte oben davon gesprochen werden, daß der Interpretant und die Bedeutung notwendig innerhalb eines Zeichens sind, aber erst in folgenden Repräsentationen und damit Interpretationen gegenwärtig werden.

---

[35]Vgl. Buczynska-Garewicz (1981).

[36]Z. B. 8.225, Fn. 10 "[...] when there is a sign there *will be* an interpretation in another sign."

– Auch 4.127 "[...] the conception of a 'meaning' [...] is, in its primary acceptation, the translation of a sign into another system of signs."

– Sowie 1.339 "The meaning of a representation can be nothing but a representation."

Der Interpretationsablauf eines ganzen Textes wäre unter dieser Perspektive als die methodische Entfaltung dieses Prozesses zu verstehen. Diese Sichtweise widerspricht der gängigen Auffassung, daß die Interpretation sich als Folgeaktion dem vorgängigen Verstehen anschließt. Auf Peirceschen Grundlagen ist die Interpretation schon in den basalen Elementen des Erkenntnisaktes enthalten.

> "[...] this character of signs that they must be capable of interpretation in every sense belongs to every kind of cognition. And consequently no cognition is such or has an intellectual significance for what it is in itself, but only for what it is in its effects upon other thoughts."[37]

Die Bedeutung eines Repräsentationsvorgangs ist also ein folgender Repräsentationsvorgang und somit potentiell unendlich.[38] Damit wird die Interpretabilität der Welt unausschöpflich, zumal sie die prinzipielle Unausschöpflichkeit der Bedeutung[39] konfrontiert. Dieser Umstand spiegelt sich in Peirces Definition der Gedanken-zeichen, die ja dadurch gekennzeichnet sind, daß sie ein vorhergehendes interpretieren und ihrerseits von einem nachfolgenden interpretiert werden. Ein Zeichen kann niemals isoliert auftreten, sondern ist nur in seinem (potentiell unendlichen) Verweisverhältnis zu seinen Vorgängern und Nachfolgern möglich. Damit dekonstruiert sich, wie schon ausgeführt, keineswegs das Verhältnis von Zeichenträger und Objekt – es ist über den Interpretanten ja unumgänglich gesichert.

Wenn der Interpretant demnach als das interpretierte und das interpretierende Zeichen zugleich aufgefaßt werden muß, das Interpretierende zugleich selbst zu interpretieren ist und gleichzeitig Subjekt und Objekt im Interpretationsprozeß darstellt, dann könnte, etwas salopp formuliert, festgehalten werden, daß die Bedeutung sich nicht nur selbst immer einen Moment zu spät kommt und in den Gedankenzeichen nach-gedacht wird, sie begegnet sich überhaupt erst in zukünftigen Erinnerungen: "[The] interpretant is the future memory of [a] cognition [...]."[40]

---

[37] 7.357.

[38] Vgl. 8.268; 7.357.

[39] "[...] *meanings* are inexhaustible." 1.343.

[40] 7.591;
– Hierzu auch 5.427: "The rational meaning of every proposition lies in the future", und ein Pragmatizist "locates the meaning in future time".
– Auch "the rationality of thought lies in its reference to a possible future." Peirce (1982-

In Kapitel II wurde schon der temporale Aspekt der infiniten Semiose diskutiert. Vor dem Hintergrund dieser Bemerkungen läßt sich der Status einer Interpretation (ganz generell eines interpretatorischen Aktes) wie folgt bestimmen: In einem gegenwärtigen Zeichen begegnen sich Vergangenheit – das "store-house" unserer Prämissen – und zukünftige Bedeutung, so daß eine Interpretation nicht primär *Verstehen* der Vergangenheit ist, sondern ihr *Resultat*, das dabei gleichzeitig aber schon immer auf seine Zukunft in Erwartung künftiger Interpretationen verweist, die sich alle auf ihr Ziel, die Erfüllung in der Wahrheit des finalen Interpretanten, zubewegen.

Der systematische Zusammenhang von Verstehen, Interpretation und Bedeutung läßt sich auch folgendermaßen erschließen: Wie im ersten Kapitel dargelegt wurde, konzipiert Peirce die Pragmatische Maxime ausdrücklich als der Klärung von *Bedeutung* dienend, wobei der erste Schritt der universellen Methode in Richtung dieser Bedeutungsklärung, aus dem "desire to find things out" geboren, der kreative Akt der Abduktion plus anschließender Deduktion und Induktion ist, nach Peirce der einzige Weg zum Verstehen.[41] Das abduktive Aufstellen einer Hypothese wiederum ist notwendig Interpretation, denn die Wahrnehmungsurteile enthalten ikonische Zeichen, und Zeichen wiederum sind per se Ausdruck interpretativer Realitätserfassung.

Zu (3): In der Hermeneutik wie in Peirces semiotischer Erkenntnistheorie wird aus den ähnlichen Fragestellungen heraus eine vergleichbare Methode entwickelt, wobei auch hier die Peircesche die systematischere ist.

Aus dem Problem heraus, den Vorgang des Verstehens begrifflich fassen zu müssen und den glücklichen Moment des letztlichen Findens zu beschreiben, entwickelten die hermeneutischen Verstehenstheorien das Modell des Hermeneutischen Zirkels. Er wird dargestellt als eine Methode, mit der sich ein Verstehensprozeß realisiert. Die Exklusivität dieser Methode für *geisteswissenschaftliches* Verstehen wurde proklamiert und daraus der Methodendualismus bezüglich der Naturwissenschaften abgeleitet.

Diese Diskussion ist tatsächlich bis heute aktuell,[42] und auch wenn die

86/III):108.
[41]5.145.
[42]Vgl. hier z. B. die Darstellung des aktuellen Diskussionsstandes in Seiffert/Radnitzky (1989):88ff.

Trennung von Natur- und Geisteswissenschaften nicht mehr als so absolut aufgefaßt wird, so wird nach wie vor von analytisch-naturwissenschaftlicher Seite auf die Gültigkeitsproblematik der mit der hermeneutischen Methode des Verstehens gewonnenen Aussagen hingewiesen und das Konzept eines Hermeneutischen Zirkels diskreditiert. Umgekehrt beharren die Geisteswissenschaften auf der Methodendualismus-These.

Es sollen nun exemplarisch zwei konkrete Versuche vorgestellt werden, die jeweils von einer der beiden im Methodendualismus vertretenen Richtungen her argumentieren und sich bemühen, die methodologische Trennung als Scheintrennung zu entlarven, bei der allenfalls von graduellen, nicht aber von qualitativen Unterschieden ausgegangen werden kann. Anschließend wird die gleiche Aussage noch einmal auf Grundlage der Peirceschen Abduktionslogik formuliert und dabei das Verhältnis von *Erklären* zu *Verstehen* aus einer Peirceschen Perspektive betrachtet.

Göttner weist nach, daß das von der Hermeneutik vereinnahmte 'Verstehen' nicht den Rang einer eigenständigen Methode einnehmen könne, sondern vielmehr als eine spezielle Zusammenstellung von Verfahren zu betrachten sei, die in den Forschungsprozessen aller anderen Wissenschaften ebenso zu finden seien. In ihrer kritischen Untersuchung der Rolle des typisch geisteswissenschaftlichen Hermeneutischen Zirkels kommt sie zu ähnlichen Ergebnissen, nämlich daß dieser Vorgang keineswegs ein exklusiv hermeneutischer sei, sondern ein in allen Wissenschaften bekannter: der des Hypothesenaufstellens und -verwerfens. Der Grund für diese Fehleinschätzung seitens der Hermeneutik, so Göttner, liegt in einer "schematischen Idealisierung [des Objektivitätsanspruchs] der Naturwissenschaften" und einer damit einhergehenden "schematischen Abwertung der Geisteswissenschaften",[43] die es beide zu überwinden gilt. Sie kommt in ihrer Untersuchung zum Fazit,

> "[...] den überstrapazierten Begriff des Hermeneutischen Zirkels aus dem wissenschaftlichen Verkehr zu ziehen. [...] Der 'Hermeneutische Zirkel' ist [...] kein logischer, wie Hermeneutiker betonen. Und als methodologischer

---

– Im Februar 1991 z. B. fand in Bad Homburg eine Tagung zum Thema "Probleme der Hermeneutik" statt, die sich ganz dem Problem der *Klärung des Verhältnisses von Verstehen und Erklären* gewidmet hat.
– Vgl. zu diesem Thema auch Riedel (1978) und Schurz (1988).
[43](1973):131.

existiert er nicht, wie wir zeigen konnten. Und als 'Zirkel der Geschichtlichkeit des Verstehens' beinhaltet und verschleiert er eine Reihe der verschiedensten Probleme, die teils zur Psychologie, teils zur Wissenssozio-
gie, teils in noch andere Fragenkomplexe gehören mögen."[44]

Kisiel weist demgegenüber auf die Perspektive in der Wissenschaftstheorie
hin, die den Forschungsprozeß als *dynamischen* Prozeß begreift, der sich
nicht in den logischen Strukturen der Resultate, sondern in denen der Ausgangsfrage offenbart. Damit verlagert sich der Fokus des Interesses weg
von der Analyse des Verfahrens der Wahrheitsüberprüfung – also der Veri-
fikation/Falsifikation – hin zum Entdeckungszusammenhang, d. h. der Einbettung des Wissenschaftlers in seinen begrifflichen Kontext. In dieser Hinsicht, so folgert Kisiel, kann dann behauptet werden, "daß auch die Natur-
wissenschaft zu den Geisteswissenschaften gehöre und so einer Hermeneutik
unterworfen sei [...]."[45]

Während Göttner also gleichsam die Geisteswissenschaften zu Naturwissenschaften nobilitiert bzw. die Nähe der geisteswissenschaftlichen Methoden zu denen der naturwissenschaftlichen feststellt, wenn nur erst das
Konzept des Hermeneutischen Zirkels aufgegeben würde, so argumentiert
Kisiel von der Perspektive der Naturwissenschaften her, die sich keinesfalls
zu fein dafür seien, das Objekt ihrer Forschungen *verstehen* zu wollen, und
konstatiert seinerseits eine Universalität hermeneutischer Methodologie.

Mit Peirce kann man hier einen dritten Standpunkt einnehmen, der der
Versöhnung des Methodendualismus entschieden näherrückt, ohne die Gei-
stes- und Naturwissenschaften über die unausgesprochene Scheidelinie der
Seriösität hin und her schieben zu müssen, wie das die obigen 'Versöhnungs-
versuche' vornehmen.[46]

Eines der Konfliktpotentiale, aus dem der Methodendualismus-Debatte
immer noch Impulse erwachsen, ist sicherlich in der anhaltenden Unschärfe
des Begriffs 'Verstehen' im Vergleich zu dem des 'Erklärens' zu suchen.
Der alltägliche Sprachgebrauch macht keine klare Trennung zwischen den
beiden Begriffen. So läßt sich beispielsweise behaupten, daß eine Erklärung beliebiger Art das Verstehen fördert. Die methodologische Einfüh-

---

[44]Göttner (1973):170.
[45](1971):209.
[46]Vgl. auch Frey (1970), der ebenfalls einen ähnlichen 'dritten' Standpunkt einnimmt –
allerdings nicht auf Peirceschen Grundlagen.

rung des Begriffes 'Verstehen' in wissenschaftstheoretische Untersuchungen erfolgte über das Konzept des Hermeneutischen Zirkels, der aber ob seines un-logischen Anscheins und einer 'psychologischen Komponente', und das meint z. T. sicher *irrationalen* Komponente, stigmatisiert und diskreditiert wurde.

Die Operation des Erklärens dagegen hat mit diesen Problemen nicht zu kämpfen und wird in der analytischen Wissenschaftstheorie anerkanntermaßen dargestellt mit dem sogenannten nomologisch-deduktiven H-O-Schema (Hempel-Oppenheim-Schema):[47]

a)	$L_1, L_2, \dots L_n$	Gesetzmäßigkeiten
b)	$A_1, A_2, \dots A_n$	Antecedensdaten/Explanans
c)	E	E/Explanandum

Das Explanandum ist dabei ein Ereignis (oder ein Zustand), das eine Erklärung verlangt. *Warum E?* Um die Frage zu beantworten, wird auf gewisse andere Ereignisse oder Zustände verwiesen (Antecedensdaten) sowie auf empirisch bewährte Gesetzmäßigkeiten, so daß die konkrete Tatsache E aus diesen Gesetzmäßigkeiten und dem Umstand, daß gewisse Antecedensdaten vorliegen, logisch folgt. Das Erklären wird in dieser Sichtweise explizit – da logischen Abläufen folgend – dem Verstehensprozeß als Hermeneutischer Zirkel gegenübergestellt.

Auf der Grundlage des Peirceschen methodologischen Dreischritts läßt sich nun das Verhältnis von Erklären und Verstehen nicht als *Opposition*, sondern vielmehr als *systematischer Zusammenhang* beschreiben:

Im Prozeß von ...Hypothesenbildung-Spezifizierung-Überprüfung... entspricht der Bereich der *Hypothesenbildung* dem Bereich des *Erklärens* – Peirce definiert die Leistung einer Abduktion auch als ihre Erklärungspotenz.[48] Ein abduktiver Schluß wurde als logischer Schluß von der Wir-

---

[47]In Anlehnung an von Wright (1984): 24 und Stegmüller (1983): 124.
[48]Z. B. in 1.139, 2.776 und 7.218: "explain the surprising facts"; 7.219: "to guess the sole true explanation"; 4.541 Fn und 5.171: "explanatory hypothesis" sowie besonders klar in 7.220: "[...] the hypothesis must be such that it will explain the surprising facts we have before us which it is the whole motive of our inquiry to rationalize. The explanation may consist in making the observed facts natural chance results, as the kinetical theory of gases explain facts; or it may render the facts necessary [...]."

kung auf die Ursache charakterisiert, zum Zweck der Generierung einer Hypothese, die überraschende Ereignisse oder Umstände unter Einbeziehung anderer Ereignisse oder Umstände als die logische Folge einer allgemeinen Regel erscheinen lassen.

> "Hypothesis is where we find some very curious circumstance, which would be explained by the supposition that it was a case of a certain general rule, and thereupon adopt that supposition."[49]

Daß im Vergleich zum oben erläuterten Schema der Erklärung diese Operation durch die Offenlegung einer *Unsicherheit* des Schlusses auf die Ursache gekennzeichnet ist, widerspricht keineswegs der funktionalen Äquivalenz. Die Konvergenz von Peirces Erklärungsbegriff mit den Kriterien des nomologisch-deduktiven[50] bedeutet in diesem Zusammenhang eine Anerkennung des kreativen – sprich interpretativen, unsicheren, anarchischen – Moments, der jeden Erklärungsprozeß auszeichnet, und nicht seine Ausblendung.

Dies bedeutet keineswegs eine Nivellierung aller Erklärungsleistungen. Selbstverständlich sind die in einer Erklärung zu bewältigenden Komplexitätsgrade des in Frage stehenden Sachverhalts von extremer Variabilität. Doch ändert das nichts daran, daß in Peircescher Sichtweise *jede* Erklärung eine Interpretation sein muß, deren kreative Kraft sich in der individuellen Kristallisation des erklärungsbedürftigen Sachverhalts, der Auswahl der begleitenden Umstände, der Identifikation einer Gesetzmäßigkeit sowie der spezifischen Kombination dieser Elemente offenbart. Aus der sehr unterschiedlichen kreativen Dynamik, die in jedem Akt dieser 'erklärenden Kombination' entfaltet wird, erwachsen sehr unterschiedliche Hypothesen, die selbstverständlich durch variierende Wahrscheinlichkeit gekennzeichnet sind, ein Umstand, der in der Akzentuierung des anschließenden deduktiven und induktiven Verfahrens seine Entsprechung findet.

Das traditionsreiche Argument, daß Geistes- und Naturwissenschaften sich auf unterschiedliche Objektbereiche beziehen – hier das Individuelle, dort das Allgemeine – und schon von daher eine unterschiedliche Methodologie vonnöten ist, um diesem Unterschied (auch im Komplexitätsgrad) gerecht zu werden, ist auf diesen Grundlagen nicht zu halten. Für Peirce

[49]2.624.
[50]Vgl. Riemer (1988a): 71, Fn 15.

sind dies nur graduelle Unterschiede, eine Sichtweise, die sich auch schon in der Verhältnisbestimmung von Geist und Materie zeigte:

> "[...] in advance of positive knowledge, the presumption ought to be that there is such a unity in the universe that the difference between mental and natural phenomena is only a difference of degree. Presumably, the same elements are in both; and if so, *so far* there is no essential difference in their intelligibility."[51]

Genau diese brisante Operation des erklärenden Hypothesenaufstellens nun ist lt. Peirce unser einziger Weg zum *Verstehen:* "[I]f we are ever to understand things at all, it must be in that way."[52] Wenn wir in Betracht ziehen, daß der sich anschließende Prozeß der deduktiven Spezifizierung und induktiven Überprüfung der Hypothese wiederum zu erklärungsbedürftigen Sachverhalten führt, die in diesen Ablauf eingehen – also dessen Antrieb sind –, und dieser Verlauf prinzipiell unabschließbar ist, da sich die Selbstkorrektur der Hypothesen erfüllen muß, so wird klar, daß einerseits die Abduktion eingebunden ist in den beschriebenen methodologischen Dreischritt, andererseits dieser methodologische Dreischritt nur als *Ausschnitt* eines prinzipiell unendlichen Prozesses zu sehen ist, was auch im Peirceschen Konzept der Anfangslosigkeit der Erkenntnis aufgefangen ist.

Das Verstehen ist in Peircescher Sichtweise die unendliche Entfaltung dieses Ablaufs, der durch immer wieder auftauchende unklare Sachverhalte, die eine Erklärung fordern, aufrechterhalten wird. Es wurde schon dargelegt, daß Peirce diesen Prozeß – wie jede mentale Tätigkeit – als einen durch Zeichen getragenen definiert. Es wird an dieser Stelle deutlich, daß demzufolge die bedeutungsgenerierende infinite Semiose, die unendliche Zeicheninterpretation, den prinzipiell unendlichen Ablauf des methodischen Dreischritts in seinem kreativen Moment trägt. Es wurde ferner schon erläutert, daß dieser Prozeß in seiner idealiter unendlichen Verknüpfung triadischer Relationen bedeutungsvoll sein muß.

Aus dieser Perspektive und auf diesen Grundlagen nun lassen sich Erklären und Verstehen als in einem prinzipiell *unendlichen bedeutungsgenerierenden "zyklischen Iterationsprozeß"* [53] miteinander stehend charakterisie-

---

[51] 7.463.

[52] 5.145, auch 5.171: "[...] if we are ever to learn anything or to understand phenomena at all, it must be by abduction that this is to be brought about."

[53] Riemer (1988a): 185.

ren, der sich auf die ideale, endgültige, standardisierte Bedeutung des finalen Interpretanten zubewegt. Die vorgängigen und modifizierten Erklärungshypothesen folgen dabei durchaus dem berühmten "leitenden Prinzip der Vorahnung". In diesem Verständnis des fortschreitenden Verstehensprozesses ist das Konzept des Hermeneutischen Zirkels aufgehoben, aber es steht diese hier auf Peirceschen Grundlagen entwickelte Vorstellung des Verstehens nicht der des Erklärens *gegenüber*, vielmehr ist die Operation des Erklärens integraler *Bestandteil* jedes Verstehensprozesses.

Peirce untersucht diesen Prozeß primär in seiner Entfaltung als die allen Wissenschaften zugrundeliegende *universale Methode*,[54] doch postuliert er seine Abduktionslogik bzw. seinen methodologischen Dreischritt als die allen menschlichen Erkenntnisprozessen zugrundeliegende logische Struktur; somit setzt sie auf einer Stufe *unterhalb* der Verstehen-Erklären-Kontroverse an und leistet eine Versöhnung der rivalisierenden Operationen. Peirce beschreibt sie – und darauf wurde ja schon hingewiesen – als den Prozeß, der der Formulierung von Protokoll- bzw. Basissätzen der Geistes- wie der Naturwissenschaften vorausgeht.

Aus der bisherigen Argumentation ergeben sich folgende Implikationen:

(1)   Eine methodologische Trennung der Wissenschaften in Geistes- und Naturwissenschaften oder, wie Peirce selbst es in seinen frühen Schriften vertritt, in abduktiv, induktiv oder deduktiv verfahrende ist auf dieser Grundlage nicht gerechtfertigt. Selbstverständlich soll hier keine *Identität* des methodischen Vorgehens behauptet werden. Die dominanten Unterschiede bilden sich jedoch erst auf einer Stufe *oberhalb* des beschriebenen basalen Ablaufs als unterschiedliche Akzentuierungen des Forschungsverlaufs heraus.

(2)   Es wurde schon darauf hingewiesen, daß ein simpler Protokollsatz wie "There is an azalea." eine Hypothese und mithin eine Interpretation darstellt, die per Konsensus akzeptiert werden muß, so daß die mit dem Verweis auf den Methodendualismus einhergehende Reklamierung eines

---

[54] 5.172 "[...] every single item of scientific theory which stands established today has been due to Abduction." Sowie 5.465 "All pragmatists will further agree that their method of ascertaining the meanings of words and concepts is not other than that experimental method by which all the successful sciences [...] have reached the degrees of certainty that are severally proper to them today [...]."

unterschiedlichen *Objektivitätsanspruchs* der verschiedenen Wissenschaften fragwürdig erscheint.

(3) Der fortschreitende Ablauf des "valid reasoning" ist in der prinzipiellen Unendlichkeit des interpretierenden Hypothesenaufstellens, -verfolgens oder -verwerfens dem eines methodisch entfalteten Hermeneutischen Zirkels vergleichbar. Das reflektiert in gewisser Weise beide Schlußfolgerungen der methodologischen Zusammenführungen Göttners und Kisiels. In der Peirceschen Version des Hermeneutischen Zirkels, seiner universalen Methode, ist aber erstens die Operation des Erklärens in den Verstehensprozeß integriert, zweitens wird er als von Zeichen getragener Interpretationsprozeß definiert, der nicht apodiktisch und bar jeder intuitiver Elemente ist, da er immer auf Vorwissen rekurriert.

(4) Im Gegensatz zu Methoden, in denen das unberechenbare, kreative Moment als unerwünschte Störung und destruktive Sprengkraft verstanden wird, steht es bei Peirce bewußt in Form der Abduktionslogik im Mittelpunkt seiner Überlegungen und ist integraler, systematischer Bestandteil seiner universalen Methode, ja sogar deren zentraler Ausgangspunkt und Motor. Dieses Verständnis eines Erkenntnisprozesses, der seinen Anfang in einem mehr oder minder unsicheren *Rateakt*[55] nimmt, geht in dem schon vorgestellten Wahrheitsbegriff Peirces auf: Die universale Methode muß endlos angewandt werden, um die Wahrheitsapproximation zu vollziehen und die wichtige Selbstkorrektur der Hypothesen zu gewährleisten. Peirce dazu:

> "Though its [induction's] conclusion may be more or less false, yet it is justified by the circumstance that though the conclusion may be more or less erroneous, yet one has only to persist in following the same method, and the conclusion will get corrected. It is the only way there is of assuring oneself of *real* truth beyond what direct perception furnishes."[56]

Allerdings sollte dieser ganze Prozeß nicht länger als *Zirkel* bezeichnet werden, weil das eine unzulässige logische Metapher ist, da, wie Göttner zu Recht nachweist, keine Kriterien logischer Zirkularität erfüllt sind,[57] sondern als *Spirale*, die sich in unendlicher Wahrheitsapproximation fortbe-

---

[55]Vgl. das schon erwähnte Zitat 7.38: "[...] the whole noble organism of science has been built up out of propositions which were originally simple guesses."
[56]Peirce (1976a/III/1):189.
[57]Göttner (1973):170.

wegt.[58]

Zum Abschluß dieses Kapitels soll noch einmal der Frage nachgegangen werden, auf welchen Grundlagen Peirce zu der Annahme gelangt, sämtliche menschlichen Denkprozesse ließen sich auf eine einheitliche (von Zeichen getragene, logische) Struktur zurückführen. Im Rahmen der Beschreibung der Aufgabe der Phänomenologie ist bereits ein Hinweis gegeben worden:

Die phänomenologische Untersuchung identifiziert, abstrahiert und klassifiziert die universellen Elemente der Phänomene. Die dieser Aufgabe adäquate Methode ist die "abstractive observation" bzw. das "diagrammatic thinking", eine Methode, die, so Peirce, jedermann vertraut und ganz selbstverständlich ist. Im Kontext semiotischer Überlegungen charakterisiert er sie als Methode, die es ermöglicht herauszufinden, "as to what *must be* the characters of all signs used by a 'scientific' intelligence, that is to say, by an intelligence capable of learning by experience".[59]

(Das Konzept von "Experience" wird von Peirce übrigens – ebenso wie das von "Experiment", s. u. – in einem sehr weiten Sinne gefaßt. Die Gegenstände der Erkenntnis stammen von einer umfassenden Skala, die vom wildesten Traum bis zur hochabstrakten wissenschaftlichen Schlußfolgerung reicht.[60])

Als Beispiel gibt Peirce die allgemein nachvollziehbare Situation an, daß jemand sich etwas wünscht, das seine derzeitigen Möglichkeiten überschreitet, und sich daraufhin fragt, ob er wohl auch dann noch diesen Wunsch hätte, wenn er ihn sich erfüllen könnte. Um diese Frage beantworten zu können, skizziert die Person in ihrer Imagination eine Art Diagramm von sich selbst und modifiziert daraufhin dieses Diagramm im Hinblick auf die hypothetische Situation der Wunscherfüllung. Nach der anschließenden Beobachtung und Untersuchung des modifizierten Diagramms – d. h. der *eigenen Vorstellung* – sollte die Beantwortung der Frage möglich sein. Die Phantasie, die das unabdingbare Mittel zu diesem Vorgehen ist, versteht Peirce dabei als rigoros entlarvend: "[It] makes the clothing and the flesh

[58]Diese Sichtweise vertreten auch Deely (siehe Kruse (1986):164, Anm. 1) sowie Riemer (1988a):80.
– Vgl. auch Frey (1970):32, Anm. 8.
– Vgl. auch Shapiro (1983):10.
[59]2.227.
[60]Vgl. 5.41.

137

drop off, and the apparition of the naked skeleton of truth to stand revealed before him."[61]

Ein solches Diagramm wiederum ist als ikonisches Zeichen zu verstehen.[62] Ein Ikon ist, wie schon dargestellt wurde, ein mentales Bild, das mit dem realen oder fiktiven Objekt, auf das es verweist, eine qualitative oder strukturelle Ähnlichkeit besitzt. Peirce unterscheidet drei Arten von Ikons, Bilder, Diagramme und Metaphern, wobei die Diagramme charakterisiert sind durch ihre Funktion, die *Relationen* zwischen Teilen des Objekts analog wiederzugeben.

In einer Beschreibung, die Peirce in bezug auf mathematische Diagrammbildungen gibt, wird der Zusammenhang von diagrammatischem Denken und abduktiver Kreativität deutlich: Irgendwann in der Phase des diagrammatischen Experimentierens fügen sich plötzlich die Einzelresultate zur Einsicht in die zugrundeliegende Relation zusammen – und es ist kein Zufall, daß Peirce deshalb auch Mathematiker als Künstler versteht, die ihre neuen Erkenntnisse *kreativ* gewinnen!

> "[...] deduction consists in constructing an icon or diagram the relations of whose parts shall present a complete analogy with those of the parts of the object of reasoning, of experimenting upon this image in the imagination, and of observing the result so as to discover unnoticed and hidden relations among the parts."[63]

Daube-Schackat weist im Zusammenhang mit der Diskussion dieser Methode darauf hin, daß die Beschreibung des diagrammatic thinking auch als detaillierte Anweisung zu verstehen ist, wie man sich konkret die Tätigkeit des "Consider" in der Pragmatischen Maxime vorzustellen habe.[64]

Peirces Begriff des *Experiments* wiederum ist durch diese verlängerte Perspektive in mentale Diagrammbildung hinein als ausgesprochen weitreichend charakterisiert. Diese erweiterte Auffassung des Experiments bewegt sich ebenso wie die hermeneutische Spirale äußerst nachdrücklich

---

[61] Peirce (1985/I): 294.
[62] Z. B. 4.531: " A Diagram is mainly an Icon, and an Icon of intelligible relations."
[63] 3.363.
– Vgl. auch 1.383.
– Vgl. auch 5.42 "The artist's observational power is what is most wanted in the study of phenomenology."
[64] (1987): 55. .

quer durch klassische naturwissenschaftliche Laboratoriums-Vorstellungen wie durch klassische hermeneutische Einfühlungskonzeptionen *hindurch*, dabei in ihrer resoluten Wahrheitsapproximation, wie Peirce findet, durchaus einer Bulldogge gleichend, die sich festgebissen hat am Problem und es unerbittlich verfolgt, bis dorthin, wo auch immer es seine Lösung versteckt hält.[65]

[65] 5.42.

KAPITEL V

Reines Spiel in den Grenzen der Freiheit

Skizze einer Texttheorie auf Peirceschen Grundlagen unter Einbeziehung der Ästhetik

> "[...] my own experience is that self-consciousness, and especially conscious effort, are apt to carry me to the verge of idiocy and that those things that I have done spontaneously were the best done. [...] [So] I held myself in as passive and receptive a state as I could."[1]

Um den Blick auch einmal auf die Umsetzung der Verstehenstheorie in interpretatorische Zusammenhänge richten zu können, sind im vorhergehenden Kapitel einige grundlegende Aussagen hermeneutischer Texttheorien erwähnt worden. Peirce hat seine Überlegungen zum Verstehen allerdings nie in einer Texttheorie entfaltet, sondern seine diesbezüglichen Ausführungen immer generell auf das Zeichenverstehen überhaupt und die Infrastruktur des Verstehens in jeglichen Erkenntnisvorgängen bezogen. Auf der Grundlage dieser Aussagen zur semiotischen Erkenntnistheorie, wie sie in den ersten Kapiteln dieser Arbeit vorgestellt wurden, und meiner Auffassung des Erklären/Verstehen-Verhältnisses als bedeutungsgenerierender zyklischer Iterationsprozeß, der aus diesen Aussagen extrapoliert wurde, soll in diesem Kapitel eine mögliche Texttheorie skizziert werden, in der die vier zentralen Elemente Autor-Text-Leser-Bedeutung in ihrem Stellenwert für den Verstehensprozeß dargestellt werden. Die Motivation für diese Skizze besteht in meinem Interesse, den Vergleich zwischen hermeneutischen und Peirceschen Aussagen zu Fragen des Verstehens auch auf der Ebene der Texttheorie zu ermöglichen, auch wenn es im Rahmen dieser Arbeit nur bei einer Umgrenzung dieser Fragestellung bleiben soll.

Dreh- und Angelpunkt jeglicher Verstehensprozesse ist, wie im vorigen

---

[1] 7.45.

Kapitel ausführlich dargelegt, die Abduktionslogik, und insofern muß sich hier auch die Verbindung zum literarischen Verstehen herstellen lassen. Dieser Bezug hat sich in den letzten Jahren tatsächlich auch schon etablieren können, allerdings ist es nachgerade Mode geworden, diesen Zusammenhang über die Analyse von Kriminalromanen herzustellen und die Methoden der ermittelnden Detektive als abduktive Glanz-Leistungen herauszuarbeiten.[2] Sicherlich ist diese Sichtweise (z. B. "The Detective Story as a Universe of Clues"[3]) berechtigt, allerdings sehen sich nicht nur rechtschaffene Detektive einem Universum überwältigender Zeichenmengen ausgesetzt bzw. einer Vielzahl "überraschender Tatsachen", die es zu interpretieren gilt: Im Kriminalroman wird nur explizit vorgeführt, was schließlich *jeden* Interpretationsprozeß ausmacht (s. o.). Unter der Perspektive der Allgegenwart abduktiver Schlüsse läßt sich jeder Text als Rätsel, als "Universe of Clues", ansehen, der, will man ihn verstehen, unablässig zu abduktiven Schlußfolgerungen provoziert. Das bedeutet allerdings eine innige Einbindung des rezipierenden Subjekts in dieses Universum – nein, mehr noch: Es ist gezwungen, sein kreatives Potential dazu zu benutzen, sich abduzierend/interpretierend dieses Universum überhaupt erst einmal zu *erschaffen*. Dieser Gedanke führt ins Zentrum der Peirceschen Zeichenwelt, und genau dort muß auch der Frage nachgegangen werden, welchen Raum nun textuell errichtete Welten in diesem Zeichenuniversum einnehmen bzw. welchen Status in diesem Zusammenhang ein Text hat.

Oben wurde schon ausgeführt, daß die Identifikation des unmittelbaren Objekts als der Ausgangspunkt jeder Kommunikation gesehen werden kann, da das unmittelbare Objekt eine Vorstellung des oder Auffassung über das dynamische Objekt ist und als zu übermittelnde kommunikative Intention gilt. Das dynamische Objekt verkörpert "die regulative Idee eines logisch identischen, unabhängigen Objekts. Dieses wird aus einer Folge unmittelbarer Objekte von Interpretationen konstruiert, da das Erfassen des unmittelbaren Objekts der minimale Zweck dieser Interpretationen ist, der in allen Interpretationen eines Zeichens unterstellt ist."[4] Die vor-

---

[2]Vgl. zu Peirce und Dupin/Holmes den von Eco und Sebeok (1983) herausgegebenen Sammelband, zu Peirce und Sam Spade den Aufsatz von Reichertz (1988) sowie Rohr (1990).
[3]Caprettini (1983):135.
[4]Pape (1989):393.

gängige Erfassung der je variierenden Realität,[5] d. h. die Erfassung der je variierenden Konstitution der unmittelbaren Objekte, kann demnach als Basis des Interpretationsvorgangs verstanden werden.[6]

Dieser Gedanke findet sich übrigens auch in Peirces Schriften zu seiner "semiotischen Kosmologie": Er sagt hier in seinem Versuch, eine Logik der Kommunikation zu begründen, daß Geist eine (Satz)-Funktion des Universums ist, deren Werte die Bedeutungen aller Zeichen sind; die Wirkungen der Zeichen stehen untereinander in einer effektiven Verbindung.[7] Das erkennende Subjekt muß daher seine Realitäten in diesem Netzwerk möglicher Bedeutungen erschaffen und in intersubjektiver Verständigung bestätigen.

Nun läßt sich die oben gestellte Frage, welchen Status textuell errichtete Welten haben, folgendermaßen beantworten: Auch Texte sind keine vorfindlichen Objekte, sondern Produkte der kreativen Leistung eines rezipierenden Subjekts. Dieses differenziert/abduziert sie als je variierende Zeichensysteme oder auch Kristallisationspunkte von Zeichenkorrelationen aus dem oben erwähnten effektiven Verbindungszusammenhang aller (Geist-) Zeichen und *erschafft* sie damit im Interpretationsprozeß.[8] (Unten wird noch detaillierter erläutert werden, daß Texte aufgrund ihrer spezifischen Zeichenhaftigkeit – symbolische Legizeichen – zur Konstitution ihrer Bedeutung allerdings sehr viel intensivere Abduktionsleistungen vom Rezipienten verlangen als andere Zeichenkonglomerationen.) Im oben beschriebenen Sinne können dann Texte durchaus als reinste Widerspiegelungen der Realität, als textuell errichtete "Universes of Clues", verstanden werden, durch die sich der Rezipient seinen Weg abduktiv ertasten muß.

Eco öffnet sich dieser Sichtweise, wenn er nach der Vorstellung seines Detektivs, Voltaires Zadig, einräumt: "[...] every text-interpreter makes abductions among many possible readings of a text",[9] aber er limitiert

---

[5]Es sei daran erinnert, daß die pragmatische Realitätsauffassung das Reale nicht als Gegebenheit, sondern als Resultat bestimmt, das gebunden ist an die Kommunikationsgemeinschaft der Erkennenden. "[R]eality depends on the ultimate decision of the community", führt Peirce in 5.316 in Anlehnung an die scotistische Realismustradition aus.

[6]Vgl. Pape in Peirce (1983b), S. 22ff.

[7]4.550, Fn.

[8]Hier bestehen offensichtlich Berührungspunkte zur Rezeptionstheorie, vgl. z. B. Iser (³1990):175ff.

[9]Eco (1983):213.

doch gleich wieder den Aktionsradius 'Abduzierender' drastisch, indem er seine Theorie der idiolektischen Gesetze und "allgemeiner Codes"[10] unterlegt, deren Rekonstruktion die Identifikation des "common topic" ermöglicht. An dieser Stelle greift dann allerdings grundlegender Zweifel an dieser Sichtweise, da sie einem dyadischen Zeichenmodell verhaftet bleibt, das unterstellt, man könne von einer stabilen codifizierten Zuordnung Signifikat/Signifikant ausgehen. Im Rahmen von Peirces "Trichotomania", wie er seine tri-relationale Besessenheit manchmal selbstironisch nennt, ist der Codebegriff allerdings zu meiden. Die weitreichendere Perspektive des hier vorgestellten Zeichenkonzepts besteht ja gerade darin, daß Zeichenprozesse als dynamische begriffen werden, die sich in einem Wechselspiel von stabilisierenden und destabilisierenden Faktoren entfalten. Dem dyadischen Code steht hier die 'individuelle triadische Kreativität' gegenüber, die Zeichenprozesse über ihre Wirkung im Interpretanten bzw. im Abduktionsvorgang dynamisiert[11] – und der "common topic" ist eben nicht das "unmittelbare Objekt".

Der oben dargestellte Vorgang der Textproduktion des rezipierenden Subjekts berührt auch Fragen der Ästhetik, besonders des ästhetischen Erlebens. Peirce hat keine ausgearbeitete Ästhetik hinterlassen, aber aus seinen im Gesamtwerk verstreuten Aussagen zu diesem Thema, das ihm gleichwohl sehr wichtig war, läßt sich schließen, daß auch bei der Frage der Realisierung ästhetischen Erlebens auf die aktive Tätigkeit des Subjekts verwiesen wird, wobei diese Tätigkeit wieder nicht als De- oder Encodiervorgang aufgefaßt wird, sondern sich vielmehr im Prozeß der *Konstitution* des ästhetischen Objekts (verstanden als ständige Oszillation zwischen Subjektpol und Objektpol) entfaltet.

Ästhetische Relevanz gewinnt ein Gegenstand sowohl durch eine bestimmte ästhetische Qualität als auch durch den dialektischen Prozeß der Reaktion des Rezipienten auf die wahrgenommene Provokation eines ästhetisch rezipierbaren Gegenstands zu ästhetischen Abduktionsleistungen. Diese können als Sinnkonkretionsprozesse verstanden werden und verändern den Gegenstand während dieses Prozesses ständig.

Die ästhetische Qualität besteht in ihrem substantiellen Sinne in der spezifischen Zusammenfügung einzelner Qualitäten zu einem unmittelbaren

[10]Ebenda: 204f.
[11]Dies ist auch ein Ansatz Köllers; vgl. (1977): 70ff.

Qualitätskomplex, der mehr ist als die bloße Summe seiner Teile: "[I]n-troducing an idea not contained in the data, which gives connections which they would not otherwise have had."[12] Es läßt sich folgern, daß in dem je individuellen Erstellen der ästhetischen Qualität, dem von Peirce sog. "kalos", die (abduktive) Leistung des rezipierenden Subjekts besteht und daß dies sein kreatives ästhetisches Erleben ausmacht. Damit ist auch wieder der spezifische Objektstatus angesprochen: Unmittelbare Qualitätskomplexe werden kreativ aus dem unendlichen Zeichenzusammenhang mit einer Vielzahl von Verweisungszusammenhängen abduktiv ausdifferenziert. Somit ist das kalos gleichermaßen als *Qualität* wie als *Produkt*, als *Aufforderung* zur Konkretion wie als unerreichbarer *Idealzustand* zu verstehen, dem sich nur unendlich oft versuchsweise angenähert werden kann.

Diese zusammenfassende Skizze ästhetischen Erlebens soll nun systematisch begründet und ausgeführt werden, aber dazu ist zunächst ein Exkurs in die ästhetischen Grundlagen notwendig. Die Frage, wie sich ästhetische Zeichen und damit verbunden ästhetisches Erleben konstituieren, hat Peirce, wie schon erwähnt, nicht umfassend beantwortet, er hat nur Hinweise hinterlassen. Aus diesen verstreuten Informationen kann indes ein spezifischer Zusammenhang herausgearbeitet werden, der es erlaubt, das hier skizzierte Konzept des Textverstehens auf Peirceschen Grundlagen um eine ästhetische Komponente zu erweitern.

Zunächst soll die Ästhetik noch einmal in ihrer Position – und den daraus resultierenden Implikationen – im Gesamtzusammenhang von Peirces Klassifikation der Wissenschaften betrachtet werden.[13] Da sie als normative Wissenschaft der Phänomenologie nachgeordnet ist, bezieht sie gemäß der Peirceschen Dependenzregeln von dieser ihre fundamentalen Prinzipien und beeinflußt ihrerseits die ihr nachgeordnete Ethik und Logik.

Als die erste der normativen Wissenschaften wird sie ferner die Kategorie der Erstheit besonders reflektieren. Konkret gestaltet sich dies folgendermaßen: Die Ästhetik analysiert Phänomene in ihrer Fähigkeit der Interaktion mit dem erkennenden Subjekt, diesen fundamentalen Dualismus teilt sie mit allen Normativen Wissenschaften.[14]

Als erste der Normativen Wissenschaften untersucht sie Phänomene im

[12]1.383.
[13]Vgl. das Schema auf S. 32ff.
[14]Diese Charakterisierung folgt Kent (1976):278f.

Hinblick auf deren Erscheinung als Firstness, ihre Aufgabe besteht dabei vornehmlich in der Beschreibung des *allgemeinen Ideals*,[15] dessen Erstheit sich in seinem Für-sich-selbst-sein zeigt. Das *summum bonum* enthält ferner Anteile von Ethik und Logik: "[E]sthetics considers those things whose ends are to embody qualities of feeling, ethics those things whose ends lie in action, and logic those things whose end is to represent something."[16]

Das fundamentale Prinzip, das sie von der Phänomenologie übernehmen muß, ist die Maxime, daß im Phaneron drei nicht weiter reduzible Elemente identifizierbar und universell gegenwärtig sind. Das allgemeine Ideal muß also von der Ästhetik derart gefaßt werden, daß die drei basalen Elemente in einem Zustand der Ausgewogenheit aufgehen können, wobei Ausgewogenheit meint, daß die jeweiligen kategorialen Eigenheiten in diesem Zustand klar zum Ausdruck kommen können.[17]

Und so weist Peirce der Ästhetik ausdrücklich folgende Fragestellung zu: "[W]hat is the state of things which is most admirable in itself regardless of any ulterior reason"?[18] Er beschreibt den idealen Zustand dann auch konsequenterweise als einen, der hochkomplex sein könne, in dem aber in der Komplexität ein einzelnes Ideal als Einheit zum Ausdruck kommen müsse.[19]

Dieses Ideal, dieser ideale Zustand, ist keinesfalls identisch mit *Schönheit*, denn eine seiner Qualitäten umfaßt ausdrücklich das Nicht-Schöne. Also wählt Peirce zu seiner Bezeichnung das griechische "kalos", denn:

> "We have not in our language a word of the requisite generality. The Greek καλόσ, the French *beau*, only come near to it, without hitting it squarely on the head. 'Fine' would be a wretched substitute. Beautiful is bad; because one mode of being καλόσ essentially depends upon the quality being unbeautiful. Perhaps, however, the phrase 'the beauty of the unbeautiful' would not be shocking. Still 'beauty' is too skin-deep. Using καλόσ, the question of esthetics is, What is the one quality that is, in its immediate presence, καλόσ?"[20]

[15] 1.613.
[16] 5.129;
– Vgl. auch 1.191.
[17] Vgl. Kent (1976): 269.
[18] 1.611.
[19] 1.613.
[20] 2.199.

Es stellen sich nun die Fragen, wie sich diese spezifische Zusammenfügung von Qualitäten zum idealen Zustand des kalos vollzieht, was ästhetische von nicht-ästhetischen Objekten trennt und wie ästhetische Zeichen wahrgenommen werden können. Die oben formulierte Forderung, daß der ideale Zustand in einer Art harmonischer Expressivität der fundamentalen Seinsweisen Firstness, Secondness und Thirdness besteht, spiegelt sich in der Beschreibung, die Peirce vom ästhetischen Objekt gibt. Was ein Objekt zu einem ästhetisch guten Objekt macht, ist sein spezielles Verhältnis von Teilen und Ganzem: Die einzelnen Teile müßten in ihrer Verbindung dem Ganzen eine einfache, unmittelbare Qualität verleihen, in der sich die kategoriale Ausgewogenheit spiegelt.

> "In the light of the doctrine of categories I should say that an object, to be esthetically good, must have a multitude of parts so related to one another as to impart a positive simple immediate quality to their totality; and whatever does this is, in so far, esthetically good, no matter what the particular quality of the total may be."[21]

Wie aber können sich Einzelaspekte zu einer einheitlichen komplexen Wahrnehmungsqualität konstituieren? *Jeder* Komplex von Qualitäten ist eine Qualität, führt Peirce aus. Dabei bilden die verschiedenen Qualitäten des Komplexes ein Kontinuum, stehen in einer Nachfolgerelation. Doch da ein Kontinuum als solches nicht existieren kann, besteht es in der Totalität all seiner diskreten Dimensionen nur als Möglichkeit, da nicht alles, was möglich ist, auch gleichzeitig wirklich existieren kann:

> "Every complexus of qualities is a quality, and as such, considered by itself, is all that is in and for itself. [...] Every [...] quality makes a dimension of the continuum of quality. But in this way, the dimensions of the continuum of quality ought to exceed every discrete multitude. In short, they should form a continuum. But there is no such thing as a continuum of dimensions. It is impossible. Hence, these dimensions of complex quality are only abstractably possible. They cannot have simultaneous being in the world of potentialities."[22]

Es müsse deshalb ein Prinzip der arbiträren Selektion wirksam sein, das *einigen* Qualitätskomplexen zur konkreten Verwirklichung in individueller

[21] 5.132.
[22] Peirce (1976a/IV):135.

Existenz verhilft und damit gleichzeitig andere ausschließt, indem es deren Aktivierung im erkennenden Bewußtsein verhindert. "The thisness of it [existence] consists in its reacting upon the consciousness and crowding out other possibilities from so reacting."[23] Die Überprüfung der solcherart ausdifferenzierten Konglomerationen bindet, wie schon erwähnt, die Realitätskonstitution an das Prinzip der unendlichen Wahrheitsapproximation.

Da dieser Prozeß der Qualitätsindividuation sich generell vollzieht, ist die Frage der ästhetischen Qualität noch nicht beantwortet. Aus der obigen Beschreibung des ästhetischen Objekts kann aber gefolgert werden, daß die ästhetische Komponente darin zu sehen ist, daß sich im Prozeß der Qualitätsindividuation die Vielzahl der Einzelqualitäten zu einer "positive simple immediate quality" formieren, der ausgewogenen Expressivität der universalen Elemente der Erkenntnis. Diese Sichtweise findet sich auch in Peirces Beschreibung der "most perfect signs". Das seien diejenigen Zeichen, in denen "the iconic, indicative, and symbolic characters are blended as equally as possible".[24] Allerdings, und das ist von zentraler Wichtigkeit, gibt es dabei nicht *den* einen Zustand ästhetischer Exzellenz, sondern vielmehr eine Vielzahl ästhetischer Qualitäten, d. h. "simple qualities of totalities not capable of full embodiment in the parts, which qualities may be more decided and strong in one case than in another."[25] Dieser Facettenreichtum erlaubt eine Vielzahl von Zugangsmöglichkeiten zur wahrheitsapproximativen Diskussion der ästhetischen Qualität.

Die Integration des kalos in die Menge aller Qualitäten bedeutet aber kein Stehenbleiben Peirces in der klassischen – platonischen – ästhetischen Theorie.[26] Die Vorstellung einer Harmonie, genauer gesagt, einer Ausgewogenheit der Seinsmodi, die in der Charakterisierung der Qualität kalos enthalten ist, könnte diese Schlußfolgerung nahelegen, doch geht es Peirce nicht um die harmonische Perfektion der *Form*, sondern um das kalos als *Qualität*, für das Form nur eine notwendige Bedingung darstellt, in der es sich instantiiert. Eine Sichtweise, die sich zum gegenwärtigen Zeitpunkt durchzusetzen scheint, ist das Verständnis von Peirces Ästhetik als "post-

---

[23]Ebenda.
[24]4.448.
[25]5.132.
[26]Diese Einschätzung bildet den Kanon der Literatur zur Vorstellung einer Qualität kalos; vgl. hierzu z. B. Hocutt (1962): 161f.

moderne", da sie das Nicht-Schöne, Unfertige, Unbeschreibbare etc. in den Begriff des kalos integriert.[27]

Nun bleibt die Frage der ästhetischen Zeichen. Da alle menschlichen Wahrnehmungs- und Erkenntnisprozesse, überhaupt jegliche mentale Tätigkeit, von Peirce als von Zeichen getragen definiert werden, vollzieht sich selbstverständlich auch die Wahrnehmung ästhetischer Objekte zeichenvermittelt. Wie wird nun aber diese oben beschriebene Qualität *qua* ästhetischer Qualität, kalos, wahrgenommen? Die Antwort, die Peirce anbietet, ist folgende: Die Qualität des kalos muß ihre Entsprechung in einer *Empfindungsqualität* finden, und das ist der emotionale Interpretant.[28] Zur Analyse der Bedeutung einer intellektuellen Idee ist er, wie alle Arten von Interpretanten, unverzichtbar. Er wird als der basale Effekt, den ein Zeichen hervorruft, beschrieben, auf dem alle weiteren aufbauen. Er besteht in einem Gefühl, genauer, in einem Gefühl des Wiedererkennens.

> "The first proper significate effect of a sign is a feeling produced by it. There is almost always a feeling which we come to interpret as evidence that we comprehend the proper effect of the sign, although the foundation of truth in this is frequently very slight."[29]

Das Erfassen eines ästhetischen Objekts *qua* seiner ästhetischen Qualität beinhaltet als zentrale Komponente die Oszillation zwischen der Qualität des kalos dieses Objekts, wie es sich in dessen jeweiligem abduktiven Ausdifferenzieren konstituiert, und dem Effekt dieser kreativen Tätigkeit in einer Empfindungsqualität, die der einzige Indikator für die Existenz dieser Qualität des kalos ist.[30] Die Forderung, daß eine *Gefühlsqualität* grundsätzlich das Vorhandensein einer Eigenschaft in einem Objekt indizieren kann, begründet Peirce auf zweierlei Weise:

(1) Erstens damit, daß dieses Gefühl intersubjektiv ist, d. h. in einer Art intellektueller Anteilnahme besteht und damit als grundsätzlich verstehbar und vernünftig aufzufassen ist.

(2) Zweitens damit, daß Emotionen Prädikate von *Objekten,* nicht von *Subjekten* sind.

---

[27]Dies wurde von Herman Parret in seinem Vortrag "Peircean Fragments on the Aesthetic Experience" auf dem Peirce Sesquicentennial International Congress 1989 ausgeführt.
[28]Vgl. 5.44.
[29]5.475.
[30]Hier besteht eine Verbindung zu den Ausführungen Hocutts (1962):162ff.

Diese beiden Begründungen sollen nun etwas genauer betrachtet werden. Welche Implikationen ergeben sich? Zunächst wird ein Zitat eine genauere Beschreibung dieser "intellektuellen Anteilnahme" leisten:

> "[...] in esthetic enjoyment we attend to the totality of Feeling – and especially to the total resultant Quality of Feeling presented in the work of art we are contemplating – yet it is a sort of intellectual sympathy, a sense that here is a Feeling that one can comprehend, a reasonable Feeling. [...] it is a consciousness belonging to the category of Representation, though representing something in the Category of Quality of Feeling."[31]

In der ästhetischen Kontemplation wird die Totalität einer Empfindungsqualität erfahrbar, und es läßt sich also festhalten, daß hier in der Thirdness die Firstness repräsentiert wird, denn der spezifische Effekt des Zeichens (Thirdness per se) entfaltet sich als Firstness, als emotionaler Interpretant, und die Einbettung in die Thirdness gewährt dieser Empfindungsqualität Intersubjektivität. Ästhetische Kontemplation eröffnet somit Zugang zur Dimension der Firstness, die sich üblicherweise der Vergegenwärtigung entzieht und doch sehr präsent ist: "[T]he Immediate ([...] the Unanalyzable, the Inexplicable, the Unintellectual) runs in a continuous stream through our lives; it is the sum total of consciousness [...]."[32] Es ergibt sich damit die Möglichkeit, sowohl Qualitäten wie korrespondierende Gefühlsqualitäten zu isolieren und der Reflexion zuzuführen,[33] und eben das ist als das Spezifikum der ästhetischen Dimension aufzufassen.

Die zweite Begründung, daß Emotionen Prädikate von Objekten sind, entwickelt Peirce im Zusammenhang erkenntnistheoretischer Erwägungen, speziell in der Untersuchung der Frage "Whether we have any power of introspection, or whether our whole knowledge of the internal world is derived from the observation of external facts."[34]

> "[...] any emotion is a predication concerning some object [...]. What is here said of emotions in general, is true in particular of the sense of beauty and of the moral sense. Good and bad are feelings which first arise as predicates, and therefore are either predicates of the not-I, or are determined by previous cognitions (there being no intuitive power of distin-

---

[31] 5.113.
[32] 5.289.
[33] Vgl. Smith (1972):29.
[34] 5.243.

guishing subjective elements of consciousness)." sowie "That a sensation is not necessarily an intuition, or first impression of sense, is very evident in the case of the sense of beauty [...]. When the sensation beautiful is determined by previous cognitions, it always arises as a predicate; that is, we think that something is beautiful."[35]

Da auch das Erfassen des kalos, wie jede zeichenvermittelte Erkenntnis, durch vorhergehende Wahrnehmungen determiniert ist, wird nun auch verständlich, warum Peirce von einem Gefühl des *Wiedererkennens* spricht.

Möglichen Einwänden gegen diese Vorstellung, daß Objektqualitäten durch Empfindungsqualitäten indiziert werden können, begegnet Peirce mit der Entgegnung, daß die Varietät der sinnlichen Empfindungsqualitäten kongruent der typisch menschlichen Fähigkeit ist, Generalia in Kunstwerken, theoretischen Erwägungen etc. zu verkörpern:

"Beginners in philosophy may object that these are not qualities of things and are not in the world at all, but are mere sensations. Certainly, we only know such as the senses we are furnished with are adapted to reveal [...]." 1.418 Aber "[t]o give the lie to his own consciousness of divining the reasons of phenomena would be [...] silly [...]", denn "what is man's proper function if it be not to embody general ideas in art-creations, in utilities, and above all in theoretical cognition?" 6.476

Neben dem emotionalen Interpretanten, in dessen Empfindungsqualität die einzige Evidenz über das Erkennen des kalos besteht, gibt Peirce ein weiteres Desideratum für das Erfassen einer ästhetischen Qualität an: eine naive Geisteshaltung.

Diese Forderung ist verständlich vor dem Hintergrund, daß die Ästhetik durch ihre Position in der Architektonik der Wissenschaften auf der Phänomenologie aufbaut, die grundsätzlich im Erkenntnisakt eine gewisse *Passivität* den Phänomenen gegenüber fordert.[36] Die spezifisch "ästhetische Passivität" besteht nun im Zustand der *Naivität* dem ästhetischen Objekt gegenüber.

"[...] I venture to think that the esthetic state of mind is purest when perfectly naïve without any critical pronouncement, and that the esthetic critic founds his judgments upon the result of throwing himself back into

---

[35]5.247 sowie 5.291
[36]Vgl. 1.377 "passive consciousness of quality".

such a pure naïve state – and the best critic is the man who has trained himself to do this the most perfectly."[37]

An dieser Stelle verbindet sich nun wieder ästhetische Kontemplation mit Kreativität. Es wurde an anderer Stelle dargestellt, daß auch abduktive (kreative) Geistesverfassungen durch passive Offenheit den Phänomenen gegenüber gekennzeichnet sind, durch reines Spiel in den Grenzen der Freiheit. Dieser Zustand, das *musement*, kann bei entsprechender naiver Rezeptivität zunächst die Stufe der ästhetischen Kontemplation erreichen und sich zur wissenschaftlichen Untersuchung fortentwickeln.[38] Das kalos wird, wie jede andere Qualität auch, abduktiv ausdifferenziert und muß sich, auch darin gleicht sie jeder anderen Qualität, der Überprüfung unterwerfen. "The sensation of beauty arises upon a manifold of other impressions. [...] Accordingly, a sensation is a simple predicate taken in place of a complex predicate; in other words, it fulfills the function of an hypothesis."[39]

Darüber hinaus teilt die Diskussion des kalos selbstverständlich das Schicksal aller Aussagen, die bestimmten Objekten bestimmte Qualitäten zuordnen: In ihrer Gesamtheit ist eine Qualität niemals erfaßbar, das ist "beyond our ken".[40] Insofern kann sich auch dem kalos nur in unendlicher Wahrheitsapproximationen angenähert werden, die unter dem kontrafaktischen regulativen Ideal der final opinion vollzogen werden.

Da die Aufgabe dieses Kapitels in der Skizze einer Texttheorie besteht, soll nun zu dieser Ausgangsfrage zurückgekehrt werden. Oben wurde beschrieben, daß dem Rezipienten die Aufgabe zukommt, "offene Ganzheiten" kreativ aus dem unendlichen Zeichenzusammenhang als komplexe Zeichenträger mit einer Vielzahl von Verweisungszusammenhängen abduktiv auszudifferenzieren.

Angenommen, ein solchermaßen ausdifferenzierter (ästhetisch rezipierbarer) Gegenstand sei nun ein Text, so läßt sich dieser Vorgang folgendermaßen verstehen: Qua Abduktion springt der Leser permanent von einer Zeichenebene (z. B. Wort-Satz-Absatz) zur anderen, von einem Zeichenträger zum nächsten; d. h., qua Abduktion werden die Wahrnehmungen ständig

[37]5. III.
[38]Vgl. 6.458.
[39]5. 291.
[40]5. 119.

umstrukturiert und immer neue Zeichenkorrelationen identifiziert, isoliert – und kreiert. Es werden also kreativ immer neue Korrelationsfelder unterschiedlicher Korrelationsintensität geschaffen, die in wechselseitige Determinationsverhältnisse gebracht werden. Diese Determinationsverhältnisse sind individuell verschieden, und wie beim Rätsellösen verschränken sich hier vorgängig abduzierte Deutungshypothesen mit den nachfolgenden wechselnden Restrukturierungen – das Gesuchte ist anwesend und abwesend zugleich.

Das zugrundeliegende Zeichenmodell, d. i. das Zeichen als dreistelliges Relationenverhältnis, erlaubt eine solche Sichtweise. Die erforderliche Dynamik ist grundsätzlich über das flexible Zuordnungsverhältnis Zeichenträger/Objekt im Interpretationshorizont des Interpretanten angelegt. Über den Interpretanten ist der Leser gleichermaßen im Text und außerhalb des Textes, über ihn wird entschieden, was den identifizierten Zeichenträgern für Objekte zugeordnet werden sollen.

Von zentraler Bedeutung ist hier allerdings, daß diese Flexibilität keineswegs zu reiner interpretativer Willkür gerinnen muß, denn "wir [halten] uns die Option offen [...], Zeichen so zu interpretieren, daß sie aufeinander als auf *Zeichen, die für dasselbe Objekt stehen*, bezogen sind, seien sie nun einander widerstreitende oder ergänzende Interpretationen. [...] [K]onkurrierende Interpretationen [müssen] deshalb vergleichbar sein [...], weil sie darauf abzielen, ein identisches Objekt darzustellen."[41]

In dieser Sichtweise gilt es also nicht, das dynamische Objekt – oder die Qualität eines Idealzustandes – im finalen Interpretanten als "die Autorintention" zu fixieren und darzustellen (d. h. die Autorintention mit dem finalen Interpretanten zu identifizieren). Vielmehr finden sich Autor und Leser in ihren unmittelbaren Objekten, und das meint in ihren konkurrierenden Interpretationen dynamischer Objekte, im Text vereint. Der ist nun in der Tat zu verstehen als "Universe of clues", d. h. als das Netzwerk der unmittelbaren Objekte, die alle in den unterschiedlichsten Facetten auf die dynamischen Objekte hinweisen und so in den verschiedenen Interpretanten aufgehen. Dies ist nun eine weitere Begründung dafür, daß Texte in Peircescher Perspektive unterschiedlich konturiert werden, d. h. je individuelle Ausschnitte darstellen aus dem möglichen Gesamtzusammenhang der Hinweise, die von den unmittelbaren Objekten ausgehen und in den

[41]Pape (1989):393.

variierenden Interpretanten qua individueller grounds aufgenommen werden. Der Bedeutung werden Autor wie Leser gleichermaßen nur durch die mühsame Arbeit der Hermeneutischen Spirale habhaft, in der ja dieses Netzwerk gleichzeitig unablässig geknüpft und interpretiert und damit erklärt und schließlich verstanden wird. Insofern gibt es allerdings *die Bedeutung* eines Textes, und somit wäre eine klassische hermeneutische Forderung erfüllt, doch sind Autor wie Leser ihr gleichermaßen nah oder fern, sind beide gleichermaßen für sie verantwortlich, denn sie ist der Text, wie er sich im bedeutungsgenerierenden zyklischen Iterationsprozeß konstituiert, und somit konstituiert er sich nur in der jeweiligen Folge von interpretatorischen Annäherungsversuchen der unmittelbaren Objekte an die dynamischen Objekte – beim *Autor* wie beim *Leser*.

Die Darstellung eines literarischen Verstehensprozesses auf Peirceschen Grundlagen entspricht – um dies noch einmal zu wiederholen – einer fest in das logische Gerüst der semiotischen Erkenntnistheorie eingebundenen Hermeneutischen Spirale: In deren Verlauf werden (nicht bewußt oder diskursiv präsent) die abduzierten bedeutungstragenden (und: 'kalostragenden') Korrelationen deduktiver und induktiver Überprüfung unterzogen. Eventuell modifizierte Hypothesen werden dann anschließend aufs neue in den Prozeß eingebracht. Hierbei wirken die unmittelbaren Objekte (und die sie begleitenden emotionalen Interpretanten) als Kraft, die die Abduktionen in eine bestimmte Richtung lenkt, die kontinuierlich überprüft wird, so daß auch in dieser Sichtweise eines Verstehensprozesses die vorgängigen und modifizierten Deutungshypothesen dem berühmten "leitenden Prinzip der Vorahnung" folgen: Man weiß immer schon, was man wissen will. Hinweise auf eine wissenschaftstheoretische Begründung der Vorahnung hat Peirce in seinem oben erläuterten Konzept der "Predesignation" gegeben. Das Merkmal, das in einer Stichprobe untersucht werden soll, muß *vor* der Entnahme der Stichprobe festliegen, d. h., daß bereits *vor* der induktiven Bestätigung *abduktiv* Muster erkannt sein müssen.

Es wurde im vorigen Kapitel schon dargelegt, inwiefern die Hermeneutische Spirale auf Peirceschen Grundlagen eine scharfe Trennung von subjektiver und objektiver Erkenntnis nicht zuläßt. Diese beiden Perspektiven sind vielmehr in der Spirale immer verschränkt, und zwar so, daß die 'subjektiv erratenen Hypothesen' erstens niemals rein subjektiv im Sinne *ex novo* sein können – in der Abduktion werden ja immer *neue* und *alte* Elemente zusammengebracht – sowie zweitens unablässig die anschließenden Prüfungsverfahren durchlaufen, um die Forderung nach Objektivität in der prinzipiell möglichen Selbstkorrektur zu erfüllen. Diese Sichtweise gilt für jegliche Verstehensprozesse, also auch für den Prozeß des Textverstehens, der ebenfalls durch diesen 'subjektiv objektiven' Verlauf gekennzeichnet ist. Diese Sichtweise eines universalen Prinzipien folgenden Verstehensprozesses spiegelt sich andersherum auch in Peirces Verständnis von künstlerischer und wissenschaftlicher *Tätigkeit*. Das folgende längere Zitat ist geeignet, dies zu illustrieren:

> "[...] the highest kind of synthesis is what the mind is compelled to make neither by the inward attractions of the feelings or representations themselves, nor by a transcendental force of necessity, but in the interest of intelligibility that is, in the interest of synthesizing 'I think' itself; and this it does by introducing an idea not contained in the data, which gives connections which they would not otherwise have had. [...] The work of the poet or novelist is not so utterly different from that of the scientific man. The artist introduces a fiction; but it is not an arbitrary one; it exhibits affinities to which the mind accords a certain approval in pronouncing them beautiful, which if it is not exactly the same as saying the synthesis is true, is something of the same general kind. The geometer draws a diagram, which if not exactly a fiction, is at least a creation, and by means of observation of that diagram he is able to synthesize and show relations between elements which before seemed to have no necessary connection."[42]

Peirce konstatiert also, daß künstlerische und wissenschaftliche Tätigkeiten insofern vergleichbar sind, als sie beide im ganz spezifischen Synthetisieren von Datenmengen bestehen, d. h. diese Datenmengen unter neuen Perspektiven synthetisieren, so daß neue Zusammenhänge sichtbar werden können. Diese Sichtweise kann nicht überraschen – wird hier doch konsequenterweise nichts anderes als die synthetisierende Funktion der Abduktion beschrieben, der Motor für die Hermeneutische Spirale, der universale Ausgangspunkt aller menschlichen Wahrnehmungsprozesse, nicht nur der künstlerischen oder wissenschaftlichen.

Dennoch kann, was im Zitat zum Ausdruck gebracht wird, in künstlerischer oder wissenschaftlicher Arbeit diese synthetisierende Leistung expliziert und reflektiert werden. Ebenfalls konsequenterweise wird der Vorgang ästhetischer Kontemplation und ästhetischer Qualitätsinstantiierung

---

[42] 1.383.

nicht limitiert. Das heißt, er wird nicht nur auf Artefakte im Sinne 'explizit künstlerische Objekte' beschränkt – Peirce beschreibt z. B. eine spezifische Qualität, die in der "emotion upon contemplating a fine mathematical demonstration"[43] besteht. Es läßt sich also – ebenfalls konsequenterweise – vermuten, daß die Oszillation zwischen kalos und emotionalem Interpretanten keineswegs nur der Ariadnefaden in speziellen *geisteswissenschaftlichen* Interpretationsprozessen ist.

Dieses Verhältnis von Hermeneutischer Spirale und Emotionen soll nun etwas detaillierter betrachtet werden. Eine Hermeneutische Spirale kann, wie schon erwähnt, phasenweise von einer Art 'Abduktionsemotion' begleitet werden. Abduzieren, konstatiert Peirce, ist nämlich von einem ganz bestimmten Gefühl begleitet, einem Gefühl, das zu dem Akt, eine hypothetische Konklusion zu denken, gehört. Es entsteht in dem Moment der Synthetisierung, in dem an die Stelle eines "komplizierten Durcheinanders von Prädikaten", die in einem erkennenden Subjekt erwachsen, ein "einziger Begriff" gesetzt wird. Im hypothetischen Schluß wird das "vorher kompliziertere Fühlen" durch ein "einziges Fühlen von größerer Intensität" ersetzt.[44]

Diese Vorstellung der Bündelung von Prädikaten ist auch im Zusammenhang mit den Ausführungen zur Ästhetik erwähnt worden, und auf diesen Grundlagen ergibt sich folgender Schluß: Angenommen, die passive Offenheit den Phänomenen gegenüber ist naiv genug, so kann es die Qualität des kalos sein, die sich hier bündelt, "showing for the first time that some element, however vaguely characterized, is an element that must be recognized as distinct from others". Wie jede Firstness kann sie dennoch niemals *wirklich* beschrieben werden, denn "remember that every description of it must be false to it." Aus der Spannung heraus, die aus dem Begehren, das Rätsel zu lösen, und der Hingabe an die Unwiderstehlichkeit einer Hypothese entsteht, kann sich ihr nur endlos angenähert werden.

Diese Einführung von *Emotionen* in den Abduktionsvorgang findet eine Entsprechung auch in Peirces feinerer Differenzierung des Interpretantenfeldes, in der die "bedeutungsvollen Wirkungen" eines Zeichens und damit der gesamte Interpretationsprozeß auf den drei Modalitätsebenen angesiedelt werden. Es wurde schon ausgeführt, daß dabei dem Vorgang der Qua-

[43]1.304.
[44]2.643.

litätsbündelung der Effekt im emotionalen Interpretanten entspricht. Daraus läßt sich folgern, daß in der Hermeneutischen Spirale zyklisch verschiedene Stadien – von Emotion (emotionaler Interpretant) über – potentielle – Aktion (energetischer Interpretant) bis zur Formation einer (Denk-)Gewohnheit (logischer Interpretant) – durchlaufen werden. Unter Ausweitung der Spiralen-Metapher läßt sich vielleicht hinzufügen, daß die Schwünge, die in der Spirale vollführt werden, unterschiedlich weit sein können. Am weitausholendsten müssen sie dann sein, wenn sie explizit die maximale Entfaltung aller drei Seinsmodi umfassen, also z. B. die ästhetische Kontemplation (die ja auch schon immer Interpretation ist) bis hin zur reflektierenden Interpretation dieser Qualitätsinstantiierung. Die Bemerkungen zur Emotion sollen jedoch nicht verschleiern, daß ein solcher Prozeß, wie überhaupt jeder Denkvorgang, von Peirce grundsätzlich als rationaler, den Gesetzen der Logik gehorchender Vorgang definiert wird. Peirce billigt dem Menschen neben dem schlußfolgernden Denken keine zweite Erkenntnisfähigkeit zu,[45] was aber, daran sei erinnert, keineswegs bedeutet, daß der Denkvorgang deshalb richtig (weil logisch) sein muß – über die Abduktion können auch letztlich unhaltbare Elemente Eingang in die Prämissen finden.

Zurückkehrend zur Darstellung abduktiv gesteuerter Leseprozesse, läßt sich feststellen, daß diese vor allem in dem kontinuierlichen Wechsel der Perspektive bestehen, durch den je neue Zeichenträger isoliert/abduziert werden – und sobald dies geschehen ist, befindet sich das erkennende Subjekt im komplizierten Wechselspiel der potentiell unendlich kreativen Zeicheninterpretationsmöglichkeiten und der Regulativa, die diese Unendlichkeit einschränken.

Die potentielle Offenheit ergibt sich, um das an dieser Stelle noch einmal deutlich zu machen, einerseits aus dem schon besprochenen pragmatischen Objektbegriff gemäß den Differenzierungsbedürfnissen der Zeichenbenutzer, andererseits aus zwei offenen Zugängen zum Zeichenträger.

Es können ja nicht nur alle identifizierbaren Phänomene als Zeichenträger zugelassen und dann der intersubjektiven Verständigung ausgesetzt werden, es sind auch Verknüpfungen von gleichen Zeichenträgern mit (partiell) verschiedenen unmittelbaren Objekten möglich. D. h., sofern sich der wahrgenommene bzw. zugrundegelegte Interpretationskontext ändert, entstehen

[45] 5.265.

neue kontextuelle Verweisfunktionen und Analogierelationen, so daß dann mit Zeichenträgern auf den verschiedensten Ebenen auch verschiedene unmittelbare Objekte korrelieren.

Diese Objektkonstitutionen sind abhängig vom Wechselspiel der vorgängigen und modifizierten Deutungshypothesen, dem Intensitätsgrad des Musement sowie von den variierenden Interpretationshorizonten, auf die das interpretierende Subjekt sich bezieht bzw. die es bei den Konstitutionen des unmittelbaren Objekts je zugrundelegt und diese damit dynamisiert.

Neue Objektkonstitutionen werden mit neuen Zeichenträgern verbunden, die neue Interpretanten erzeugen, die neue Zeichenträger werden etc. Dieser Prozeß wurde unter dem Stichwort "infinite Semiose" schon ausführlich erläutert. Es wird so deutlich, daß die je neuen Sinnkonstitutionen im Interpretationsprozeß nicht *additiv*, sondern *integrativ* zueinander stehen und die Zeichenträger des Textes superieren.

In einem Text liegt überdies ein vergleichsweise instabiler – oder: offener – Abduktionsraum vor. Dies ist keineswegs als Widerspruch zur vorher vertretenen Position zu verstehen, daß Texte in gewisser Weise die (Zeichen-)Realität 'widerspiegeln'. Diese größere Offenheit ergibt sich aus der speziellen Art sprachlicher Zeichen, im Peirceschen System symbolische Legizeichen. Bei dieser Zeichenart ist das Zeichenträger/Objekt-Verhältnis am flexibelsten und stellt sich ausschließlich über den "symbol using mind" her: "A symbol [...] cannot indicate any particular thing; it denotes a kind of thing. Not only that, but it is itself a kind and not a single thing."[46] Folglich ergibt sich, daß "[t]he word and its meaning are both general rules";[47] und die haben natürlich keine externen Fixpunkte, sondern gleiten zusammen nur über den Interpretanten, dessen Kreativität unausschöpflich ist und in dem die hier angelegte Toleranzbreite in den konventionalisierten Zuordnungen gemäß der kommunikativen/interpretativen Bedürfnisse mehr oder minder ausgeschöpft werden kann.

Aus diesem Grund befindet sich das Symbol in jedem Kommunikationsprozeß in der ständigen Spannung zwischen Invarianz und Variabilität der Objekt/Zeichenträger-Beziehung – ein Umstand, der ausgesprochene Kreativitätsfreiräume schafft: Im Rahmen genau dieses Spannungsverhält-

[46] 2.301.
[47] 2.292.

nisses nämlich finden Neubildungen bzw. Weiterentwicklungen von Symbolen statt. Konventionell einerseits, doch niemals ohne Beziehung zu schon bestehenden: "If a man makes a new symbol, it is by thoughts involving concepts. So it is only out of symbols that a new symbol can grow. *Omne symbolum de symbolo.*"[48]

Als Regulativa lassen sich folgende Faktoren ansehen:

— das dynamische Objekt, das in der oben beschriebenen Weise als regulative Idee auf das unmittelbare wirkt;

— das unmittelbare Objekt im kommunikativen Kontext, verstanden als Idee, die als Teil kommunikativer Intention im Zeichen vermittelt wird und auf die sich ein Interpretationsprozeß bezieht (dieses "Wissen um das Wissen des anderen" könnte man auch als minimales Sinnpostulat auffassen);

— der finale Interpretant als irgendwann einmal zu erreichender Interpretationskonsensus, er fungiert aber nur als regulatives Ziel hin auf die final vernünftige Auffassung über die Relation Zeichenträger-Objekt, der sich in jedem Interpretationsakt nur angenähert werden kann;

— die Eingebundenheit eines jeden Zeichens in den Verweisungszusammenhang der infiniten Semiose, d. h., daß kein Zeichen ohne Zusammenhang zu seinem Vorgänger und Nachfolger interpretiert werden kann.

Nach der abduktiven Erfassung der verschiedenen Zeichenträger variiert das interpretierende Subjekt, "vom unmittelbaren Interpretanten ausgehend, unter ständigem Fallibilitätsvorbehalt seine Interpretanten in Richtung des utopischen Zieles des finalen Interpretanten, gleichzeitig seine Objektkonstitutionen ständig verändernd."[49]

John Sheriff hat in seinen literaturtheoretischen Erwägungen – auf Peirceschen Grundlagen – vorgeschlagen, das literarische Kunstwerk, die Kritik und die Theorie gemäß der drei Kategorien in die folgende Einteilung zu bringen, die mit den in diesem Kapitel vertretenen Sichtweisen eines literarischen Verstehensprozesses harmoniert.

Sheriff ordnet dabei

(1) das (literarische) Kunstwerk selbst der Firstness zu,

(2) die Ebene der Literaturkritik der Secondness und

[48]2.302.
[49]Rusterholz (1977): 116.

(3) die Literaturtheorie der Thirdness.[50]

Diese Einteilung erfolgt auf Grundlage der für die Ebene jeweils relevanten Zeichenklasse. In Frage kommen nur die drei höchsten, da nur sie zwangsläufig *sprachliche* Zeichen sind. Es ergibt sich die Zuordnung für (1) die Klasse 8 der Rhematisch-Symbolischen Legizeichen, für (2) die Klasse 9 der Dicentisch-Symbolischen Legizeichen und für (3) die Klasse 10 der Argumentisch-Symbolischen Legizeichen. Diese Zeichen sind, wohlgemerkt, alle auf der Ebene der Thirdness angesiedelt. Sie sind alle symbolische Legizeichen, aber sie repräsentieren ihre Objekte auf unterschiedliche Weise, d. h., sie – und das ist hier relevant – evozieren unterschiedliche Interpretanten, die das Zeichen als Zeichen für Möglichkeit (Rhema/Firstness), Wirklichkeit (Dicent/Secondness) oder Gesetzmäßigkeit (Argument/Thirdness) interpretieren.

Gemäß der Beschreibung, die Peirce für Rhemata gibt, kann ein literarisches Kunstwerk dann als Zeichen für qualitative Möglichkeit definiert werden, das *mögliche* Objekte repräsentiert.[51] Demgegenüber ist die Ebene der Literaturkritik gekennzeichnet durch Klasse-9-Zeichen, die ihre Objekte in Hinsicht auf ihre *aktuelle Existenz* repräsentieren und durch deren Realität bestimmt sind. Die Literaturtheorie wiederum ist bestimmt durch Klasse-10-Zeichen, deren Interpretanten diese Zeichen verstärkt in ihrem Symbolgehalt, ihrer Zeichenhaftigkeit, interpretieren – als "Zeichen-von-Zeichen".

---

[50]Sheriff (1989): 73ff.

[51]Auch Riffaterre (1985) versucht, die Literarizität eines Textes mit den Mitteln des Peirceschen Zeichensystems zu erfassen und zu beschreiben. Er entwickelt ein "intertextual model", in dem der literarische Text als Zeichen aufgefaßt wird, das für den sog. Intertext steht, der als eine Art Folie bzw. individuelles Verständnis-Repertoire fungiert und das literarische Zeichen gemäß bestimmter Decodierregeln aktiviert. Der Interpretant des literarischen Textes/Zeichens wiederum ist in diesem Modell ein zweiter Intertext, der generelle Interpretationen mobilisiert wie z. B. "Parodie". Siehe hierzu besonders die Definition dieses Modells auf S. 44.

KAPITEL VI – SCHLUSS

Der Widerspenstigen Zähmung

Die Kreativität als *conditio sine qua non* aller menschlichen
Erkenntnisprozesse
Menschliche Realitätserkenntnis als Interpretation eines Kunstwerks

> "As for the ultimate purpose of thought, which must be the purpose
> of everything, it is beyond human comprehension, but according to
> the stage of approach which my thought has made to it [...] it is [...]
> by action, through thought, he grows an esthetic ideal, not for the
> behoof of this poor noddle merely, but as the share which God
> permits him to have in the work of creation."[1]

In diesem letzten Kapitel soll das Prinzip synthetisiert werden, das den
bislang diskutierten Peirceschen Wahrnehmungs- und Verstehensstrukturen
sowie den von ihm beschriebenen methodologischen Verfahren zugrundeliegt. Dieses basale Prinzip wird sich darüber hinaus auch als im Erkennt-
nisgegenstand wirksam aufzeigen lassen.

Es läßt sich aus den bisherigen Ergebnissen der vorliegenden Arbeit zeigen, daß dieses Prinzip in der *Kreativität* besteht, die jegliche menschlichen Erkenntnisprozesse sowie das methodische Vorgehen zur systematischen Beschreibung der Erkenntnisresultate in seinen vitalen Impulsen be-
herrscht. Aber auch von dem Erkenntnisobjekt läßt sich dies behaupten, da
sowohl das unmittelbare Objekt als auch das dynamische Objekt von
Peirce als *Produkte kreativer Tätigkeit* aufgefaßt werden. In den vorangegangenen Kapiteln wurde diese Sichtweise in bezug auf das unmittelbare
Objekt schon erläutert. Nun soll in einem weiteren Schritt aufgezeigt werden, daß im Rahmen von Peirces Spekulativer Metaphysik auch die dynamischen Objekte als kreative Produkte zu begreifen sind, da Peirce sie als
ein Kunstwerk Gottes definiert.

---

[1] 5.402, Fn 3.

In der Analyse der Funktion abduktiver Prozesse wurde erarbeitet, daß schon die Ausgangspunkte jeder Erkenntnis, die Wahrnehmungsurteile bzw. im wissenschaftlichen Kontext die Protokoll-/Basissätze, zeichenvermittelt und damit Interpretationen sind, die per Konsens abgesichert werden müssen. Es ließ sich daraus ableiten, daß auf dieser Grundlage eine scharfe Trennung im Objektivitätsbegriff bzw. Methodendualismus zwischen Natur- und Geisteswissenschaften fragwürdig erscheint. Es wurde als Resultat der Überlegungen festgehalten, daß Natur- wie Geisteswissenschaften schon in ihren basalen Sätzen zwangsläufig interpretieren.

Es soll nun in einem folgenden Schritt dargelegt werden, daß Natur- und Geisteswissenschaften nicht nur beide *interpretieren*, sondern ein *Kunstwerk* interpretieren, d. h., daß auf der Grundlage der Peirceschen Auffassung "the Universe is a great work of art" *menschliche Realitätserkenntnis immer auch als Interpretation eines Kunstwerks* aufzufassen ist. Da dieses Kunstwerk von Peirce als noch nicht abgeschlossenes und im Zustand des Wachsens befindliches definiert ist, erkennt das Subjekt qua seiner Kreativität Kreativität – d. h., es erkennt die universalen kreativen Schöpfungskräfte und damit die Prinzipien seiner eigenen.

Diese Argumentation soll nun im folgenden entfaltet werden.

Zur Kreativität in der infiniten Semiose

"We have no power of thinking without signs",[2] lautet Peirces dritter erkenntnistheoretischer Grundsatz, und er ergänzt dies an anderer Stelle mit der Feststellung, daß jegliche mentale Tätigkeit als gültiges Schlußfolgern beschreibbar sei.[3] Damit ist die fundamentale Rolle, die den Zeichen im Prozeß der Erkenntnis zukommt, festgelegt, und aus dieser zentralen Funktion ergeben sich wichtige Implikationen.

Es wurde dargelegt, daß die triadische Relation Zeichen ihr Objekt unter variablen Perspektiven repräsentiert. Diese ergeben sich durch den Interpretanten, der gemäß einer Idee, d. i. der ground, Zeichenträger und Objekt zusammenbringt in einem Dritten, einem komplexeren Gedankenzeichen. Dieses komplexere Gedankenzeichen eben ist der Interpretant, der ei-

[2] 5.265.
[3] 5.266f.

nerseits durch seine kreative Perspektivierungsleistung als interpretierendes Zeichen aufgefaßt wird, der aber andererseits selbst interpretiert werden muß, denn "a sign is not a sign unless it translates itself into another sign in which it is more fully developed."[4]

Dieser idealiter unendliche Vorgang der Interpretation – die sogenannte infinite Semiose – wurde als bedeutungsgenerierend dargestellt, da laut Peirce die Bedeutung einer Repräsentation in ihrer Übersetzung in eine folgende liegt.[5] Die Seinsweise eines Zeichens, ließ sich folgern, ist die der Interpretation. Das bedeutet dann, daß alle mentalen Prozesse in ihrer Zeichengetragenheit von dieser unendlichen kreativen Interpretationsnotwendigkeit durchdrungen sind oder, um es einmal formelhaft auszudrücken, daß Denken per se kreativ ist.

Zur Kreativität in der Wahrnehmungsstruktur

Auch der erste Schritt im Prozeß des Schließens, überhaupt jeder Erkenntnis, ist ein kreativer, denn er besteht in einem abduktiven Schluß, und das ist, wie wir sahen, ein innovativer Schluß, der das Ziel hat, einen beobachteten Sachverhalt zu erklären. In seiner Binnenstruktur besteht er darin, von Wahrnehmungsinhalten auf Wahrnehmungsurteile zu schließen und damit gleichsam Bilder in Texten zu interpretieren. In diesem interpretierenden Vorgang besteht die innovative Kraft der Abduktion, da das interpretative Resultat, in dem alte und neue Elemente verknüpft werden, mehr als die Summe seiner Elemente ist und mithin einen qualitativen Sprung darstellt. Auch die Struktur alltäglicher Erfahrung läßt sich von diesem Ausgangspunkt aus beschreiben: Es besteht eine *Vermutung* (Abduktion), der sich eine *Folgerung* anschließt (Deduktion), die sich *bestätigt* – oder auch nicht (Induktion).

Die Vermutungen bzw. Abduktionen münden in Wahrnehmungsurteile, in denen diese allgemeinen Elemente enthalten sind. Peirce nimmt diesen Umstand in seiner "zweiten Schleifsteinthese" dergestalt auf, daß er folgert, daß aus Wahrnehmungsurteilen universale Sätze abgeleitet werden können: "[P]erceptual judgments contain general elements, so that universal

[4] 5.594.
[5] 1.339.

propositions are deducible from them in the manner in which the logic of relations shows that particular propositions usually, not to say invariably, allow universal propositions to be necessarily inferred from them."[6]

Da das Perzept als Zeichen bestimmt wird, kommt damit die oben erwähnte grundsätzlich unendliche Interpretabilität ins Spiel, die allen Zeichenprozessen eigen ist. Wir sahen weiterhin, daß abduktive Schlüsse allgegenwärtig sind. Schon die Formulierung einer einfachen Tatsachenaussage wie "There is an azalea." wird von Peirce ausdrücklich als kreativer Akt beschrieben: "I perform an abduction when I so much as express in a sentence anything I see."[7] Da die allgegenwärtigen Abduktionen aber immer eine mehr oder weniger riskante, grundsätzlich aber unsichere Schlußfolgerung sind, wird klar, daß das Wahrnehmen und das Sich-Erklären, was man wahrgenommen hat, unendlicher Interpretation bedarf, so daß die Kreativität jeden bewußten Moment im menschlichen Leben bestimmt, da sie den Menschen sich allererst selbst verstehbar macht.

Zur Kreativität in den methodischen Verfahrensweisen

Aus dem oben Gesagten ergibt sich, daß die Öffnung zur Kreativität auch im methodologischen Rahmen über die Abduktion stattfindet. Peirce hat, wie wir sahen, die Abduktion ja auch ausdrücklich als Methode, d. h. in ihrer Funktion als Ausgangspunkt einer wissenschaftlichen Untersuchung, analysiert. Im Forschungsprozeß bildet sie somit die erste Stufe, die durch die Beobachtung eines überraschenden, d. i. der Erfahrung und Erwartung zuwiderlaufenden Sachverhaltes, initiiert wird. Durch diese Konfrontation angeregt, wird eine Hypothese entwickelt, die den Sachverhalt erklärt und unter Einbeziehung begleitender Umstände als plausible Folge einer allgemeinen Regel erscheinen läßt. Die Infrastruktur dieses Syllogismus wurde als Schluß von der Wirkung auf die Ursache dargestellt, als Umkehrung ei-

[6] 5.181.
– Vgl. Pape hierzu: *"Diese These, daß unsere Erfahrung bereits Universalien und Verallgemeinerungen enthält, die unser begriffliches Denken benötigt, ist die entscheidende Innovation, die der Peirceschen Phänomenologie ihre systematische Funktion gibt. Durch dieses Vorgehen bricht Peirce radikal, als erster moderner Realist, mit Platos Dogma, das besagt, daß wir nur Einzeldinge, jedoch keine Universalien wahrnehmen können."* Pape (1989): 21.
[7] In Sebeok/Umiker-Sebeok (1983): 16.

nes deduktiven Syllogismus. Die resultierende Hypothese ist aber wie jeder abduktive Schluß nur mehr oder minder wahrscheinlich und muß die anschließenden deduktiven und induktiven Überprüfungsverfahren durchlaufen, um die Forderung nach Selbstkorrektur der Hypothese und Wahrheitsapproximation einzulösen. In der anschließenden deduktiven Überprüfung werden die Konsequenzen, die mit Annahme der Hypothese verbunden sind, abgeleitet; diese werden dann induktiv überprüft.

Peirce betont immer wieder, daß ausschließlich über das Initiationsmoment der Hypothesengenerierung neue Elemente Eingang in einen Forschungsprozeß finden können. Die Abduktion ist "the only logical operation which introduces any new idea", und die Induktion "never can originate any idea whatever. No more can deduction."[8] Insofern kommt ihr – und damit der Kreativität – im methodologischen Dreischritt ein zentraler Stellenwert zu, obwohl in ihr die schwächsten und unsichersten Aussagen gemacht werden. Doch nur über die Hypothesengenerierung können einer wissenschaftlichen Untersuchung immer neue Impulse erwachsen bzw. kann sie überhaupt erst ihren Ausgangspunkt nehmen und in Gang gesetzt werden.

Zur Kreativität in der Verstehensstruktur

Auch die Binnenstruktur menschlicher Verstehensprozesse ist durch dieses Verhältnis von innovativen und limitierenden, präzisierenden Komponenten gekennzeichnet. In dieser Arbeit wurde eine Sichtweise entwickelt, in der die 'klassischen' methodischen Gegensätze *Erklären* und *Verstehen* nicht als in Opposition, sondern als in systematischem Zusammenhang stehende beschrieben werden. Das Konzept des Hermeneutischen Zirkels mit seinem hier vertretenen Prinzip einer leitenden Vorahnung, an dem in den Geisteswissenschaften das Verstehen expliziert wurde, konnte als Modell im wesentlichen bestätigt werden, doch wurde es um die Phase des Erklärens erweitert, die nun als integraler Bestandteil des Verstehensprozesses aufgefaßt wird.

Dieser Schritt wurde möglich durch das Aufzeigen einer funktionalen Äquivalenz zwischen dem klassischen naturwissenschaftlichen H-O-Schema der Erklärung und Peirces Logik der Abduktion. In bezug auf die Abduk-

---

[8] 5.171 bzw. 5.145.

tion wird hier von Peirce ausdrücklich das Zugeständnis gemacht, daß die mit ihr geleistete Erklärung a) eine Interpretation und b) nur mehr oder minder wahrscheinlich ist. Doch betont Peirce ausdrücklich, daß dennoch allein die Abduktion der einzige Weg ins Verstehen ist: "[I]f we are ever to understand things at all, it must be in that way."[9]

Die Abduktion (die den Bereich der Erklärung abdeckt) ist jedoch nur im Zusammenhang mit anschließenden deduktiven und induktiven Überprüfungsverfahren zu denken. Peirce selber gibt in diesem Zusammenhang den Hinweis, daß *alle* geistigen Operationen auf die Form gültigen Schließens (valid reasoning) reduzierbar sind. Es wurde deshalb in dieser Arbeit gezeigt, daß im unendlichen Ablauf der drei Schlußweisen die universale Struktur menschlichen Verstehens zu sehen ist. Dieser Prozeß vollzieht sich deshalb idealiter unendlich, weil in seinem Ablauf – hin auf das kontrafaktische Ziel des finalen Interpretanten – immer wieder neue Sachverhalte auftauchen, die einer Erklärung und anschließender Überprüfung bedürfen.

In seiner unendlichen Verknüpfung triadischer Relationen muß dieser Prozeß weiterhin als prinzipiell *bedeutungsvoll* eingeschätzt werden. Erklären und Verstehen wurden somit als einen bedeutungsgenerierenden zyklischen Iterationsprozeß bildend beschrieben, der in der Metapher *Hermeneutische Spirale* aufging. Das Fazit dieser Überlegungen besteht in der Anerkennung des Umstands, daß die universale Struktur menschlicher Verstehensprozesse, da sie immer wieder im anarchischen, innovativen Moment der Abduktion ihren sensiblen Ausgangspunkt nimmt, als zutiefst kreativ zu charakterisieren ist.

Zur Kreativität in der Objektkonstitution

Daß das Moment der Kreativität auch im Erkenntnisobjekt wirksam sein könnte, mutet zunächst widersprüchlich an. Dennoch ist dies eine zentrale Folgerung, die sich aus der Peirceschen semiotischen Erkenntnistheorie ergibt. Peirce unterscheidet, wie wir sahen, das zeicheninterne unmittelbare Objekt und das zeichenexterne reale oder dynamische Objekt, das kausal auf das Zeichen einwirkt. Nur das unmittelbare Objekt steht im Prozeß der Semiose notwendig mit dem Zeichen in direkter Verbindung, es leitet

[9] 5.145.

als *Andeutung* auf das reale hin. Das reale Objekt wiederum ist der Erkenntnis nur im Prozeß der infiniten Semiose zugänglich. Das bedeutet, nur insofern das unmittelbare Objekt im Prozeß der Semiose in je aspektueller Differenzierung auf das dynamische Objekt verweist, wird dieses sukzessiver Realitätserkenntnis zugänglich. In diesen je neuen Aspekten wird etwas über das reale Objekt mitgeteilt. Die Information geht dabei als Erweiterung in die Vorstellung des realen Objekts ein, ein neues unmittelbares Objekt wird dann auf diese neue Version hinweisen und sie dadurch wiederum erweitern usw. Auf dieser Grundlage konnte von einer *Komplexitätssteigerung* in der Objektkonstitution gesprochen werden. Dieser Informationszuwachs ist aber wiederum nur möglich über eine *kreative* Leistung, d. h. über den interpretativen Sichtwechsel, in dem das dynamische Objekt dem erkennenden Subjekt in neuer Perspektive erscheint.

Als Resultat dieser Überlegungen ergibt sich, daß Peirce das unsichere, anarchische, kreative Moment in das Zentrum seiner semiotischen Erkenntnistheorie stellt. Alle basalen geistigen Tätigkeiten sind als unhintergehbar kreativ charakterisiert, auch wenn selbstverständlich das jeweils zu entfaltende Ausmaß an kreativer Leistung variiert, da es in direktem Zusammenhang mit dem Komplexitätsgrad des geistig zu bewältigenden Sachverhalts steht.

Die Potenz der Peirceschen semiotischen Erkenntnistheorie liegt – im Rahmen der hier diskutierten Fragestellungen – darin begründet, daß sie die *Unberechenbarkeit*, die immer auch mit abduktiven, kreativen Leistungen verbunden ist, nicht als Störfaktor ausblendet, sondern ganz im Gegenteil zu ihrem ebenso dynamischen wie fruchtbaren Ausgangspunkt wählt.

Die enorme Bedeutung, die dann natürlich den Gegenkräften zufallen muß, die das überbordende abduktive Moment kanalisieren, wurde von Peirce auch reflektiert. Im Verlauf dieser Arbeit wurden mehrere dieser gegenläufigen Tendenzen erläutert, die wichtigste ist hier aber sicherlich Peirces Fallibilitätsvorbehalt, der jede Erkenntnis über das Reale prinzipiell unter den Vorbehalt des je Vorläufigen stellt. Ferner wirkt die Einbettung individueller Erkenntnisprozesse in soziale Prozesse regulativ, d. h. die Wahrheits-Konsens-Bildung im Kommunikationszusammenhang einer unbegrenzten Interpretationsgemeinschaft der Erkennenden, die sich approximativ dem idealen Grenzwert der final opinion nähert.

Was diese semiotische Erkenntnistheorie mit ihrem vitalen Zentrum der Abduktion leistet, ist somit eine gleichzeitige *Befreiung* und *Zähmung* der Kreativität.

Befreit ist sie, weil ihr als einzigem Mittel der Weltaneignung von Peirce der zentrale Platz in allen Erkenntnisvorgängen zugewiesen wird. "Abduction ist nothing but guessing", sagt er, und damit ist festgestellt, daß die Welt grundsätzlich *er-raten* werden will, geleitet von der Hoffnung, daß "although the possible explanations of our facts may be strictly innumerable, yet our mind will be able, in some finite number of guesses, to guess the sole true explanation of them."[10]

Gezähmt ist sie durch ihre feste Einbindung in Peirces semiotische Erkenntnistheorie, die jeden Denk-/Interpretationsvorgang unhintergehbar als logisches Schlußfolgern definiert, so daß die anarchische Potenz, die in jeder Abduktionsleistung individuell frei wird, durch das nachfolgende deduktive und induktive Prüfungsverfahren in intersubjektiv nachvollziehbare Bahnen gebracht wird.

Wie gezeigt werden konnte, ermöglicht es die Peircesche semiotische Erkenntnistheorie – und darin besteht ihre wesentliche Leistung – das kreative Moment, das sich durch das Zusammenfallen disparater Informationen auszeichnet, begrifflich zu fassen, damit einer Beschreibung zugänglich zu machen und als konstitutives Element systematisch in die Theorie zu integrieren. Damit kann in der analytischen Beschreibung der Erkenntniskette ein Schritt zurückgetan werden, hinter den deduktiven und induktiven Überprüfungsbereich in den Bereich der kreativen Hypothesenbildung. Das ist kein Schritt aus der Rationalität, sondern aus der Rationalität des Ordnens in die Rationalität des Erschaffens.

Doch können wir hier nicht stehenbleiben, denn die Rationalität des Erschaffens ist in dieser Arbeit noch nicht in ihrem vollen Ausmaß erfaßt worden. Die bisherigen Untersuchungen führten zu dem Fazit, daß in der Peirceschen semiotischen Erkenntnistheorie die Kreativität als *universales* Moment in allen geistigen menschlichen Tätigkeiten wirksam ist. Dies wurde detailliert nachgewiesen in den Bereichen der infiniten Semiose, der Wahrnehmung, der methodischen Verfahrensweisen, des Verstehens und der Objektkonstitution unter der Perspektive des unmittelbaren Objekts.

In einem letzten Schritt soll in dieser Arbeit aufgezeigt werden, daß

[10] 7.219.

damit die Grenzen der Wirksamkeit dieser universalen Kraft jedoch noch nicht abgeschritten worden sind. Ich folge dabei, sofern es den engeren Kontext göttlicher Kreativität betrifft, den spezifizierenden Ausführungen Andersons.[11]

Aus Peirces Spekulativer Metaphysik läßt sich ableiten, daß auch die dynamischen Objekte und mithin die zu erkennende Realität als Produkte kreativer Tätigkeit aufzufassen sind ("*all reality* is due to the creative power of God"[12]), als Resultate der göttlichen Schöpfungskraft, in denen die Prinzipien dieser höchsten Kreativität wirksam sind. Peirce ordnet dabei Gott die Eigenschaft der Kreativität explizit *wesenhaft* zu. "I think we must regard Creative Activity as an inseparable attribute of God."[13] Da Gott als *Ens necessarium* in Peirces Glauben "[r]eally creator of all three Universes of Experience"[14] ist und das Universum von ihm als großartiges Kunstwerk[15] aufgefaßt wird, ist abzuleiten, daß Gott in dieser Sichtweise als idealer Künstler, als künstlerisches Vorbild fungiert und die Strukturprinzipien der Kreativität in maximaler Entfaltung und Vollkommenheit in sich vereinigt.

Im einführenden Kapitel wurde schon auf Peirces Spekulative Metaphysik eingegangen, in der die hier relevanten Gedankengänge erarbeitet wurden. Als fundamentale metaphysische Hypothese wird hier das Law of Mind[16] konstatiert, das sich als universale Bewegung vom Chaos zur Ordnung darstellt und sich in der Tendenz aller Dinge, Gewohnheiten anzunehmen, spiegelt. Dieser Entwicklungsprozeß wird im wesentlichen durch drei Momente gesteuert:
– Zufall,
– Kontinuität,
– universale Liebe.
Sie werden begrifflich als "Tychism", "Synechism" und "Agapasticism" gefaßt. Peirce sprach dem Moment absoluten Zufalls eine wesentliche Rolle in den Konstitutionsprinzipen des Universums zu, "absolute chance is

[11](1987), Kapitel 4.
[12]6.505.
[13]6.506.
[14]6.452.
[15]5.119.
[16]6.102ff.

a factor of the universe",[17] doch lehnt er die Sichtweise des Tychasticisms ab, daß im Zufall der alleinig wirksame Faktor evolutionärer Prozesse zu suchen sei, da er für sich nicht ausreicht, um die im kontinuierlichen Verlauf der Evolution entstehende Mannigfaltigkeit des Wachstums zu erklären. Das gleiche gilt für eine Erklärung der Evolution allein entlang mechanischer Notwendigkeit (Anancism). Die Einführung eines synthetisierenden Elements, der universalen göttlichen Liebe, die Peirce als "agape" bezeichnet, wurde notwendig, um die zufallsgesteuerten Evolutionsprozesse aus einer teleologischen Perspektive beschreiben zu können. Die Bewegung der agape selbst wird dabei als ebenso befreiend wie lenkend verstanden: "The movement of love is circular, at one and the same impulse projecting creations into independency and drawing them into harmony."[18] Die Weiterentwicklung der Produkte schöpferischer Kreativität wiederum vollzieht sich in mitfühlender wechselseitiger Beeinflussung durch die in ihnen wirkende Kontinuität des Geistes: "In genuine agapasm [...] advance takes place by virtue of a positive sympathy among the created springing from continuity of mind."[19]Aus rein zufallsdominierter Evolution wird in dieser Sichtweise eine "evolution by creative love".[20] Der Theologe Vincent Potter hierzu: "Only agapasticism satisfactorily accounts for all the various sorts of development going on in the universe by admitting

---

[17]6.201.
[18]6.288.
[19]6.304.
[20]6.302.
– Hierzu Oehler: "Die Theorie der evolutionären Liebe ist ein Versuch, den Grundgedanken der christlichen Religion zur Basis einer Kosmologie zu machen. Sie ist zugleich eine Onto-Theologik, in deren Dimension der Ablauf der Geschichte interpretiert wird. Peirce erkannte, daß Liebe nicht der logische Gegensatz von Haß sein kann. Liebe muß fähig sein, Haß zu umfassen als eine unvollkommene Form ihrer eigenen Vollkommenheit. Nur weil Liebe nicht Pol eines Dualismus ist, nicht eine Alternative, schafft Liebe Unabhängigkeit, läßt sie ihre Schöpfungen ihr eigenes Wesen haben, während Haß abhängig macht und dadurch schwächt. Darin besteht die wahrhaftige Vernünftigkeit der Liebe. Liebe enthüllt sich dem klar Sehenden als ein Akt der Klugheit, der über die Dummheit des Hasses triumphiert. Nicht ohne tiefen Grund hat der christliche Glaube von jeher sich dem Gedanken widersetzt, der Satan sei eine Gott koordinierte Macht. Liebe heißt Opfer, das heißt Freiheit, nicht Freiheit gegenüber den Anderen, sondern die Freiheit, die ich Anderen gewähre, das ist: Freiheit gegenüber sich selbst. Weil ohne Liebe kein Ding die Umwelt besitzt, die es zum Wachstum braucht, ist der Gedanke, die Liebe zu einem Prinzip der kosmischen Evolution zu machen, von klassischer Einfachheit." In Peirce (1968): 27f.

both chance and law, but uniting them in and through habit."[21]

Peirce beschreibt drei verschiedene Stadien eines – idealen – Wachstumsprozesses. Das erste Stadium besteht in vager Potentialität, in der nothing-in-particularness, die sich im zweiten Stadium in die Polarität von wachsender Gesetzmäßigkeit versus Mannigfaltigkeit ausformt, ohne daß dabei die Momente des Zufalls und der Spontaneität des ersten Stadiums verlorengehen. Das dritte Stadium ist gekennzeichnet durch die vollkommene Offenbarung Gottes, durch Vollständigkeit und Stabilität. Allerdings beinhaltet es auch die Stabilität des Todes, die *Erstarrung* von Geist in Gesetzmäßigkeit und damit den Übergang von Geist in Materie sowie die Abwesenheit von Spontaneität. Das folgende Zitat soll diese Aussagen illustrieren:

> "I may mention that my chief avocation in the last ten years has been to develop my cosmology. This theory is that the evolution of the world is *hyperbolic*, that is, proceeds from one state of things in the infinite past, to a different state of things in the infinite future. The state of things in the infinite past is chaos, tohu bohu, the nothingness of which consists in the total absence of regularity. The state of things in the infinite future is death, the nothingness of which consists in the complete triumph of law and absence of all spontaneity. Between these, we have on *our* side a state of things in which there is some absolute spontaneity counter to all law, and some degree of conformity to law, which is constantly on the increase owing to the growth of *habit*."[22]

Die Vagheit des ersten Stadiums besteht nur relativ zu einem Schöpfer, d. h., erst dessen potentielle Handlungen lassen aus der nothing-in-particularness eine particularness werden. Ansonsten bliebe die Unbestimmtheit nur im Zustande der Möglichkeit, aber nicht der Potentialität, die Peirce als "indeterminate yet capable of determination in any special case"[23] beschreibt. Die Kreativität, die in diesen potentiellen Handlungen entfaltet wird, kann jedoch nicht nur in der mechanischen Ausführung eines Zieles bestehen. Was Peirce unter seiner "developmental teleology" vielmehr versteht, ist eine zielgerichtete Bewegung in harmonischem Einklang der Ideen, in der die Präzisierung des Telos an die Zukunft verwiesen wird. Das Telos an sich ist menschlicher Erkenntnis damit nicht offen, verfolgbar

---

[21](1967):185.
[22]8.317.
[23]6.185 (im Original kursiv).

ist nur die Bewegung dorthin in ihrer harmonischen Ganzheit. Aber das Telos ist, wie Peirce dies versteht, auch für den Schöpfer selbst nicht determiniert, da Kreativität in einer Offenheit dem Ideenfluß gegenüber besteht. "I do not see why we may not assume that He refrains from knowing much. For this thought is creative."[24] Die Entwicklung des Universums vollzieht sich eben nicht in der mechanischen Erfüllung eines Zieles, sondern durch die immer auch in Teilen unberechenbare schöpferische Kreativität, die im Vollzug der kreativen Handlung ihr Telos präzisiert.

Der Jetztzustand des Universums, der uns allein zugängliche, ist also einerseits gekennzeichnet durch die schöpferischen Impulse, die aus dieser kreativen Unberechenbarkeit heraus erwachsen, und andererseits durch die Gegenbewegung eines gewissen Grades an gesetzmäßigem Verhalten. Menschliche Realitätserkenntnis kann sich in Peirceschem Verständnis nur auf das Erfassen dieser antagonistischen Kräfte beziehen, auf das Erfassen der symbolischen Relation, in der die schöpferische Kraft und das sich entwickelnde Universum stehen:

> "[...] God and the world are the most general of symbols and are signs of each other. The world signifies God as its ultimate interpretant, and God in turn signifies the infinite – never completely achieved – meaning of the world, of all possibility, fact, and thought. There are not two truths: there are only two signs, mutually interpretable, of the same reality: God, the Reason in nature."[25]

Das Universum, und das ist nun die letzte Komponente dieses Argumentationsganges, versteht Peirce als "großartiges Kunstwerk", und dies leitet sich ja auch konsequent aus seinem Verständnis von Gott als Künstler ab.[26] Da sich aus dieser Sichtweise zentrale Implikationen ergeben, soll die umfangreiche Textstelle, in der dieser Gedankengang entwickelt wird, in voller Länge zitiert werden:

> "[...] the universe is a vast representamen, a great symbol of God's purpose, working out its conclusions in living realities. Now every symbol must have, organically attached to it, its Indices of Reactions and its Icons of

[24]6.508.
[25]Orange (1984):85.
[26]Hier bestehen selbstverständlich Parallelen zu theologischer Exegese. Vgl. z. B. Apel (1955):148. Apel erwähnt hier besonders die Auslegungen Augustinus' und Cusanus'.

Qualities; and such part as these reactions and these qualities play in an argument that, they of course, play in the universe – that Universe being precisely an argument. In the little bit that you or I can make out of this huge demonstration, our perceptual judgments are the premises *for us* and these perceptual judgments have icons as their predicates, in which *icons* Qualities are immediately presented. But what is first for us is not first in nature. The premises of Nature's own process are all the independent uncaused elements of facts that go to make up the variety of nature which the necessitarian supposes to have been all in existence from the foundation of the world, but which the Tychist supposes are continually receiving new accretions. These premises of nature, however, though they are not the *perceptual facts* that are premises to us, nevertheless must resemble them in being premises. We can only imagine what they are by comparing them with the premises for us. As premises they must involve Qualities. Now as to their function in the economy of the Universe. The Universe as an argument is necessarily a great work of art, a great poem – for every fine argument is a poem and a symphony – just as every true poem is a sound argument. But let us compare it rather with a painting – with an impressionist seashore piece – then every Quality in a Premiss is one of the elementary colored particles of the Painting; they are all meant to go together to make up the intended Quality that belongs to the whole as whole. That total effect is beyond our ken; but we can appreciate in some measure the resultant Quality of parts of the whole – which Qualities result from the combinations of elementary Qualities that belong to the premisses." [27]

Dieses großartige Kunstwerk, das Peirce hier gewaltiges Representamen nennt, von Gott geschaffenes Symbol und Symbol Gottes, wird nun in den menschlichen Erkenntnisprozessen in unendlicher Wahrheitsapproximation unendlich interpretiert, zumal, wie wir sahen, dieses Kunstwerk noch keineswegs vollendet ist, sondern im Entstehen begriffen. "Do you believe this Supreme Being to have been the creator of the universe?" fragt Peirce sich, und er antwortet: "Not so much *to have been* as to be now creating the universe." [28] Im Verlauf dieser Interpretationsprozesse werden in den Wahrnehmungsurteilen, und das sind die menschlichen kreativen Kräfte, die Prämissen der schöpferischen Kreativität, wie sie in der Natur wirksam ist, ikonisch abgebildet. [29] Aus diesen Gedankengängen läßt sich abschließend fol-

[27] 5.119.
[28] 6.505.
[29] Vgl. hierzu Apel (1975):193: "In dieser ikonisch akzentuierten Vision des Universums als eines Zeichens oder Arguments, das in seiner bewußten Fortsetzung in der menschlichen Wissenschaft zur Repräsentation seiner selbst gelangt, vollendet sich der objektive, se-

gern, daß menschliche Aussagen zur Realität nicht nur unhintergehbar *Interpretationen* sind – sie sind Interpretationen *eines Kunstwerks*, in denen das erkennende Subjekt zum Ikon des Symbols gerät und so qua seiner menschlichen Kreativität, die sein "Divine privilege" ist,[30] die universalen kreativen Schöpfungskräfte – und damit seine eigenen – erkennt.

Doch so pastoral die Ergebnisse dieser Untersuchung zu den universalen Strukturen der Kreativität auch klingen mögen – die perspektivische Verlängerung in die scheinbar nüchterne Modernität bestätigt die Resultate, wenn z. B. der Direktor des Max-Planck-Instituts für Psychologische Forschung in München, Heinz Heckhausen, im Jahre 1987 den Kollegiaten des Siegener Graduiertenkollegs als Gastgeschenk die Regeln des Peirceschen Musement bringt und sie für seine "vier goldenen Regeln zur Begünstigung der Kreativität"[31] hält:

"1. Regel. Ist Dir das Umfeld des Problems noch nicht voll vertraut, sauge Dich voll damit, bis es wie ein Stück von Dir selbst ist.

2. Regel. Streichle Dein Problem von Zeit zu Zeit; laß es groß, schön und wichtig werden, damit Dir an seiner Lösung, so lange sie sich auch hinausziehen mag, viel gelegen ist.

3. Regel. Gib Dich Tätigkeiten hin, die aus lockerer Gespanntheit bestehen, aber die Abwesenheit Deines Geistes vertragen. In diesem Zustand laß das Problem in Dir weiter arbeiten.

4. Regel. Nimm alles, was Dir einfällt oder auffällt, gastfreundlich auf, sei neugierig darauf, was es auf den Plan ruft und womit es sich verbindet."

miotische Idealismus des späten Peirce, der bereits in der Auffassung des Menschen als eines Zeichens von 1868 angelegt war und in der 'Theorie des wahrscheinlichen Schließens' von 1883 zuerst als Lehre vom unbewußten Schlußfolgern der Natur im Detail durchgeführt wurde."

[30] Peirce (1976a/III/I): 206.

[31] Heckhausen (1988): 27.

Literaturliste

I. Charles Sanders Peirce: Textausgaben

1923, *Chance, Love, and Logic. Philosophical Essays by the Late Charles S. Peirce the Founder of Pragmatism*, Edited with an Introduction by Morris R. Cohen, with a Supplementary Essay on the Pragmatism of Peirce by John Dewey. New York

1931-34/1958, *Collected Papers of Charles Sanders Peirce*, Hartshorne, Charles und Paul Weiss (Hrsg.) Vol. I-VI; Burks, Arthur W. (Hrsg.) Vol. VII und VIII. Cambridge, Mass. und London

1955, *Philosophical Writings of Peirce*, Selected and Edited with an Introduction by Justus Buchler. New York

1958, *Values in a Universe of Chance. Selected Writings of Charles S. Peirce (1839-1914)*, Edited with an Introduction and Notes by Philip P. Wiener. Stanford, California

1965, *über zeichen*, Bense, Max und Elisabeth Walther (Hrsg.). Stuttgart

1966, *Die Festigung der Überzeugung und andere Schriften*, herausgegeben und eingeleitet von Elisabeth Walther. Baden-Baden

1968, *Über die Klarheit unserer Gedanken. How to Make Our Ideas Clear*, Einleitung, Übersetzung, Kommentar von Klaus Oehler. Frankfurt/Main

1972, *Charles S. Peirce: The Essential Writings*, Moore, Edward C. (Hrsg.). New York, Evanston, San Francisco, London

1973, *Lectures on Pragmatism. Vorlesungen über Pragmatismus*, mit Einleitung und Anmerkungen herausgegeben von Elisabeth Walther. Hamburg

1975-87, *Charles Sanders Peirce: Contributions to The Nation*, Ketner, Kenneth Laine und James Edward Cook (Hrsg.), Vol. I-IV. Lubbock, Texas

1976a, *The New Elements of Mathematics*, Eisele, Carolyn (Hrsg.), Vol. I-IV. The Hague

1976b, *Schriften zum Pragmatismus und Pragmatizismus*, Apel, Karl-Otto (Hrsg.), übersetzt von Gert Wartenberg. Frankfurt/Main

1976c, *Zur semiotischen Grundlegung von Logik und Mathematik. Unpublizierte Manuskripte von Charles Sanders Peirce*, Bense, Max und Elisabeth Walther (Hrsg.), übersetzt aus dem Englischen und Französischen von Gudrun Scholz. Stuttgart

1976d, "Analysis of Creation", in: *Semiosis* 2, 1. Jg. (1976) 2, S. 5-9

1982-86, *Writings of Charles S. Peirce. A Chronological Edition*, Fisch, Max H. et al. (Hrsg.), Vol. I-IV. Bloomington und Indianapolis

1983a, "A Brief Intellectual Autobiography by Charles Sanders Peirce", Edited and with notes by Kenneth Laine Ketner, in: *American Journal of Semiotics* 2 (1983) 1-2, S. 61-83

1983b, *Phänomen und Logik der Zeichen*, herausgegeben und übersetzt von Helmut Pape. Frankfurt/Main

1985, *Historical Perspectives on Peirce's Logic of Science. A History of Science*, Eisele, Carolyn (Hrsg.), Vol I und II. Berlin, New York, Amsterdam

1986, *Semiotische Schriften*, Band 1, herausgegeben und übersetzt von Christian Kloesel und Helmut Pape. Frankfurt/Main

1988, *Naturordnung und Zeichenprozeß. Schriften über Semiotik und Naturphilosophie*, mit einem Vorwort von Ilya Prigogine, herausgegeben und eingeleitet von Helmut Pape, übersetzt von Bertram Kienzle. Aachen

1990, *Semiotische Schriften*, Band 2, herausgegeben und übersetzt von Christian Kloesel und Helmut Pape. Frankfurt/Main

II. Sonstige Literatur

Almeder, Robert, 1980, *The Philosophy of Charles S. Peirce: A Critical Introduction.* Oxford

Anderson, Douglas R., 1987, *Creativity and the Philosophy of C. S. Peirce*. Dordrecht, Boston, Lancaster

Apel, Karl-Otto, 1955, "Das Verstehen (eine Problemgeschichte als Begriffsgeschichte)", in: Rothacker, Erich (Hrsg.), *Archiv für Begriffsgeschichte. Bausteine zu einem historischen Wörterbuch der Philosophie*, Band 1. Bonn, S. 142-199

Apel, Karl-Otto, 1973, *Transformation der Philosophie*, Band II, *Das Apriori der Kommunikationsgemeinschaft*. Frankfurt/Main

Apel, Karl-Otto, 1974, "Zur Idee einer transzendentalen Sprach-Pragmatik", in: Simon, Josef (Hrsg.), *Aspekte und Probleme der Sprachphilosophie*. Freiburg und München, S. 283-326

Apel, Karl-Otto, 1975, *Der Denkweg von Charles Sanders Peirce. Eine Einführung in den amerikanischen Pragmatismus.* Frankfurt/Main

Apel, Karl-Otto, 1976, "Sprechakttheorie und transzendentale Sprachpragmatik zur Frage ethischer Normen", in: Apel, Karl-Otto (Hrsg.), *Theorie-Diskussion. Sprachpragmatik und Philosophie.* Frankfurt/Main, S. 10-173

Aristoteles, 1984, *Kategorien*, übersetzt und erläutert von Klaus Oehler, *Aristoteles Werke*, Band 1, Teil I. Darmstadt

Arroyabe, Estanislao, 1982, *Peirce. Eine Einführung in sein Denken.* Königstein/Ts.

Ayim, Maryann, 1974, "Retroduction: The Rational Instinct", in: *Transactions of the Charles S. Peirce Society* 10 (1974) 1, S. 34-43

Bayer, Udo, 1988, "Ontologie und Semiotik – Ergänzungen zu Ynhui Parks 'Erkennen und Sein'", in: *Semiosis* 50, 13. Jg. (1988) 2, S. 29-33

Bayer, Udo, 1989a, "Der Begriff des Stils in semiotischer Sicht", in: *Semiosis* 54, 14. Jg. (1989) 2, S. 15-26

Bayer, Udo, 1989b, "'Der Zipfel einer Welt'. Übergänge zwischen Objektthematik und ästhetischer Eigenrealität", in: *Semiosis* 55/56, 14 Jg. (1989) 3/4, S. 47-57

Bense, Max und Elisabeth Walther (Hrsg.), 1973, *Wörterbuch der Semiotik.* Köln

Bense, Max, 1980, "Über die semiotische Repräsentation von 'Texten'", in: *Semiosis* 19, 5. Jg. (1980) 3, S. 49-55

Bernstein, Richard J., 1965, *Perspectives on Peirce. Critical Essays on Charles Sanders Peirce.* New Haven und London

Buczynska-Garewicz, Hanna, 1976, "Der Interpretant, die Autoreproduktion des Symbols und die pragmatische Maxime", in: *Semiosis* 2, 1. Jg. (1976) 2, S. 10-17

Buczynska-Garewicz, Hanna, 1979, "The Degenerate Sign", in: *Semiosis* 13, 4. Jg. (1979) 1, S. 5-16

Buczynska-Garewicz, Hanna, 1981, "The Meaning of 'Interpretant'", in: *Semiosis* 21, 6. Jg. (1981) 1, S. 10-14

Buczynska-Garewicz, Hanna, 1982, "The Sign: its Past and Future", in: *Semiosis* 25/26, 7. Jg. (1982) 1/2, S. 111-118

Buczynska-Garewicz, Hanna, 1988, "Semiotics and the Art of Understanding", in: *Semiosis* 51/52, 13. Jg. (1988) 3/4, S. 57-62

Caprettini, Gian Paolo, 1983, "Peirce, Holmes, Popper", in: Eco, Umberto und Thomas A. Sebeok (Hrsg.), *The Sign of Three. Dupin, Holmes, Peirce.* Bloomington

Claussen, Regina, 1987, "Literatur und Pragmatik – Am Beispiel Baudelaires", in: *Semiosis* 46/47, 12. Jg. (1987) 2/3, S. 91-99

Daube-Schackat, Roland, 1987, *Zur Anwendung der Peirceschen Zeichentheorie auf Grundprobleme der Hermeneutik,* Dissertation. Hamburg

Daube-Schackat, Roland, 1988, "Zur Verhältnisbestimmung von Semiotik und Hermeneutik", in: Claussen, Regina und Roland Daube-Schackat, *Gedankenzeichen. Festschrift für Klaus Oehler zum 60. Geburtstag.* Tübingen, S. 123-134

Davis, William H., 1972, *Peirce's Epistemology.* The Hague

Deledalle, Gérard, 1982, "Lecture d'un 'Texte': Tropisme I de Nathalie Sarraute", in: *Semiosis* 25/26, 7. Jg. (1982) 1/2, S. 80-92

Dilthey, Wilhelm, ²1942a, "Entwürfe zur Kritik der historischen Vernunft", in: *Gesammelte Schriften,* VII. Band. Leipzig und Berlin, S. 191-290

Dilthey, Wilhelm, ²1942b, "Der Aufbau der geschichtlichen Welt in den Geisteswissenschaften" in: *Gesammelte Schriften,* VII. Band. Leipzig und Berlin, S. 79-188

Dilthey, Wilhelm, ⁶1957, "Ideen über eine beschreibende und zergliedernde Psychologie", in: *Gesammelte Schriften,* V. Band. Stuttgart, S. 139-240

Droysen, Johann Gustav, 1972, *Texte zur Geschichtstheorie,* mit ungedruckten Materialien zur "Historik", Birtsch, Günter und Jörn Rüsen (Hrsg.). Göttingen

Eco, Umberto, 1972a, *Einführung in die Semiotik.* München

Eco, Umberto, 1972b, "Introduction to a semiotics of iconic signs", in: *VS* 2 (1972), S. 1-15

Eco, Umberto, 1976, "Peirce's Notion of Interpretant", in: *MLN* 91 (1976), S. 1457-1472

Eco, Umberto, 1977, *Zeichen. Einführung in einen Begriff und seine Geschichte.* Frankfurt/Main

Eco, Umberto, 1979, *A Theory of Semiotics.* Bloomington

Eco, Umberto und Thomas A. Sebeok (Hrsg.), 1983, *The Sign of Three. Dupin, Holmes, Peirce.* Bloomington

Eco, Umberto, 1983, "Horns, Hooves, Insteps: Some Hypotheses on Three Types of Abduction", in: Eco, Umberto und Thomas A. Sebeok (Hrsg.), *The Sign of Three. Dupin, Holmes, Peirce.* Bloomington, S. 198-220

Eco, Umberto, 1985, *Semiotik und Philosophie der Sprache,* übersetzt von Christiane Trabant-Rommel und Jürgen Trabant. München

Eco, Umberto, 1987, *Lector in fabula. Die Mitarbeit der Interpretation in erzählenden Texten*, aus dem Italienischen von Heinz-Georg Held. München und Wien

Eschbach, Achim, 1981, "Die objektive Relativität von Perspektiven oder: Möglichkeiten und Grenzen einer ästhetischen Semiotik", in: Sturm, Hermann und Achim Eschbach (Hrsg.), *Ästhetik & Semiotik. Zur Konstitution ästhetischer Zeichen*. Tübingen, S. 29-40

Fairbanks, Matthew J., 1976, "Peirce on Man as a Language: A Textual Interpretation", in: *Transactions of the Charles S. Peirce Society* XII (1976) 1, S. 18-32

Fann, K. T., 1970, *Peirce's Theory of Abduction*. The Hague

Fisch, Max H., 1977, "Peirce's Place in American Thought", in: *Ars semeiotica* 1/2 (1977), S. 21-37

Fischer-Lichte, Erika, 1979, *Bedeutung. Probleme einer semiotischen Hermeneutik und Ästhetik*. München

Fitzgerald, John J., 1966, *Peirce's Theory of Signs as Foundation for Pragmatism*. The Hague und Paris

Frankfurt, Harry G., 1958, "Peirce's Notion of Abduction", in: *The Journal of Philosophy* LV (1959) 14 , S. 593-597

Frey, Gerhard, 1970, "Hermeneutische und hypothetisch-deduktive Methode", in: *Zeitschrift für allgemeine Wissenschaftstheorie* I (1970), S. 24-40

Fry, Virginia H., 1987, "A Juxtaposition of two Abductions for Studying Communication and Culture", in: *The American Journal of Semiotics* 5 (1987) 1, S. 81-93

Gadamer, Hans-Georg, ⁵1986, *Wahrheit und Methode. Grundzüge einer philosophischen Hermeneutik*, 5. durchges. u. erw. Aufl., *Gesammelte Werke*, Band 1, Hermeneutik I. Tübingen

Göttner, Heide, 1973, *Logik der Interpretation. Analyse einer literaturwissenschaftlichen Methode unter kritischer Betrachtung der Hermeneutik*. München

Goudge, Thomas A., 1965, "Peirce's Index", in: *Transactions of the Charles S. Peirce Society* 1 (1965) 2, S. 52-70

Grabes, Herbert, 1977, "Fiktion – Realismus – Ästhetik. Woran erkennt der Leser Literatur?", in: Grabes, Herbert (Hrsg.), *Text – Leser – Bedeutung. Untersuchungen zur Interaktion von Text und Leser*. Grossen-Linden, S. 61-81

Greenlee, Douglas, 1973, *Peirce's Concept of Sign*. The Hague und Paris

Habermas, Jürgen, 1973, *Erkenntnis und Interesse*. Mit einem neuen Nachwort. Frankfurt/Main

Habermas, Jürgen, 1989, *Der philosophische Diskurs der Moderne. Zwölf Vorlesungen*. Frankfurt/Main

Haller, Rudolf, 1959, "Das 'Zeichen' und die 'Zeichenlehre' in der Philosophie der Neuzeit", in: Rothacker, Erich (Hrsg.), *Archiv für Begriffsgeschichte. Bausteine zu einem historischen Wörterbuch der Philosophie*, Band 4. Bonn, S. 113-157

Hardwick, Charles S. (Hrsg.), 1977, *Semiotic and Significs. The Correspondence between Charles S. Peirce and Victoria Lady Welby*. Bloomington und London

Heckhausen, Heinz, 1988, "'Kreativität' – ein verbrauchter Begriff?", in: Gumbrecht, Hans-Ulrich (Hrsg.), *Kreativität – Ein verbrauchter Begriff?* München, S. 23-32

Hervey, Sándor, 1982, *Semiotic Perspectives*. London, Boston, Sydney

Hirsch, E. D. jr., 1967, *Validity in Interpretation*. New Haven und London

Hocutt, Max Oliver, 1962, "The Logical Foundations of Peirce's Aesthetics", in: *The Journal of Aesthetics and Art Criticism* 21 (1962), S. 157-166

Hookway, Christopher, 1985, *Peirce*. London, Boston, Melbourne und Henley

von Humboldt, Wilhelm, 1985, *Über die Sprache. Ausgewählte Schriften*, mit einem Nachwort herausgegeben und kommentiert von Jürgen Trabant. München

Husserl, Edmund, 1970, "Zur Logik der Zeichen (Semiotik)", in: Eley, Lothar (Hrsg.), *Husserliana, Edmund Husserl Gesammelte Werke*, Bd. XII. Den Haag, S. 340-373

Iser, Wolfgang, ³1990, *Der Akt des Lesens. Theorie ästhetischer Wirkung*. München

Janik, Dieter, 1985, *Literatursemiotik als Methode. Die Kommunikationsstruktur des Erzählwerks und der Zeichenwert literarischer Strukturen*. Tübingen

Karger, Angelika, 1982, "Das Peircesche Bewußtseinskonzept", in: *Semiosis* 27, 7. Jg. (1982) 3, S. 39-49

Keiner, Mechtild, 1980, "Zur Bezeichnungs- und Bedeutungsfunktion des Zeichens", in: *Semiosis* 17/18, 5. Jg. (1980) 1/2, S. 34-40

Kent, Beverley, 1976, "Peirce's Esthetics: A New Look", in: *Transactions of the Charles S. Peirce Society* 12 (1976) 3, S. 263-283

Kent, Beverley, 1987, *Charles S. Peirce. Logic and the Classification of the Sciences*. Kingston und Montreal

Kernan, W. F., 1965, " The Peirce Manuscripts and Josiah Royce – A Memoir Harvard 1915-1916", in: *Transactions of the Charles S. Peirce Society* 1 (1965) 2, S. 90-95

Ketner, Kenneth Laine, 1984, "Peirce on Diagrammatic Thought: Some Consequences for Contemporary Semiotic Science", in: Oehler, Klaus (Hrsg.), *Zeichen und Realität. Akten des 3. semiotischen Kolloquiums der Deutschen Gesellschaft für Semiotik e. V., Hamburg 1981*, Band 1. Tübingen, S. 305-319

Kirstein, Boni, 1982, "Peircean Semiotic Concepts Applied to Stylistic Analysis", in: *Kodikas/Code Ars Semeiotica* 4/5 (1982) 1, S. 9-20

Kisiel, Theodore, 1971, "Zu einer Hermeneutik naturwissenschaftlicher Entdeckung", in: *Zeitschrift für allgemeine Wissenschaftstheorie* II (1971) 2, S. 195-221

Köller, Wilhelm, 1977, "Der sprachtheoretische Wert des semiotischen Zeichenmodells", in: Spinner, Kaspar H. (Hrsg.), *Zeichen, Text, Sinn. Zur Semiotik des literarischen Verstehens*. Göttingen, S. 7-77

Köller, Wilhelm, 1980, "Der Peircesche Denkansatz als Grundlage für die Literatur-Semiotik", in: Eschbach, Achim und Wendelin Rader (Hrsg.), *Literatursemiotik I. Methoden – Analysen – Tendenzen*. Tübingen

Köller, Wilhelm, 1986, "Dimensionen des Metaphernproblems", in: *Zeitschrift für Semiotik* 8 (1986) 4, S. 379-410

Krausser, Peter, 1960, "Die drei fundamentalen Strukturkategorien bei Charles S. Peirce", in: *Philosophia Naturalis* VI (1960), S. 3-31

Kruse, Felicia E., 1986, "Toward an Archaeology of Abduction", in: *The American Journal of Semiotics* 4 (1986) 3/4, S. 157-167

Lotman, Jurij Michajlovic, 1982, "Kultur und Text als Sinngeneratoren", in: *Zeitschrift für Semiotik* 4 (1982), S. 123-133

Marty, Robert, 1977, "Analyse sémiotique d'un poème de J. Supervielle", in: *Semiosis* 7, 2. Jg. (1977) 3, S. 8-11

Merleau-Ponty, Maurice, 1966, *Phänomenologie der Wahrnehmung*, aus dem Französischen übersetzt und eingeführt durch eine Vorrede von Rudolf Boehm. Berlin

Murphey, Murray G., 1961, *The Development of Peirce's Philosophy*. Cambridge, Massachusetts

Musik, Gunar, 1983, "Pragmatische Ästhetik – John Dewey: Kunst als Erfahrung", in: *Semiosis* 30, 8. Jg. (1983) 2, S. 43-55

Noakes, Susan, 1985, "Literary Semiotics and Hermeneutics: Towards a Taxonomy of the Interpretant", in: *American Journal of Semiotics* 3 (1985) 3, S. 109-119

Nöth, Winfried, 1977, "Alice im Wunderland der Zeichen", in: *Semiosis* 7, 2. Jg. (1977) 3, S. 21-34

Oehler, Klaus, 1976, "Zur Logik einer Universalpragmatik", in: *Semiosis* 1, 1. Jg. (1976) 1, S 14-21

Oehler, Klaus, 1979, "Peirce's Foundation of a Semiotic Theory of Cognition", in: *Peirce Studies*, No. 1, Institute for Studies in Pragmaticism. Lubbock, Texas, S. 67-76

Oehler, Klaus, 1981, "Idee und Grundriß der Peirceschen Semiotik", in: Krampen, Martin et al. (Hrsg.), *Die Welt als Zeichen*. *Klassiker der modernen Semiotik*. Berlin, S. 15-49

Oehler, Klaus, 1984, "Ist eine transzendentale Begründung der Semiotik möglich?" in: Oehler, Klaus (Hrsg.), *Zeichen und Realität. Akten des 3. Semiotischen Kolloquiums der Deutschen Gesellschaft für Semiotik e. V., Hamburg 1981*, Band 1. Tübingen, S. 45-59

Oehler, Klaus, ²1985, *Die Lehre vom Noetischen und Dianoetischen Denken bei Platon und Aristoteles. Ein Beitrag zur Erforschung der Geschichte des Bewusstseinsproblems in der Antike*, 2., mit neuem Vorwort versehene, im Text unveränderte Auflage. Hamburg

Oehler, Klaus, 1987, "Das Parallelismusschema von Sein, Denken und Sprache in der Spekulativen Grammatik", in: *Semiosis* 46/47, 12. Jg. (1987) 2/3, S. 10-18

Orange, Donna M., 1984, *Peirce's Conception of God. A Developmental Study*. Peirce Studies, No. 2, Institute for Studies in Pragmaticism. Lubbock, Texas

Pape, Helmut, 1989, *Erfahrung und Wirklichkeit als Zeichenprozeß. Charles S. Peirces Entwurf einer Spekulativen Grammatik des Seins*. Frankfurt/Main

Park, Ynhui, 1988, "Erkennen und Sein", in: *Semiosis* 49, 13. Jg. (1988) 1, S. 8-21

Plebe, Armando, 1980, "Die poetische Theorie im Verhältnis zur semiotischen Analyse", in: *Semiosis* 20, 5. Jg. (1980) 4, S. 5-13

Plebe, Armando, 1982, "Gibt es eine Logik der Poesie?", in: *Semiosis* 25/26, 7. Jg. (1982) 1/2, S. 72-79

Popper, Karl R., ³1969, *Logik der Forschung*, 3., vermehrte Auflage. Tübingen

Posner, Roland und Martin Krampen, 1981, "Semiotic Circles in Germany. From the Logic of Science to the Pragmatics of Institutions", in: *American Journal of Semiotics* 1 (1981) 1-2, S. 169-212

Potter, Vincent G., 1967, *Charles S. Peirce on Norms and Ideals*. The University of Massachusetts Press

Ransdell, Joseph, 1979, "Semiotic Objectivity", in: *Semiotica* 26 (1979) 3/4, S. 261-288

Reichenbach, Hans, ²1968, *Der Aufstieg der wissenschaftlichen Philosophie*. Braunschweig

Reichertz, Jo, 1988, "'... als hätte jemand den Deckel vom Leben abgehoben.' Abduktives Schließen bei Ch. S. Peirce und D. Hammett", in: *Kodikas/Code Ars Semeiotica* 11 (1988) 3/4, S. 347-361

Rescher, Nicholas, 1978, *Peirce's Philosophy of Science. Critical Studies in His Theory of Induction and Scientific Method*. Notre Dame und London

Rethore, Joëlle, 1982, "Lecture et interpretation: Une partition sémiotique des savoirs", in: *Semiosis* 27, 7. Jg. (1982) 3, S. 32-38

Riedel, Manfred, 1978, *Verstehen oder Erklären? Zur Theorie und Geschichte der hermeneutischen Wissenschaften*. Stuttgart

Riemer, Ines, 1988a, *Konzeption und Begründung der Induktion. Eine Untersuchung zur Methodologie von Charles S. Peirce*. Würzburg

Riemer, Ines, 1988b, "Über ein semiotisches Problem in Peirces Theorie der Induktion", in: Claussen, Regina und Roland Daube-Schackat (Hrsg.), *Gedankenzeichen. Festschrift für Klaus Oehler zum 60. Geburtstag*. Tübingen, S. 287-294

Riffaterre, Michael, 1985, "The Interpretant in Literary Semiotics", in: *American Journal of Semiotics* 3 (1985) 4, S. 41-55

Robin, Richard S., (1967), *Annotated Catalogue of the Papers of Charles. S. Peirce*. Amherst

Rohr, Susanne, 1989, "The Abduction from the Seraglio... Darstellung von Verstehens- und Interpretationsprozessen auf Grundlage der Abduktionslogik Charles S. Peirces", in: *Kodikas/Code Ars Semeiotica* 12 (1989) 3/4, S. 245-259

Rohr, Susanne, 1990, "Stellungnahme zu Jo Reichertz' Aufsatz 'Folgern Sherlock Holmes oder Mr. Dupin abduktiv?'", in: *Kodikas/Code Ars Semeiotica* 13 (1990) 3/4, S. 325-328

Rusterholz, Peter, 1977, "Faktoren der Sinnkonstitution literarischer Texte in semiotischer Sicht. Am Beispiel von Hebels Kalendergeschichte 'Die leichteste Todesstrafe'", in: Spinner, Kaspar H. (Hrsg.), *Zeichen, Text, Sinn. Zur Semiotik des literarischen Verstehens*. Göttingen, S. 78-124

Sanders, Gary, 1970, "Peirce's Sixty-six Signs?", in: *Transactions of the Charles S. Peirce Society* 6 (1970) 1, S. 3-16

Savan, David, 1976, *An Introduction to C. S. Peirce's Semiotics*, Part I. Toronto

Savan, David, 1977, "Questions Concerning Certain Classifications Claimed for Signs", in: *Semiotica* 19 (1977) 3/4, S. 179-195

Schleiermacher, Friedrich D. E., 1959, *Hermeneutik*, nach den Handschriften neu herausgegeben und eingeleitet von Heinz Kimmerle. Heidelberg

Schmalriede, Manfred, 1976, "Bemerkungen zu den Interpretanten bei Ch. S. Peirce", in: *Semiosis* 3, 1. Jg. (1976) 3, S. 26-31

Schurz, Gerhard, 1988, *Erklären und Verstehen in der Wissenschaft*. Oldenburg

Scott, F., 1983, "Process from the Peircean Point of View: Some Applications to Art", in: *American Journal of Semiotics* 2 (1983) 1-2, S 157-174

Sebeok, Thomas A., 1976, "Iconicity", in: *MLN* 91 (1976), S. 1427-1456

Sebeok, Thomas A. und Jean Umiker-Sebeok, 1982, *"Du kennst meine Methode". Charles S. Peirce und Sherlock Holmes*, aus dem Amerikanischen von Achim Eschbach. Frankfurt/Main

Sebeok, Thomas A. und Jean Umiker-Sebeok, 1983, "'You Know My Method': A Juxtaposition of Charles S. Peirce and Sherlock Holmes", in: Eco, Umberto und Thomas A. Sebeok(Hrsg.), *The Sign of Three. Dupin, Holmes, Peirce*. Bloomington

Seiffert, Helmut und Gerard Radnitzky (Hrsg.), 1989, *Handlexikon zur Wissenschaftstheorie*. München

Shapiro, Michael, 1983, *The Sense of Grammar. Language as Semeiotic.* Bloomington

Sheriff, John K., 1989, *The Fate of Meaning. Charles Peirce, Structuralism, and Literature.* Princeton, New Jersey

Sigle, Günther, 1980, "Zur Kennzeichnung poetischer Texte mit semiotischen Mitteln", in: *Semiosis* 20, 5. Jg. (1980) 4, S. 23-30

Smith, C. M., 1972, "The Aesthetics of Charles S. Peirce", in: *The Journal of Aesthetics and Art Criticism* 31 (1972), S. 21-29

Smith, Kim, 1983, "Peirce and the Prague School on the Foundational Role of the 'Aesthetic' Sign", in: *American Journal of Semiotics* 2, (1983) 1-2, S. 175-194

Solms, Wilhelm, 1986, "Ein Ausweg aus dem Interpretationspluralismus? Kontroverse anläßlich einer Meinungserhebung zu Robert Musils 'Hasenkatastrophe'", in: Schöne, Albrecht (Hrsg.), *Kontroversen, alte und neue. Akten des VII. Internationalen Germanisten-Kongresses*, Band 11. Tübingen, S. 148-154

Spinks, C. W., 1983, "Peirce's Demon Abduction: or How to Charm the Truth out of a Quark", in: *American Journal of Semiotics* 2 (1983) 1-2, S. 195-208

Staiger, Emil, 1955, *Die Kunst der Interpretation. Studien zur deutschen Literaturgeschichte.* Zürich

Stegmüller, Wolfgang, ²1983, *Probleme und Resultate der Wissenschaftstheorie und Analytischen Philosophie*, Band I, *Erklärung-Begründung-Kausalität*, Studienausgabe, Teil A, zweite, verbesserte und erweiterte Auflage. Berlin, Heidelberg, New York

Tejera, Victorino, 1989, "Has Eco Understood Peirce?", in: *The American Journal of Semiotics* 6 (1989) 2/3, S. 251-264

Thagard, Paul R., 1978, "Semiotics and Hypothetic Inference in C. S. Peirce", in: *VS* 19/20 (1978), S. 163-172

Thagard, Paul R., 1981, "Peirce on Hypothesis and Abduction", in: Ketner, Kenneth L. et al. (Hrsg.), *Proceedings of the C. S. Peirce Bicentennial International Congress.* Lubbock, Texas, S. 271-279

Trabant, Jürgen, 1989, *Zeichen des Menschen. Elemente der Semiotik.* Frankfurt/Main

Tursman, Richard, 1987, *Peirce's Theory of Scientific Discovery. A System of Logic Conceived as Semiotic.* Bloomington

Ueding, Wolfgang M., 1983, "A German Supplement to the Peirce Bibliographies, 1877-1981", in: *American Journal of Semiotics* 2 (1983) 1-2, S. 209-224

Walsh, F. Michael, 1972, "Review of FANN (1970)", in: *Philosophy. The Journal of the Royal Institute of Philosophy* XLVII (1972) 182, S. 377-379

Walther, Elisabeth, 1976a, "Die Haupteinteilung der Zeichen von C. S. Peirce", in: *Semiosis* 3, 1. Jg. (1976) 3, S. 32-41

Walther, Elisabeth, 1976b, "Erste Überlegungen zur Semiotik von C. S. Peirce in den Jahren 1860-1866", in: *Semiosis* 1, 1. Jg. (1976) 1, S. 35-41

Walther, Elisabeth, ²1979, *Allgemeine Zeichenlehre. Einführung in die Grundlagen der Semiotik*, 2., neu bearb. u. erw. Auflage. Stuttgart

Walther, Elisabeth, 1980, "Semiotikforschung am Stuttgarter Institut", in: *Semiosis* 17/18, 5. Jg. (1980) 1/2, S. 185-191

Walther, Elisabeth, 1981, "Common-Sense bei Kant und Peirce", in: *Semiosis* 23, 6. Jg. (1981) 3, S. 58-66

Walther, Elisabeth, 1983, "Die Relevanz der Bedeutungsbegriffe von Victoria Welby und Charles S. Peirce für die heutige Semiotik", in: *Semiosis* 32, 8. Jg. (1983) 4, S. 54-64

Walther, Elisabeth, 1989a, *Charles Sanders Peirce. Leben und Werk*. Baden-Baden

Walther, Elisabeth, 1989b, "Kategorien, Modalitäten, Zeichen", in: *Semiosis* 53, 14. Jg. (1989) 1, S. 9-16

Weiss, Paul, 1934, "Peirce, Charles Sanders", in: Malone, Dumas (Hrsg.), *Dictionary of American Biography*, Vol. XIV. New York, S. 398-403

Weiss, Paul und Arthur Burks, 1945, "Peirce's sixty-six signs", in: *The Journal of Philosophy* XLII (1945) 14, S. 383-388

Weiss, Paul, 1952, "The Logic of the Creative Process", in: Wiener, Philip P. und Frederic H. Young (Hrsg.), *Studies in the Philosphy of Charles Sanders Peirce*. Cambridge, Massachusetts, S. 166-182

Wiesenfarth, Gerhard, 1979, "Mikroästhetische Kennzeichnung der 'Prägnanz'", in: *Semiosis* 14, 4. Jg. (1979) 2, S. 13-25

Wittgenstein, Ludwig, 1990, *Tractatus logico-philosophicus. Philosophische Untersuchungen*. Leipzig

Wittich, Dieter et al. (Hrsg.), 1981, *Erkenntnistheoretische Aspekte des Schöpfertums in der Wissenschaft*. Berlin/DDR

von Wright, Georg Henrik, 1984, *Erklären und Verstehen,* aus dem Englischen von Günther Grewendorf und Georg Meggle. Königstein/Ts.

Zeman, J. Jay, 1977a, "The Esthetic Sign in Peirce's Semiotic", in: *Semiotica* 19 (1977) 3/4, S. 241-258

Zeman, J. Jay, 1977b, "Peirce's Theory of Signs", in: Sebeok, Thomas A. (Hrsg.), *A Perfusion of Signs*. Bloomington und London

Personen- und Sachregister

185